Roberto BAGLIONI

IL CONCILIO "TRADOTTO" IN ITALIANO

Volume I:
Vaticano II, Episcopato italiano, recezione

Prefazione di
S.E. Mons. DANTE BERNINI

Titolo | Il concilio "tradotto" in italiano. Vol. 1
        Vaticano II, Episcopato italiano, recezione
Autore | Roberto Baglioni
ISBN | 978-88-91150-44-8

Youcanprint *Self-Publishing*
Via Roma, 73 - 73039 Tricase (LE) - Italy
www.youcanprint.it
info@youcanprint.it
Facebook: facebook.com/youcanprint.it
Twitter: twitter.com/youcanprintit

PREFAZIONE

Il Concilio "tradotto" in italiano, che ho l'onore e l'onere di presentare a partire da questo primo volume, è il frutto di anni di studio, di preghiera e di esperienza pastorale, che un giovane presbitero, divenuto teologo, ha voluto affidare – sia per un confronto personale, sia per questa prefazione – ad un pastore. Mi si permetta di leggerlo così, dal punto di vista *pastorale*, come compete a chi, eletto all'episcopato nel 1971, ha vissuto in prima persona i fermenti e i fervori del Vaticano II, e ha cercato per primo egli stesso di recepire i frutti spirituali di quella stagione, per poterli donare e consegnare al popolo di Dio affidatogli fino all'alba del terzo millennio.

Non vorrei parlare al passato, né del passato, né di me stesso. Il Signore vuole sempre che cresciamo, e nella nostra vita ci sono cose che, spesso, oltre che farci piacere ci fanno anche crescere. Posso dire da subito che siamo di fronte, con questo testo offertoci dall'Autore, ad una di queste occasioni. Uno studio ecclesiologico che merita nel suo complesso un giudizio di encomio: eccellente nell'apparato critico e nella bibliografia, limpido nell'intento di servizio alla Chiesa, rigoroso nell'argomentazione teologica e nei riferimenti storico-documentali, di ampio respiro spirituale pur nella ricerca di fedeltà alla lettera, radicato fin dal principio nelle Scritture Sacre. Di esso si può e si deve dire, al di là di formalismi di circostanza, che costituisce un lavoro scientifico davvero eccellente, che si offre come strumento imprescindibile per comprendere il cammino della Chiesa in Italia fino ai giorni nostri.

In apertura di questi brevi pensieri la mente mi riporta ad un antico aforisma, attribuito da una certa tradizione a S. Ignazio di Antiochia, che recita così: «Si educa molto con quel che si dice, ancor più con quel che si fa, ma molto di più con quel che si è». È interessante approfondire questo rapporto tra il verbo *parlare*, il verbo *fare*, e il verbo *essere*: tra il vissuto, il pensato, il fatto, e lo scritto, la cosa migliore è l'essere.

Roberto Baglioni attraversa il suo percorso di ricerca sulla recezione del Concilio studiando – specie nel secondo volume – i documenti consegnati dall'Episcopato italiano alle Chiese d'Italia. Per indagare la recezione, cioè, sviscera degli scritti. Eppure, se ci pensiamo bene, in tutto questo tempo dal Vaticano II ad oggi la trasmissione-traduzione del Concilio l'hanno operata sì i Vescovi con i loro documenti, ma in realtà, di fatto, l'ha realizzata – la maniera e la qualità le valuterà il Signore – ciascuno di noi: forse con quello che abbiamo *detto*, forse con ciò che abbiamo *fatto*, ma molto di più se l'abbiamo operata con quello che siamo stati: con il nostro *essere*.

Vorrei invitare il lettore, perciò, a non sentirsi un fruitore passivo, un osservatore distaccato, un mero destinatario di ciò che in queste pagine viene così bene argomentato e raccontato. Sarebbe bello se si sentisse soggetto attivo e parte viva di questo tempo postconciliare, e coinvolto in prima persona. Ciascun fedele, ogni membro del popolo di Dio, a mezzo dei suoi Pastori, i Vescovi, è stato chiamato a ricevere il grande dono fatto alla Chiesa dallo Spirito con la convocazione e la celebrazione del Concilio. E lo è tutt'ora!

Ritengo splendide le parole di S.Ignazio quando scrive agli Efesini sulla necessità di testimoniare il Cristo: «È meglio tacere ed essere, che dire e non essere. È bello insegnare se chi parla opera. Uno solo è il maestro e ha detto e ha fatto e ciò che tacendo ha fatto è degno del Padre. Chi possiede veramente la parola di Gesù può avvertire anche il suo silenzio per essere perfetto, per compiere le cose di cui parla o di essere conosciuto per le cose che tace. Nulla sfugge al Signore, anche i nostri segreti gli sono vicino. Tutto facciamo considerando che abita in noi templi suoi ed egli il Dio (che è) in noi, come è e apparirà al nostro volto amandolo giustamente».

Il Dio *con noi* abita *in noi* come in templi: e siamo templi suoi. «Per rinnovarci continuamente in sé (cfr. Ef 4,23) – afferma solennemente la *Lumen gentium* –, Cristo ci ha partecipato il suo Spirito che, unico e identico nel capo e nelle membra, vivifica, unifica e dinamizza il corpo intero» (*LG* 7). Per una non debole analogia con il mistero del Verbo incarnato – soggiunge – «tutto l'organismo sociale della Chiesa serve allo Spirito vivificante di Cristo» (*LG* 8). Da sempre è così, e l'occasione di un Concilio costituisce certamente uno dei vertici di questo dinamismo. Anzi, perché sia chiara la precedenza dell'azione di Dio, il suo amore preveniente e la sua signoria sulla storia, lo Spirito Santo «talvolta previene visibilmente anche l'azione apostolica» (*AG* 5), dando testimonianza di Dio in modi, luoghi e tempi spesso imprevisti e imprevedibili (cfr. At 15,8). Ciò mi apparve molto chiaro in tutto lo svolgersi del Vaticano II: era il Signore a guidarlo! E quando necessario, come sempre accade, lo orientava anche attraverso correzioni, rotture, interruzioni, cambi di passo, addirittura di Pontefice.

Ritengo illuminante e cruciale, a tal proposito, l'approccio di Roberto Baglioni alla lettura del Concilio a partire da questa apertura verso il Signore, a cominciare proprio dal suo promotore, papa Roncalli. Non a caso papa Francesco ha riconosciuto in ciò il suo grande servizio alla Chiesa: «Nella convocazione del Concilio san Giovanni XXIII ha dimostrato una delicata *docilità allo Spirito Santo*» (Omelia nella Messa di canonizzazione di Giovanni XXIII e Giovanni Paolo II). Devono farci molto riflettere le figure di santi che lo Spirito ha suscitato a partire dal Concilio: santi nel popolo di Dio, santi pastori del popolo di Dio, laici, sposi e religiosi, santi talora pur senza proclamazione ufficiale, e santi Papi!

Tornando al Concilio, sussiste una forte analogia tra il Vaticano II, i precedenti concilii, e, perché no, il dinamismo che ha visto nascere e crescere la Conferenza episcopale italiana, nell'atto di passare continuamente *dal vissuto allo scritto* e *dallo scritto al vissuto, dalla vita ai documenti* e *dai documenti alla vita.* Come non pensare al "primo Concilio" celebrato a Gerusalemme, nel quale gli Apostoli, sotto la presidenza di Pietro e di Giacomo il minore, risolvono insieme una delle prime controversie, ritenendo di interpretare così la volontà di Dio per mezzo dello Spirito: «Agli apostoli e agli anziani, con tutta la Chiesa, parve bene allora di scegliere alcuni di loro e di inviarli ad Antiòchia insieme a Paolo e Bàrnaba: Giuda, chiamato Barsabba, e Sila, uomini di grande autorità tra i fratelli. E inviarono tramite loro questo scritto: "Gli apostoli e gli anziani, vostri fratelli, ai fratelli di Antiòchia, di Siria e di Cilìcia, che provengono dai pagani, salute! Abbiamo saputo che alcuni di noi, ai quali non avevamo dato nessun incarico, sono venuti a turbarvi con discorsi che hanno sconvolto i vostri animi. Ci è parso bene perciò, tutti d'accordo, di scegliere alcune persone e inviarle a voi insieme ai nostri carissimi Bàrnaba e Paolo, uomini che *hanno rischiato* la loro vita per il nome del nostro Signore Gesù Cristo. Abbiamo dunque mandato Giuda e Sila, che vi riferiranno anch'essi, a voce, queste stesse cose. È parso bene, infatti, allo Spirito Santo e a noi, di non imporvi altro obbligo al di fuori di queste cose necessarie: astenersi dalle carni offerte agli idoli, dal sangue, dagli animali soffocati e dalle unioni illegittime. Farete cosa buona a stare lontani da queste cose. State bene!". Quelli allora si congedarono e scesero ad Antiòchia; riunita l'assemblea, *consegnarono la lettera*. Quando l'ebbero letta, si rallegrarono per l'incoraggiamento che infondeva. Giuda e Sila, essendo anch'essi profeti, con un lungo discorso incoraggiarono i fratelli e li fortificarono» (At 15,22-32).

Si tratta a mio avviso di una analogia non soltanto storica, bensì anzitutto teologica. E se questo appare scontato e immediato tra un concilio e l'altro, per il fatto stesso di definirli tali – *concilii* – non è altrettanto semplice cogliere una simile analogia nella vita della CEI in rapporto ai suoi documenti.

Una lettura non superficiale della struttura di quest'opera, integralmente considerata dal primo al secondo volume, fa cogliere l'intento non tanto di dimostrare asserti teologici – come è il caso dell'interrogativo aperto se in una conferenza episcopale vi sia vera *collegialità* – o arrivare a rigide definizioni dogmatiche, come è il caso del concetto di *recezione*. La forte coerenza interna dello scritto, la maniera di articolare gli argomenti, e infine i contenuti di ciascun passaggio, mantengono ciò che promette il titolo e quanto più volte dichiarato dall'Autore: mostrare il mutuo rapporto intercorso, e, perché no, la reciproca fecondità, tra il Concilio ecumenico Vaticano II e la Conferenza episcopale italiana.

Baglioni attraversa l'una e l'altra realtà dal di dentro, a partire non dai concetti, ma dai processi storici concreti, in un continuo intreccio, in una continua necessaria alternanza, tra il *riunirsi in assemblea* dei Vescovi, e il consegnare in dono al popolo di Dio degli scritti, dei *documenti*: l'Episcopato mondiale celebra il Concilio, si incontra e discute, prega, addiviene a punti di incontro, e lascia in eredità degli scritti (cap. II). Dall'assise ecumenica nasce, tra le altre, una assemblea nazionale di Vescovi, che in Concilio ha riscoperto la bellezza e l'importanza di essere Chiesa anche incontrandosi, e ricevendo gli uni dagli altri (cap. III); consegnando a sua volta dei documenti, mantenendo l'usanza di riunirsi periodicamente, e di lì a cascata chiamando il popolo di Dio a riunirsi in Convegni nazionali (vol. II).

Occorre lo sguardo del teologo, occorre lo sguardo del credente, per cogliere in tutto ciò la continuità dell'azione dello Spirito, e riconoscere che tutto questo è un processo di recezione, nel quale la Conferenza episcopale si è posta, di fatto, come *soggetto*.

Mi è sembrata vincente, perciò, la scelta di anteporre a tutto lo studio una riflessione essenziale su *La recezione nella Chiesa*: dove operare i distinguo necessari al rigore scientifico dell'analisi successiva, dove affermare che la recezione è una *realtà da sempre presente nella Chiesa*, e dove, soprattutto, dare profondità biblica all'argomentazione. Il primo capitolo, pertanto, lungi dal voler definire in una formula la recezione, ne mostra le dinamiche e i termini essenziali, per vederla poi realizzare, in diversi modi e a diversi livelli, nel Concilio e nella vita della CEI. Ogni pagina di questo lavoro parla di recezione, continuamente protesa tra il suo fondamento biblico e il suo celarsi o svelarsi, talvolta anche interrompersi, nei processi vitali della Chiesa.

Non possiamo dimenticare le parole di Giovanni XXIII in apertura del Concilio, se vogliamo comprenderne il senso profondo: «occorre che la stessa dottrina sia esaminata più largamente e più a fondo e gli animi ne siano più pienamente imbevuti e informati [...]; occorre che questa dottrina certa ed immutabile, alla quale si deve prestare un assenso fedele, sia approfondita ed esposta secondo quanto è richiesto dai nostri tempi [...]. Illuminata dalla luce di questo Concilio, la Chiesa si accrescerà, come speriamo, di ricchezze spirituali e, attingendovi il vigore di nuove energie, guarderà con sicurezza ai tempi futuri».

Nell'analogia sopra ricordata con il Concilio gerosolimitano, non sottovaluterei le figure di Barnaba e Paolo, inviati dagli Apostoli in modo non dissimile a quanto accade oggi con i Vescovi loro successori. Di essi si dice che hanno «esposto», «rischiato», anzi letteralmente «consegnato la loro vita (ἀνθρώποις παραδεδωκόσι τὰς ψυχὰς αὐτῶν)» per il nome del Signore (At 15,26). Vi è stata pertanto una *consegna* non soltanto di una *lettera*, bensì della stessa vita. E così Giuda e Sila, inviati insieme con loro alla comunità di Antiochia, mentre riferiscono «le stesse cose» suggerite dallo Spirito, incoraggiano e confermano i fratelli, come a suggerirci che la ricchezza spirituale della *vita* garantisce la "veridicità" dello *scritto*.

La Chiesa esiste per comunicare: è essa stessa tradizione vivente, ossia *trasmissione* incessante del Vangelo *ricevuto*, nei

modi culturalmente più fecondi e rilevanti, affinché ogni uomo
possa incontrare il Risorto che è via, verità e vita.

Roberto Baglioni esprime efficacemente questo dinamismo
essenziale della vita e della missione della Chiesa, quando
afferma – dopo aver richiamato i noti passi paolini sulla *traditio*
eucaristica (1Cor 11,23ss.) ed evangelica (1Cor 15,1ss.), e verbi
così importanti come λαμβάνω (ricevere-accogliere) e παραδίδωμι
(porgere-consegnare) – che essa «è il luogo di accoglienza o di
recezione anzitutto della visita di Dio, il luogo dell'accoglienza tra
fratello e fratello, e, perché no, tra Chiesa e Chiesa». Può dirsi,
perciò, e a ragione, «comunità di recezione». Occorre saper
ricevere dalla Trinità – Padre, Figlio e Spirito Santo – ricevere da
Cristo, dalla Chiesa, dai Laici, dal Mondo. E a nostra volta
trasmettere ai vicini, ai lontani, agli amici ed anche ai nemici.

Sono convinto che il testo che abbiamo tra le mani farà molta
strada, se troverà chi avrà la pazienza e la bontà di leggerlo fino
alla fine, e di sentirsi, come dicevo prima, attore di ciò che sta
leggendo. La enorme mole di dati raccolti nelle tabelle del
secondo volume, organizzati peraltro con ordine e chiarezza,
mentre non scoraggeranno il lettore comune per la linearità
generale dell'esposizione, restano a mio avviso come ricco
patrimonio per gli studiosi che volessero approfondire singoli
documenti o percorsi tematici.

Concludendo questi pensieri ad alta voce mi siano consentite
ancora un paio di riflessioni. Impostando il rapporto tra Vaticano
II e CEI in chiave di recezione, ho trovato molto bella la
definizione del Concilio come un «bene spirituale», un *dono*,
l'*evento* e le *decisioni*, da far proprio da parte delle generazioni
future, dalla totalità dei fedeli guidati dai Vescovi, e da questi
unitamente con loro. Nello spirito di quanto detto poco fa sulla
necessaria lettura credente degli eventi ecclesiali, mi piace citare
il filosofo e storico Jean-Luc Marion, a proposito del dono:
«L'uomo [...] riceve il dono come tale solo accogliendo l'atto di
donare, cioè ancora donando a sua volta. [...] Solo il dono del
dono può ricevere il dono, senza appropriarsene e distruggerlo,
in un mero possesso».

L'Autore di questa ricerca concluderà il secondo volume, a tale
proposito, con un paragrafo dal titolo apparentemente
provocatorio, eppure particolarmente azzeccato, eloquente dal
punto di vista biblico e teologico: «Un Concilio "tradotto" o
tradito? Per un bilancio della recezione». Lasciando al lettore di

trovare risposta nelle conclusioni, la singolare scelta dei termini richiama alla memoria un testo di S. Agostino che si riferisce alla consegna di Gesù nell'orto degli ulivi, e che colpisce per profondità e concisione. Suona più o meno così: «*Judas tradidit, Pater tradidit: Judas proditione tradidit, Pater dilectione tradidit*»; e cioè: «Giuda ha consegnato Gesù, il Padre lo ha consegnato: Giuda per tradimento, il Padre per amore». Il nostro consegnare-*tràdere*, il nostro mettere tra le mani di altri, quanto a nostra volta abbiamo ricevuto, è e resta una misteriosa commistione di amore fedele e tradimento, che chiede continua conversione, anzitutto alla volontà di amore del Padre: è Lui che ha il potere di redimere e salvare anche ciò che è stato tradito e sembrava perduto.

Se ciascun uomo sulla terra è chiamato a *ricevere* il Figlio, come accoglienza fedele della volontà del Padre, a noi Pastori, particolarmente, è indirizzato il monito dell'Apostolo: «Vegliate su voi stessi e su tutto il gregge, in mezzo al quale lo Spirito Santo vi ha posti come vescovi a pascere la Chiesa di Dio, che egli si è acquistata con il suo sangue» (At 20,28).

+ *Dante Bernini*
Vescovo emerito della
Diocesi suburbicaria di Albano

INTRODUZIONE

Nelle settimane del Concilio è accaduto un fatto unico e sorprendente: la comunità cattolica, in tutti i suoi strati e nei suoi esponenti più significativi – a cominciare da papa Giovanni XXIII, che ha dato l'impulso, poi raccolto da Paolo VI e dai Padri conciliari –, ha rimesso in discussione le forme espressive della sua vita, la sua esperienza pastorale passata, il suo statuto sociale tradizionale, la sua eredità culturale[1]. Sebbene la dottrina sulla natura della Chiesa si trovasse al centro dell'interesse della teologia da diversi decenni, mai si è affrontato così ampiamente il tema ecclesiologico come al Concilio Vaticano II.

È nella natura delle cose che di fronte ad un evento unico, anche dal punto di vista storico, come fu il Vaticano II, si sia portati in qualche modo ad accoglierlo o rifiutarlo, a pronunciarsi a favore o contro, a entrare in una effettiva dinamica di recezione che coinvolga la vita, o a stabilire un rapporto di indifferenza, quando non addirittura di diffidenza. E ciò avviene a vari livelli.

A cinquant'anni dall'apertura dell'Assise ecumenica, allora, sembra più che lecito domandarsi se davvero esista una «maggioranza silenziosa» di cristiani per i quali il Vaticano II sia ormai considerato un fatto del passato senza un'effettiva vitalità attuale[2]. Riguardo a tale presunta disaffezione G. Alberigo annotava, nel 1985, che «non solo le generazioni più giovani cresciute dopo gli anni Settanta, ma anche quelle che hanno assistito durante la gioventù al Vaticano II si sentono "altrove", sembrano disinteressate a comprendere se e quanto del concilio è entrato nella vita delle chiese e sono refrattarie a riconoscere un debito della propria esperienza cristiana nei confronti del

---

[1] A. ACERBI, «La recezione del Concilio Vaticano II», 982.
[2] Cfr. A. FILIPPI, «Concilio vent'anni luce», 413-416.

concilio stesso»[3]. Accanto a loro, aggiungeva, una «minoranza aggressiva» si affretta a ridurre la portata del Concilio e a denunciarne gli effetti funesti[4]. Il problema, certamente, è molto più complesso di quanto appaia. E, d'altro canto, la domanda su «come e in che misura possa avere significato permanente, anche per l'"oggi", un testo formulato "ieri", all'interno ed in dipendenza da condizioni ideali, sociali, religiose sorpassate»[5], resta quanto mai attuale.

In qualsiasi modo la si pensi, è fuori da ogni dubbio che il Concilio Vaticano II abbia dato «il via ad un movimento che, con le sue lentezze e le sue fughe in avanti, con le sue luci e le sue ombre, non pare davvero aver ancora esaurito la sua spinta propulsiva»[6]. Questo movimento, tuttavia, «non va colto soltanto o in primo luogo nell'accoglienza e nell'attuazione dei principi e delle direttive contenuti nei documenti conciliari, quanto piuttosto in una ben più ampia dinamica di recezione, in cui è interpellato l'essere stesso della Chiesa»[7]. Viceversa si tratterebbe soltanto di un procedimento di dubbio valore, per il quale, realmente, l'annosa dialettica tra lo *spirito* e la *lettera* del Concilio, si risolverebbe ad esclusivo favore di quest'ultima, riducendosi inevitabilmente ad «un'operazione di meccanica trasposizione»[8].

Il presente studio, articolato per il momento in due volumi, è maturato nell'ambito del *cursus ad Doctoratum* concluso presso la Facoltà di Teologia Dogmatica della Pontificia Università Gregoriana. La necessità di introdurre, come stiamo facendo, il tema della recezione, ci offre l'opportunità di entrare per gradi nel vivo del testo, a cominciare proprio dal titolo scelto in origine

---

[3] G. Alberigo, «La condizione cristiana dopo il Vaticano II», in G. Alberigo – J.-P. Jossua, ed., *Il Vaticano II e la Chiesa*, 10. L'espressione dei cristiani "altrove" rispetto al Concilio era già stata utilizzata da J.P. Jossua nella sua relazione al convegno "Ricezione del Concilio nella vita della Chiesa e della società" (Bologna, 7-8 dicembre 1975), ed è stata ripresa più o meno negli stessi termini anche da Acerbi («La recezione del Concilio Vaticano II», 978): «Rispetto al Vaticano II [...] vi è chi dichiara di non essere oggi né a favore né contro il Concilio, ma semplicemente altrove».

[4] Cfr. G. Alberigo, «La condizione cristiana dopo il Vaticano II», in G. Alberigo – J.-P. Jossua, ed., *Il Vaticano II e la Chiesa*, 11.

[5] A. Acerbi, «La recezione del Concilio Vaticano II», 977-978.

[6] P. Coda, «Introduzione», in M. Vergottini, ed., *La Chiesa e il Vaticano II*, XI.

[7] P. Coda, «Introduzione», in M. Vergottini, ed., *La Chiesa e il Vaticano II*, XI.

[8] A. Acerbi, «La recezione del Concilio Vaticano II», 989.

per la dissertazione dottorale: *«Il Concilio "tradotto" in italiano. Recezione del Vaticano II nei documenti dell'Episcopato italiano»*. Balzerà immediatamente all'attenzione quel virgolettato e una certa originalità del titolo principale. La scelta è dettata da un esplicito intento evocativo, rispetto alle parole utilizzate dal cardinale Dionigi Tettamanzi nella sua *Prolusione* al 4° Convegno ecclesiale nazionale di Verona, durante la quale il presule affermò:

> Il nostro Convegno prosegue i precedenti di Roma (1976), Loreto (1985) e Palermo (1995), quali *momenti importanti nei quali la Chiesa in Italia ha ricevuto e vissuto il messaggio di rinnovamento venuto dal Concilio.* Era proprio questa l'intenzione originaria del primo convegno: *«tradurre il Concilio in italiano»*[9].

Sembrava che in questo modo il Cardinale – in quel momento presidente del Comitato preparatorio del Convegno – avesse offerto la chiave di lettura di tutto il cammino della Chiesa Italiana nel post-Concilio, nel quale i Convegni ecclesiali nazionali hanno rappresentato una delle espressioni più significative. Non certo l'unica, poiché i Convegni sono stati, tra l'altro, l'occasione principale per confrontarsi, con le molte componenti del popolo di Dio, sulle scelte pastorali operate nei Piani e negli Orientamenti pastorali decennali, concepiti, sin da principio, quali strumenti privilegiati di recezione del Concilio nelle Chiese d'Italia.

Se è vero che tra le molteplici *attestazioni* della verità evangelica ed ecclesiale un posto privilegiato è occupato dal magistero dei Vescovi, come si può *tradurre* il Concilio – ci siamo chiesti –, ossia proporlo alla vita della Chiesa che è in Italia, offrirlo perché lo riceva, senza che prima non sia stato recepito

---

[9] D. TETTAMANZI, Prolusione «Il Signore doni alla Chiesa italiana umili e coraggiosi testimoni di Gesù Risorto, speranza del mondo», in Conv. di Verona, 124. Nel 2013 è stato pubblicato, con un titolo assai simile al nostro, uno dei volumi della collana *Forum ATI*: cfr. S. SEGOLONI RUTA, ed., *Tradurre il Concilio in italiano. L'Associazione Teologica Italiana soggetto di recezione del Vaticano II*, Milano 2013. Riteniamo doveroso segnalare, a tale riguardo, che la scelta del titolo della nostra dissertazione risale a ben 5 anni prima, con approvazione dell'argomento da parte dell'Università il 15 dicembre 2008; titolo e argomento resi pubblici da subito, cui tutti potevano accedere senza restrizione alcuna attraverso il portale www.unigre.it (nella sezione "Ricerca nell'archivio degli argomenti in corso"), e che abbiamo scelto di non modificare in sede di pubblicazione, in ragione della strettissima connessione e attinenza con i contenuti.

proprio al *livello* dell'Episcopato, delle sue riunioni, delle sue scelte e dei suoi pronunciamenti ufficiali?

L'accelerazione con la quale muta la cultura contemporanea pone, inoltre, la questione di una "alterità" del Concilio rispetto alle generazioni che seguono. Quanto coerentemente i Vescovi hanno saputo leggere e interpretare il Concilio alla luce dei cambiamenti, del contesto che avevano di fronte? Fino a che punto, e con quale continuità hanno fatto sì che i loro pronunciamenti, impregnati o meno degli insegnamenti conciliari, divenissero realmente strumenti di recezione? Sono solo alcune delle domande che hanno guidato la nostra ricerca.

La restrizione della ricerca al campo ecclesiologico – e veniamo così all'ultima osservazione sul titolo –, volutamente omessa, è motivata non solo dal ben noto orientamento dei testi conciliari, che affrontano il tema "Chiesa" dall'inizio alla fine quasi come il *leit motiv*, ma dall'intenzione di concederci uno spazio più ampio di indagine, tale da consentire, insieme alla chiave ecclesiologica, un *approccio globale* di recezione del Concilio, con criteri e modalità che illustreremo specialmente nel secondo volume.

Il *piano generale* dell'opera risulta così articolato:

Il Concilio "tradotto" in italiano – volume I.
Vaticano II, Episcopato italiano, recezione:

> cap. I: «La recezione nella Chiesa»
> cap. II: «Il concilio ecumenico Vaticano II»
> cap. III: «L'Episcopato italiano e il Concilio»

Il Concilio "tradotto" in italiano – volume II.
La Chiesa del Vaticano II negli Orientamenti
e nei Convegni CEI (1965-2010):

> I PARTE

> cap. I: «Evangelizzazione, sacramenti e promozione
>   umana» (gli anni Settanta)[10];

---

[10] Il cardine del decennio è costituito dal primo Piano pastorale *Evangelizzazione e sacramenti* (1973), con il relativo Convegno ecclesiale nazionale di Roma "Evangelizzazione e promozione umana" (1976).

cap. II: «Comunione,   comunità   e   riconciliazione
           cristiana» (gli anni Ottanta)[11];
cap. III: «Evangelizzazione e testimonianza della carità per
           una nuova società in Italia» (gli anni Novanta)[12];
cap. IV: «Testimoni di Gesù risorto: comunicare il Vangelo
           della Speranza in un mondo che cambia»
           (1° decennio 2000)[13].

II PARTE

cap. V: «Un Concilio "tradotto" o tradito?
           Per un bilancio della recezione».

Sfogliando decine e decine di pubblicazioni sul Concilio, non si può non convenire con l'affermazione di G. Routhier nel suo intervento al *Forum* dell'Associazione Teologica Italiana del 2005: «si è già tanto scritto sulla recezione dell'ecclesiologia del Vaticano II che è legittimo chiedersi se sia ancora possibile aggiungere qualcosa di originale»[14]. Senza dubbio restano da svolgere ancora molte ricerche sul tema, e lo scopo del nostro studio è quello di situarsi in questo complesso processo di verifica e di confronto con l'ultimo Concilio. L'indagine sulla sua recezione nei documenti dell'Episcopato italiano, tra l'altro, costituisce una nuova occasione di appropriazione, di interpretazione e di recezione, tanto per il ricercatore tanto per il lettore.

Stando ai dati in nostro possesso, vi sono alcuni elementi particolarmente caratterizzanti quest'opera. Il primo concerne l'oggetto stesso di analisi, gli Orientamenti pastorali della Conferenza italiana: mentre qua e là si possono trovare degli

---

[11] Il titolo richiama, rispettivamente, il Piano pastorale *Comunione e comunità* (1981), e il Convegno di Loreto sul tema "Riconciliazione cristiana e comunità degli uomini" (1985).

[12] Anche qui lo studio si impernia sugli orientamenti pastorali decennali *Evangelizzazione e testimonianza della carità* (1990), cui fa da sponda la celebrazione del terzo convegno nazionale, a Palermo, che ha per tema "Il Vangelo della carità per una nuova società in Italia" (1995).

[13] Agli orientamenti pastorali *Comunicare il Vangelo in un mondo che cambia* (2001) fa seguito il quarto convegno, stavolta celebrato a Verona, "Testimoni di Gesù risorto, speranza del mondo" (2006).

[14] G. ROUTHIER, «La recezione dell'ecclesiologia del Vaticano II: problemi aperti», in M. VERGOTTINI, ed., *La Chiesa e il Vaticano II*, 3.

studi sull'ecclesiologia che esprimono, sulle priorità adottate dai Vescovi, ecc., sembra impossibile rintracciarne uno studio sistematico e completo in chiave di recezione *del Concilio*[15].

L'asse portante di questo volume è costituito certamente da un nostra rilettura del Vaticano II. Il Concilio è e resta il fondamentale punto di riferimento del presente studio, chiave di lettura e fonte di interpretazione per i documenti teologico-pastorali che l'Episcopato italiano ha consegnato alla Chiesa in Italia. «Sappiamo come la "recezione" di un concilio sia un elemento importante per misurare la sua portata»[16], ma prima ancora della disamina dei documenti CEI, questo abbiamo voluto esplicitare: quando si parla di *recepire* il Concilio, non è affatto scontato che vi sia consenso sul *contenuto* o sull'*oggetto* di questa recezione, né sulla visione di Chiesa consegnataci dai Padri conciliari. In altre parole: che cos'è stato il Concilio Vaticano II? E che cos'è? L'«apostasia» o la «primavera»? Il «disastro» o la «rinascita»?

Il *secondo capitolo*, «Il concilio ecumenico Vaticano II», ha inteso proprio ridefinire i contorni di questo bene spirituale, riconosciuto e rivalutato in primo luogo come un *evento* di riforma, di rinnovamento, la cui storicità ricopre un aspetto fondamentale per la sua comprensione e la sua ermeneutica. Alcune pennellate sul contesto, sulle intenzioni che ne motivarono l'annuncio e la celebrazione, sul suo significato ecclesiale ed ecclesiologico quale «evento di Chiesa ed "epifania" della Chiesa», e ancora sul fatto che si sia trattato di un concilio all'insegna della "novità", non impediranno di mettere un punto fermo sulla normatività dei suoi insegnamenti. Non ci si è sottratti nemmeno alla grande questione dell'*ermeneutica* del Vaticano II, con il suo corollario di posizioni e contrapposizioni, dovendo riconoscere che difficilmente si potrà parlare di "una" ecclesiologia del Concilio.

La collocazione dello studio sul Concilio solo nel *secondo capitolo*, ci permette di dire qualcosa anche sulla scelta di premettere ad esso un *primo capitolo* tutto dedicato a «La recezione nella Chiesa».

---

[15] Fatti salvi alcuni contributi come quello di Serena Noceti («I piani pastorali», 48-56), tanto per fare un esempio.

[16] L.-J. SUENENS, «Cinq ans après Vatican II», 35-36.

Negli ultimi decenni si è assistito ad un vero e proprio proliferare di pubblicazioni sulla recezione del Vaticano II, in particolar modo con il sopraggiungere di importanti anniversari – così com'è accaduto di recente per il 50° anniversario della solenne apertura – o ricorrenze che via via riguardavano la pubblicazione dell'uno o dell'altro documento conciliare. Ecco, in molti casi è difficile imbattersi in un'opera che, affrontando il delicato tema della *recezione*, si appresti poi ad offrire un quadro esaustivo sul significato teologico che sta alla base di questo concetto. Crediamo costituisca un valore aggiunto l'aver tentato di dare risposta a questa domanda, senza scadere in una logica di indagine meramente statistica e materiale. A quale realtà rimanda la recezione? C'è un significato univoco e sempre valido in generale, e nell'ecclesiologia in particolare?

Di grande aiuto, oltre ai diversi contributi del padre Y.M.-J. Congar[17], di A. Antón[18], e agli studi di G. Routhier[19], saranno gli Atti dei *Colloqui internazionali di Salamanca*, in special modo quello del 1996 sul tema "Recezione e comunione tra le Chiese"[20].

Affrontare l'argomento della recezione significa in primo luogo imbattersi in una polisemìa di significati che richiede se ne precisino i contorni, in particolare *nella teologia* e *nella Chiesa*. Anche in ambito teologico siamo infatti di fronte ad un tema interdisciplinare ancora oggetto di studio, sulla cui significazione non è sempre possibile trovare un consenso tra gli ecclesiologi. Il presente volume offre un *excursus* sui contributi più recenti e sulle definizioni più comuni, mostrando come il rischio di confusioni e ambiguità non può far smarrire la ricchezza semantica che si cela dietro la realtà e la ricerca teologica su questo tema.

La scelta di dedicare un intero capitolo a questo argomento risponde, quindi, all'esigenza di fornire i presupposti e i fondamenti teologici dell'intera ricerca, non solo con lo scopo di ponderarne l'utilizzo nell'analisi degli Orientamenti e dei Convegni (2° volume), ma anche per non entrare nel novero di

---

[17] «La ricezione come realtà ecclesiologica», 1305-1336.

[18] «La "recepción" en la Iglesia y eclesiología (I)», 57-96; «La "recepción" en la Iglesia y eclesiología (II)», 437-469.

[19] *La réception d'un concile*, Paris 1993; *Il Concilio Vaticano II. Recezione ed ermeneutica*, Milano 2007.

[20] Salamanca 1996 (cfr. «Sigle e Abbreviazioni»).

quanti, facendo della recezione un *catch all*, una parola alla moda inflazionata e abusata, finiscono per contribuire alla svalutazione di un concetto tanto ricco e prezioso per la Chiesa e per l'ecclesiologia, anziché apportare un contributo alla costruzione dell'una e dell'altra.

La coscienza della necessità di approcciare lo studio del Concilio sul piano tanto delle *decisioni* tanto su quello dell'*evento*, ci ha portato ad optare per l'aggiunta di un capitolo, il *terzo* di questa pubblicazione, dedicato a «L'Episcopato italiano e il Concilio».

Le pagine dedicate alla Conferenza episcopale italiana – d'ora in poi CEI – non intendono offrire l'esatto rendiconto storico delle vicende che la riguardano, e di cui illustri storici della Chiesa si sono occupati e tuttora si occupano. Rappresentano, questo sì, il tentativo di rintracciare, a partire dagli eventi, il fecondo legame tra la Conferenza episcopale e il Concilio Vaticano II: la sua nascita, la sua "evoluzione" e trasformazione durante i lavori dell'Assise ecumenica, le priorità e le scelte pastorali adottate negli anni seguiti al Concilio. L'Episcopato italiano nel suo insieme, insomma, in che modo ha vissuto l'*evento* conciliare e come lo ha "recepito"? Se fosse possibile: come ne è stato "cambiato"?

Ripercorrere le tappe che hanno condotto i Vescovi dalle diocesi italiane verso una "unione collegiale" italiana prima inesistente, si rivelerà una scoperta. Presente in germe fin dagli anni '50, questo legame si consoliderà proprio in Concilio e a motivo del Concilio.

L'articolazione e la reciprocità tra gli eventi legati alla celebrazione del Vaticano II e alla nascita dell'Episcopato italiano come suo "frutto", cederà il passo, finalmente, al cammino che vede la Chiesa italiana impegnata nel consegnare, nel *tradurre* tale ricchezza ai cristiani e ai cattolici contemporanei, come a quelli degli anni che verranno, insieme agli insegnamenti depositati nelle Costituzioni conciliari, nei Decreti e nelle Dichiarazioni.

Il percorso svolto nel primo volume, quindi, rappresenta lo sfondo e il presupposto storico-teologico del secondo, necessario ad illuminare tutta la trattazione sui Piani e sugli Orientamenti pastorali dell'Episcopato italiano e sui Convegni ecclesiali nazionali.

Questa ricerca, pensata da subito come un servizio insieme teologico ed ecclesiale, e di cui la Chiesa italiana ci auguriamo si possa giovare per l'avvenire, si è potuta realizzare non senza il prezioso sostegno e lo sprone di diversi soggetti. In primo luogo la Chiesa di Civita Castellana che, nella persona del vescovo mons. Romano Rossi, ha creduto in questo progetto e lo ha cordialmente sostenuto dall'inizio alla fine. In secondo luogo il prof. Dario Vitali, che l'ha orientato e guidato in ogni sua fase, con la competenza teologica del docente e la grandezza d'animo del fratello nella fede. A costoro, come a tutti quelli che hanno contribuito in qualsiasi maniera alla sua realizzazione, va la nostra più sincera gratitudine nel Signore.

CAPITOLO I

LA RECEZIONE NELLA CHIESA

1. 'Recezione': polisemia e interdisciplinarietà

1.1 *Termine polivalente*

«Tema pericoloso?», si domandava Y. Congar all'inizio di un articolo del lontano 1972. «In ogni caso – rispondeva – è un tema che raramente è stato affrontato (anche se importantissimo) sia dal punto di vista dell'ecumenismo, sia dal punto di vista di una ecclesiologia completamente tradizionale e cattolica»[1]. In realtà il tema della recezione, così come l'uso del termine, non è affatto una scoperta recentissima, anche se in campo teologico ottiene il diritto di cittadinanza solo intorno agli anni Settanta. Congar stesso, difatti, faceva già riferimento a un importante studio di A. Grillmeier di poco precedente[2] – e con il quale praticamente iniziava la ricerca teologica più recente sul tema – ma subito ricordava l'utilizzo che veniva fatto del termine 'recezione' da parte degli storici del diritto, quando il diritto romano faceva il suo ingresso nella società ecclesiale o civile dell'epoca moderna. Si parlava qui, a titolo di esempio, della Germania del XV secolo.

Di per sé il termine 'recezione' rimanda ai vocaboli latini 'receptio' e 'recipere', e designa fondamentalmente l'atto di accogliere e/o accettare qualcosa che il soggetto considera un

---

[1] Y. CONGAR, «La ricezione come realtà ecclesiologica», 1305. L'autore stesso segnala in nota uno studio più ampio, pubblicato nel fascicolo n. 3 di *Revue des Sciences philosophiques et théologiques* nel medesimo 1972. L'articolo ritorna praticamente in tutti gli studi in materia di recezione degli anni successivi.

[2] A. GRILLMEIER, «Konzil und Rezeption. Methodische Bemerkungen zu einem Thema der ökumenischen Diskussion der Gegenwart», 321-352.

bene per sé[3], e che gli viene "dato", "donato" o semplicemente "comunicato". Una dinamica di dare e ricevere, quindi. Per cui non è lontano da questa accezione il termine 'tràdere', e cioè 'consegnare-dare-affidare', di cui si serve, tra le altre, la dottrina teologico-fondamentale della Tradizione. Anche consultando un dizionario della lingua italiana o un dizionario teologico, ci rendiamo conto ben presto della complessità e della «polisemìa»[4] di questo termine: «oggi *ricevere* è diventato ormai troppo generico, a indicare ogni movimento di cose o parole che arrivano a noi, anche se poi il soggetto che riceve resta solo un destinatario passivo, che non fa nulla nel momento di ricevere o dopo»[5].

Senza allontanarci troppo dall'argomento di questa ricerca, è chiaro che si sta ponendo qui una questione di metodo, che era bene chiarire sin da principio. Dicendo *recezione* si vorrebbe sottolineare «un senso forte nel ricevere; ossia la capacità di fare azione, di fare passi incontro, anche quando il movimento sembra partire da altri, quelli che mandano o danno»[6]. Interrogandoci sulla recezione del Vaticano II nei documenti dell'Episcopato italiano, infatti, avremmo potuto risolverla semplicemente evidenziando in essi tutte e singole le citazioni di Costituzioni, Dichiarazioni e Decreti, e cavarcela con una sorta di statistica delle presenze. Sembra più che evidente che avremmo in tal caso già presupposto – a priori, e forse ingenuamente – che cosa si volesse intendere con *recezione*. Si è scelto, invece, di procedere in altra direzione, premettendo queste prime pagine, con il tentativo di dare risposta a queste domande: che cosa intendiamo con *recezione*? A quale realtà rimanda? C'è un significato univoco e sempre valido in generale, e nell'ecclesiologia in particolare? Chiaramente ci siamo imposti subito dei confini, espressi anche nella scelta del titolo di questo capitolo, poiché il fenomeno della recezione è una realtà che entra nel campo di molte altre scienze oltre alla teologia, come la

---

[3] Cfr. A. ANTÓN, «La "recepciòn" en la Iglesia y eclesiología (I)», 60.

[4] G. ROUTHIER, *La réception d'un concile*, 63.

[5] L. SARTORI, «La "ricezione" nella Chiesa credente», in E.R. TURA, ed., *Luigi Sartori*, III, 109.

[6] L. SARTORI, «La "ricezione" nella Chiesa credente», in E.R. TURA, ed., *Luigi Sartori*, III, 109.

storia, l'estetica, la letteratura, la politica e la sociologia[7], e il diritto, come sopra si accennava.

Ciò che a noi interessa, quindi, è lo studio della recezione *nella Chiesa*, per acquisire dei risultati che ci consentano di concentrarci in seguito e meglio sull'argomento specifico di questa ricerca. E ciò presuppone che ci si intenda pure sulla valenza precipua della recezione nella *teologia della Chiesa*, espressa – nel caso in esame – da un concilio ecumenico, e ricevuta da un episcopato locale attraverso la stesura di documenti "programmatici".

Una prima intuizione circa l'importanza di questo tema ce la possono offrire le parole di L. Sartori: «Non si tratta di una cosa secondaria; esprime anzi un aspetto e un dinamismo fondamentali nella vita della Chiesa. Senza la ricezione si troverebbero di fronte l'uno all'altro il credente singolo (o anche la singola comunità o gruppo) e il magistero dei pastori, col rischio della conflittualità; la vita di fede sarebbe tesa tra due poli che potrebbero diventare contrapposti e incomunicanti»[8]. Ci pare che in queste poche righe ci siano offerti in anticipo, ed espressi in una sintesi formidabile, tutti – o quasi – gli strumenti almeno terminologici su cui focalizzare la nostra attenzione nelle pagine che seguono. È in gioco la vita di *fede*; vi sono coinvolti tutti i *soggetti*: singolo credente, comunità e pastori. Come pure la trasmissione del *deposito* e il *magistero* vivo. Un ruolo importantissimo lo occupa la *comunicazione* e l'esigenza di *comunione*. E, infine, non è remoto il rischio di *conflitti* che minano alla base questo circolo vitale. Un dinamismo "fondamentale", insomma, che coinvolge la vita della Chiesa intera.

---

[7] Cfr. A. Antón, «La "recepción" en la Iglesia y eclesiología (I)», 57. Il tema è ripreso dall'autore nella prolusione per l'inaugurazione dell'Anno Accademico 1998/99 della Pontificia Facoltà Teologica dell'Italia Meridionale (Napoli 18 novembre 1998), pubblicata in *RdT* 40 (1999) 165-199, con il titolo «"Recezione" e "Chiesa locale". La connessione di ciascuna delle due realtà dal punto di vista ecclesiale ed ecclesiologico».

[8] L. Sartori, «La "ricezione" nella Chiesa credente», in E.R. Tura, ed., *Luigi Sartori*, III, 109.

1.2 *Tema teologicamente interdisciplinare*

Insieme alla premessa riguardo alla complessità della recezione in generale, occorre aggiungere che essa resta, «in quanto fenomeno religioso, una realtà molto complessa e di indole interdisciplinare»[9] anche all'interno della stessa teologia. Esiste una connessione intima e indissociabile tra i fondamenti teologici della recezione nella Chiesa e i suoi processi concreti, vitali e, in qualche maniera, sempre attivi nei vari livelli della comunità ecclesiale[10].

Ma è altrettanto vero che «si parla di recezione come fenomeno religioso in contesti molto differenti nei quali, a prima vista, non è possibile verificare una nozione comune di recezione, se non in senso analogico e molto impreciso»[11]. Per non parlare della tendenza manifestata negli ultimi decenni ad estendere sempre più il significato di questa parola a fenomeni che non presentano un denominatore comune.

Focalizziamo ancora di più la nostra attenzione restringendola al campo teologico, all'interno del quale possono aiutarci alcuni esempi. Nel diritto canonico si pone la questione della recezione riguardo alle fonti, quando elementi di diritto civile o della consuetudine *entrano* – possiamo anche dire: sono *ricevuti* – nella legislazione ecclesiastica. Così come si può parlare di recezione quando delle norme provenienti da una Chiesa di rito orientale vengono *recepite* nel codice latino, o nel caso in cui questo venga riformato dopo aver *accolto* le indicazioni di un concilio, come avvenne per il Codice promulgato nel 1983[12].

Nel campo dell'esegesi «si giunge alla formazione del "canone" della Scrittura e alla fissazione del *textus receptus* nei libri canonici e nelle loro pericopi solamente attraverso la

---

[9] A. Antón, «La "recepción" en la Iglesia y eclesiología (I)», 57.

[10] Cfr. A. Antón, «La "recepción" en la Iglesia y eclesiología (I)», 57.

[11] A. Antón, «La "recepción" en la Iglesia y eclesiología (I)», 59.

[12] A titolo di citazione ci riferiamo a Giovanni Paolo II, Cost. ap. *Sacrae disciplinae leges*, 25 gennaio 1983, VIII: «Il nuovo Codice che oggi viene pubblicato ha necessariamente richiesto la precedente opera del Concilio; e benché sia stato preannunciato insieme con l'assise ecumenica, tuttavia esso cronologicamente la segue, perché i lavori intrapresi per prepararlo, dovendosi basare sul Concilio, non poterono aver inizio se non dopo la sua conclusione».

recezione»[13]. Ma nella stessa disciplina teologica si può parlare di recezione o di non-recezione riguardo al metodo. Non si fa esegesi oggi come la si faceva due secoli fa, e non è per nulla scontato che il procedere dell'esegeta segua – o *recepisca* – il cammino tracciato da un documento magisteriale[14] o da una commissione pontificia.

Non si può non menzionare il campo della liturgia, nella sua varietà legata alle culture locali e nel suo svilupparsi attraverso la storia. Un rito locale può *recepire* le indicazioni del magistero universale del Papa, ma allo stesso tempo *integrare* in sé usi e costumi di un popolo, situato nel tempo e nello spazio.

«Gli storici e i patrologi hanno davanti a sé un campo sconfinato, appena iniziato a dissodare: basti pensare alla recezione dei simboli e/o delle regole di fede, della configurazione di nuove istituzioni ecclesiastiche, dello sviluppo della liturgia e dei sacramenti, dei molteplici ministeri ecclesiastici, incluso il riconoscimento pratico del primato romano e dell'elemento conciliare»[15].

Tutto questo per dire che il concetto di recezione può essere inteso in senso ampio[16], facendo venir meno l'esigenza di ricorrere ad una «concettualità critica e univoca»[17], e con il conseguente rischio di incorrere in non poche ambiguità e contraddizioni. Dal rischio di questa deriva, o confusione, non è lontana l'ecclesiologia. A. Maffeis pone in nota questa sintesi del lavoro di Routhier su *La réception d'un concile*: «L'autore, senza rinunciare alla definizione critica del concetto di recezione, che impedisca il suo utilizzo per indicare tutto, riconosce tuttavia la "polisemia" del termine e la complessità della realtà ecclesiale cui si riferisce»[18]. Si impone pertanto, nel procedere nel nostro

---

[13] A. Antón, «"Recezione" e "Chiesa locale"», 166.

[14] Si vedano le discussioni degli ultimi anni circa la recezione della costituzione conciliare *Dei Verbum* nel metodo esegetico, solo per fare un esempio.

[15] A. Antón, «"Recezione" e "Chiesa locale"», 167.

[16] Può accadere che il termine *recezione* venga volutamente utilizzato in senso ampio, proprio lasciando trasparire tutta la sua "indeterminatezza", quando questa scelta ha «il vantaggio di permettere di cogliere la molteplicità dei livelli sui quali si è sviluppata l'accoglienza e la realizzazione delle indicazioni del Vaticano II»: A. Maffeis, «Concilio Vaticano II, dialogo ecumenico, recezione», in M. Vergottini, ed., *La Chiesa e il Vaticano II*, 305.

[17] G. Routhier, *La réception d'un concile*, 34.

[18] A. Maffeis, «Concilio Vaticano II, dialogo ecumenico, recezione», in M. Vergottini, ed., *La Chiesa e il Vaticano II*, 305, nota 2.

studio, l'adozione di una nozione, almeno descrittiva, «sopra la quale esista un consenso fondamentale tra gli ecclesiologi, che permetta di adottarla come base per una ulteriore riflessione teologica»[19].

1.3 *Un bene spirituale da far proprio*

Quasi tutte le pubblicazioni degli scorsi decenni si ispirano alla definizione proposta da Y. Congar, che intendeva con 'recezione' «il processo per cui un corpo ecclesiale fa sua nella verità una determinazione che esso non s'è data da se stesso, riconoscendo così, nella misura dichiarata, una regola che conviene alla sua vita»[20]. Si tratta, dunque, di un vero e proprio *processo*, dove è coinvolto un corpo ecclesiale, in ciò che concerne la sua stessa vita. L'azione fondamentale è l'assunzione – «fa sua» – di una generica «determinazione» che viene dal "di fuori". Non entriamo qui nella questione della "esogeneità" della recezione nella Chiesa – tematica che affronteremo più avanti – ma possiamo sottolineare ed anticipare che di una certa "alterità" si tratta[21]: il soggetto o la comunità che riceve, si può intendere come "altro" nel caso non solo di aree culturali o ecclesiali diverse, ma anche nel caso di una distanza temporale, come quella che intercorre tra gli anni del Concilio e i decenni successivi.

Di dieci anni successiva, ma molto simile a quella di Congar, è la definizione di J.M. Tillard, nella quale ad essere riconosciuta come propria da parte del corpo ecclesiale "ricevente" è «una regola di fede, una precisazione dottrinale, una norma che un'istanza della Chiesa ha determinato». E precisa con chiarezza: «Non si tratta di un puro e semplice acconsentire, ma di un accogliere, che giustifica l'armonia fra ciò che viene proposto e

---

[19] A. ANTÓN, «La "recepción" en la Iglesia y eclesiología (I)», 59.

[20] Y.M.-J. CONGAR, «La ricezione», 1307.

[21] La definizione di W. Beinert, insiste forse troppo su questa alterità come proprietà valida in generale: «In senso generale, la recezione è l'accoglienza di un contenuto estraneo, quello della recezione, nel contenitore del ricevente. Ad essa corrisponde la trasmissione: quel determinato contenuto passa dal possesso del trasmettitore (tradente) al ricevente. Il processo presuppone ovviamente che il contenuto della recezione e il ricevente siano compatibili»: W. BEINERT, «I soggetti della recezione ecclesiale», in Salamanca 1996, 345.

ciò che si "sa" della fede (spesso più per istinto che per conoscenza esplicita)» [22].

Nelle posizioni che qui stiamo quasi esclusivamente elencando emerge via via un altro aspetto imprescindibile riguardo alla "attività" o "passività" della comunità che riceve, vale a dire il *sensus fidelium*. In questi termini si comprende meglio il posto che occupa il dato della fede implicato nella recezione. C'è recezione, infatti, quando il popolo di Dio accetta e accoglie una decisione o dichiarazione in quanto «vi scorge un'armonia tra quanto gli viene proposto e il *sensus fidelium* dell'intera Chiesa [...]. In questa accettazione l'intera Chiesa è coinvolta in un processo continuo di discernimento e di risposta» [23]. Questa almeno è la posizione della Commissione internazionale anglicano-cattolica romana, espressa nel *Rapporto finale* di Windsor del settembre 1981. E B. Sesboüé aggiunge, con riferimento esplicito alle determinazioni dei concili: «La verità ultima di un concilio si sprigiona, in questa prospettiva, mediante un processo di va-e-vieni fra l'autorità dottrinale e il *sensus fidelium* che si trova nel popolo cristiano» [24].

Di grande interesse è pure la definizione della Commissione episcopale francese per l'unità dei cristiani, secondo cui la recezione «è un dato di fatto che si constata immediatamente. Generalmente supera il quadro di una generazione, perché entra progressivamente nella vita e nel pensiero della Chiesa. Manifesta il significato concreto che il popolo di Dio riconosce e insieme conferisce alla definizione, nel suo modo di farla passare nella carne e nel sangue della vita ecclesiale» [25].

Tra gli interventi più recenti sul tema della recezione, va assolutamente segnalato quello di G. Routhier. Prendiamo quella che lui propone come definizione "semplice": la recezione è «un processo per il quale un gruppo ecclesiale si appropria, assimila

---

[22] Il testo è citato da B. SESBOÜÉ, «La recezione dei concili da Nicea a Costantinopoli II. Divergenze concettuali e unità nella fede, ieri e oggi», in Salamanca 1996, 110, e tratto dalla «*Introduction*» a B. LAURET – F. REFOULÉ, ed., *Initiation à la pratique de la théologie*, Paris 1982, 165-166.

[23] G. CERETI – S.-J. VOICU, *Enchiridion Oecumenicum*, I, 97.

[24] B. SESBOÜÉ, «La recezione dei concili da Nicea a Costantinopoli II. Divergenze concettuali e unità nella fede, ieri e oggi», in Salamanca 1996, 111; cfr. D. VITALI, *Sensus fidelium*, particolarmente i capitoli della parte III, sulla «Funzione del *sensus fidelium*», 321-422.

[25] CONFÉRENCE ÉPISCOPALE FRANÇESE, Dossier «*Réponse de la Conférence épiscopale*», 875.

e integra un bene spirituale che non ha lui stesso prodotto ma
che gli è offerto, fino a riconoscerlo come suo bene proprio e a
farne una determinazione per la sua vita»[26]. Sulla base di questa
definizione – sembra più che ovvio – occorre che ci si intenda sul
bene spirituale di cui si vuole studiare e verificare la recezione.
Difatti qui non si parla più e non tanto di una "regola di fede" o
una "norma" ben precisi: si parla di un «bene spirituale»[27].

Ora, dando per buona la semplificazione di Routhier, e
acquisita la ricchezza delle altre definizioni – ricchezza che prima
correvamo il rischio rimanesse una semplice ambiguità
semantica –, sarà necessario entrare nel vivo di ciascuno di
questi aspetti, prima ancora di individuare con chiarezza il bene
spirituale *Concilio Vaticano II*.

2. La recezione, *realtà* sempre presente nella Chiesa

Siamo forse più coscienti, dopo la premessa del precedente
paragrafo, dell'«enorme difficoltà di trovare ancora oggi
un'esauriente impostazione del tema della "recezione"»[28], fermo
restando i successi già ottenuti nella riflessione sulla sua realtà
teologico-ecclesiologica, e sui quali, peraltro, sarà opportuno
soffermarci più avanti.

Nell'articolo del P. Congar sopra citato, che fu in qualche
modo pionieristico, egli distingue nettamente tra la *nozione* di
"recezione", o la riflessione su di essa, da quella che è invece la
realtà della recezione. Questo perché, difatti, qualora la nozione
di recezione fosse stata eliminata, quando non espressamente

---

[26] G. Routhier, «La recezione dell'ecclesiologia del Vaticano II: problemi aperti», in M.
Vergottini, ed., *La Chiesa e il Vaticano II*, 3. L'autore aveva proposto il concetto di
recezione più o meno negli stessi termini nel suo studio pubblicato nel 1993. «La
recezione è il processo spirituale mediante il quale le decisioni proposte da un concilio
sono accolte e assimilate nella vita di una Chiesa locale e diventano per questa una
espressione vivente della fede apostolica»: Id., *La réception d'un concile*, 69.

[27] Commentando la definizione di Routhier, Sesboüé precisa: "Processo spirituale"
vuol dire processo di fede concreta nei confronti di un dato che è un "bene da ricevere"
[...]. Da parte mia, vorrei completare questa espressione aggiungendovi due
sottolineature: il processo "spirituale" è anche un processo dottrinale; d'altra parte, se la
recezione passa per le Chiese locali, diventa anche un fatto della Chiesa universale,
almeno nel caso in cui abbia un esito positivo»: «La recezione dei concili da Nicea a
Costantinopoli II. Divergenze concettuali e unità nella fede, ieri e oggi», in Salamanca
1996, 112.

[28] A. Antón, «"Recezione" e "Chiesa locale"», 165.

rifiutata, così non poté avvenire della sua realtà, «giacché – scriveva l'illustre ecclesiologo – la vita si impone sulle teorie»[29].

2.1 La recezione nella Scrittura

Una esposizione classica sulla recezione di un concilio ecumenico, avrebbe dovuto cominciare da una disamina storica dei sinodi e dei concili, visto che da molti è ritenuto che il concetto abbia inizialmente la sua origine nella pratica conciliare[30]. Tuttavia la Chiesa è vissuta durante le prime generazioni senza porsi il problema della recezione di un concilio o di un sinodo. E così, per intenderci, come la *realtà*-Chiesa precede ogni *riflessione* teologica su se stessa, sulla sua natura e sulla sua missione, così pure la *realtà* della *recezione* nella Chiesa ha la propria *protologia* teologica, che emerge e la regge dall'interno, nei suoi molteplici *processi storici*. «Nulla di strano, dunque, nel fatto che la *recezione* abbia trovato eco negli scritti del Nuovo Testamento, i quali non si limitano a darne un'attestazione puramente formale, bensì la presentano quale realtà che appartiene essenzialmente all'*essere* e all'*operare* della Chiesa»[31].

Sin dalle sue origini il mondo cristiano ha vissuto la recezione attraverso quello che la Scrittura esprime con i termini affini '*lambánein*'[32], o anche '*para-lambánein*', e '*déchesthai*'[33], vale a

---

[29] Y.M.-J. CONGAR, «La ricezione», 1325. «Del resto si può provare la precedenza della pratica sulla dottrina anche nell'origine e nello sviluppo di altre realtà ecclesiali e della Chiesa stessa. Il primato romano, ad esempio, fu universalmente riconosciuto nelle Chiese di Oriente e di Occidente molto prima di essere espresso in una formulazione teologica o canonica. Consta, inoltre, che i sinodi provinciali, plenari e regionali avessero acquistato una notevole diffusione ed efficacia, quando la riflessione teologica sull'elemento conciliare e perfino sulla realtà stessa del concilio ecumenico aveva mosso appena i primi passi»: A. ANTÓN, «"Recezione" e "Chiesa locale"», 168.

[30] Cfr. E. LANNE, «La recezione nella Chiesa antica. I processi fondamentali della comunicazione e della comunione», in Salamanca 1996, 85.

[31] A. ANTÓN, «Risposta alla relazione di E. Lanne», in Salamanca 1996, 94.

[32] Si vedano i dizionari biblico-teologici. È interessante verificare le occorrenze di questi verbi declinati nei diversi contesti biblici: emerge tutta la pregnanza teologica nella dinamica del "dare" e "ricevere/prendere", in cui colui che riceve pone un atto coinvolgente l'essere stesso e la vita personale. A mo' di esempio possiamo citare *Gv* 3,27; 7,39; *At* 20,35, *Eb* 11,8. Cfr. A. ANTÓN, «La "recepciòn" en la Iglesia y eclesiologìa (I)», 60.

[33] In particolare in *1Ts* 2,13 e *2Cor* 6,1.

dire 'ricevere-prendere-accogliere': tanto pregnanti nel loro contenuto teologico da costituire da sempre un concetto centrale all'interno della teologia biblica. Si pensi al vocabolario giovanneo, laddove – addirittura – *lambánein* diventa sinonimo di 'fede' (*pisteúein*) quando si tratta di 'accogliere' la persona di Gesù. Come ricorda W. Beinert: «l'affermazione basilare della fede, che trova il suo fondamento nella Bibbia, è la seguente: Dio rivela completamente se stesso agli uomini nell'offerta della vita di Gesù di Nazaret, per concedere loro la salvezza, se essi accettano l'offerta di questa comunione di vita con il Dio uno e trino»[34]. Il soggetto che "riceve" entra, in questo caso, in un atteggiamento spirituale, che implica disponibilità e una disposizione interiore di apertura. Ben altro, quindi, che un atto di mera comunicazione di dottrine o norme disciplinari: «Chi crede nell'evento Cristo, accoglie la persona del Verbo di Dio fatto uomo e, ricevendo la vita divina (Gv 1,11-12), entra in comunione con Dio (1Gv 1,1-4)»[35].

«La comunità dei primi discepoli del Risorto ebbe viva consapevolezza di avere ricevuto l'*euaggelíōn toû Theoû* e/o *toû Christoû* e di essere testimone e araldo di questo messaggio di salvezza escatologica per renderlo efficacemente presente e perché esso fosse ricevuto da tutti i popoli e da tutte le generazioni»[36].

Negli Atti degli Apostoli, appena costituita la Chiesa e manifestata al mondo con l'effusione dello Spirito Santo, si fa riferimento al processo di recezione nella sua duplice dimensione di *dono* e *accoglienza* personale: la buona novella proclamata nella Chiesa – dono dall'alto – è accolta dall'uomo per l'atto di fede[37]. «Allora coloro che accolsero la sua parola furono

---

[34] W. BEINERT, «I soggetti della recezione ecclesiale», in Salamanca 1996, 345.

[35] A. ANTÓN, «"Recezione" e "Chiesa locale"», 175.

[36] A. ANTÓN, «Risposta alla relazione di E. Lanne», in Salamanca 1996, 94.

[37] «Nell'attenzione alla Chiesa, così come essa ci appare in concreto realizzata, emerge [...] la struttura dialogica che caratterizza l'evento della rivelazione e della fede [...]: la rivelazione è un evento dialogale nel concreto della storia, non è indipendente dalla parola affermativa umana che l'accoglie, esiste soltanto concretamente come una rivelazione "ascoltata e creduta" (K. Rahner) [...]. Questa coscienza dell'inseparabilità degli elementi divini e umani nella realtà concreta della Chiesa è un dato strutturale in una epistemologia della recezione»: J.E.B. DE PINHO, «Risposta alla conferenza di J.A. Fomonchak», in Salamanca 1996, 229-230. «La fede cristiana è essenzialmente un atto di recezione di ciò che è trasmesso. La Chiesa si costituisce in questo atto di scambio»: G. ROUTHIER, «La recezione nell'attuale dibattito teologico», in *ivi*, 44.

battezzati e quel giorno furono aggiunte circa tremila persone»
(At 2,41).

A una tale *recezione* si riferisce anche Paolo con la sua
domanda retorica ai cristiani di Corinto: «Che cosa possiedi che
tu non l'abbia ricevuto?» (1Cor 4,7). «Tutto ciò che possiede il
cristiano lo ha ricevuto nell'auto-comunicazione suprema di Dio
donata attraverso Cristo nello Spirito. Questo messaggio di
grazia (*euaggelíōn*) ha ricevuto anche Paolo e lo *trasmette*
fedelmente alle sue comunità cristiane con le rinunce personali
più radicali»[38].

Ci aiuterà, in questo modesto approfondimento biblico,
indugiare proprio sulla comunità di Corinto, guardando la quale
stiamo "già" fotografando un esempio particolare di recezione
nella Chiesa antica. Sono anche i testi più datati che ne
parlano[39]: 1Cor 11,23ss., sull'istituzione dell'Eucarestia; ma
soprattutto 1Cor 15,1ss., sul Vangelo che Paolo ha trasmesso ai
Corinzi. Rileggiamo prima questa seconda pericope:

> Vi proclamo poi, fratelli, il Vangelo che vi ho annunciato e che voi avete
> *ricevuto*, nel quale restate saldi e dal quale siete salvati, se lo mantenete
> come ve l'ho annunciato. A meno che non abbiate creduto invano! A voi
> infatti ho *trasmesso*, anzitutto, quello che anch'io ho *ricevuto*, cioè che
> Cristo morì per i nostri peccati *secondo le Scritture* e che fu sepolto e che
> è risorto il terzo giorno *secondo le Scritture*.

Mentre annuncia il Vangelo di Cristo, il cui culmine sta nella
Resurrezione dai morti, Paolo presenta ben tre "tappe" di
recezione, sebbene – precisa E. Lanne – solitamente si presti
attenzione solo alle due più evidenti. La prima riguarda il
Vangelo «che voi avete ricevuto»; la seconda è riferita al fatto che
lo stesso Paolo annuncia «quello che anch'io ho ricevuto». E poi –
sottolineatura di non poco conto – queste due "recezioni"
suppongono una tappa precedente, quella espressa nei versetti 3
e 4: «secondo le Scritture»[40]. In altre parole: non solo Paolo riceve

---

[38] Cfr. A. ANTÓN, «La "recepción" en la Iglesia y eclesiología (I)», 60.

[39] Per "la recezione a Corinto" seguiamo ancora lo svolgimento della relazione di E.
LANNE: «La recezione nella Chiesa antica. I processi fondamentali della comunicazione e
della comunione», in Salamanca 1996, 74-80.

[40] In *Lc* 24,27.44, testo certamente posteriore ai passi paolini in esame, ricorre la
stessa espressione, ed è lo stesso Crocifisso-Risorto che si fa ermeneuta delle Scritture,
collocandosi in stresso rapporto con esse.

le Scritture giudaiche, riconoscendovi l'annuncio della morte del Cristo e quello della sua resurrezione al terzo giorno, ma si sforza di trasmetterle a tutti coloro che vogliano accogliere il Vangelo. «Le prime generazioni cristiane ricevono l'Antico Testamento, malgrado la coscienza che esse hanno del superamento operato nella Parola e nella Pasqua del Cristo Gesù, e malgrado l'opposizione, anzi l'odio giudaico. Nello Spirito esse comprendono che tutto si è compiuto "secondo le Scritture"»[41].

Emerge con facilità che il processo di recezione richiede il momento ad esso precedente della «tradizione» (*paredôka gàr umín*), essenziale anche per il testo di 1Cor 11,23 sull'istituzione dell'Eucarestia: «ho ricevuto dal Signore quello che a mia volta vi ho trasmesso» (1Cor 11,23).

Occorre a questo punto rendere ancor più esplicito ciò che implicitamente andiamo scoprendo sfogliando le pagine della Scrittura. Mentre l'ecclesiologo vi attinge come alla sorgente e al fondamento, si ritrova anche a scoprire la duplice dimensione, teologica e antropologica, della recezione. Dal punto di vista *antropologico*, umano, la recezione è una realtà indispensabile nella vita dell'uomo, destinato dal Creatore a vivere *con* e *per* gli altri e a sviluppare la propria esistenza in un costante dare e ricevere. Ebbene dal punto di vista *teologico* ogni recezione nella Chiesa si rifà alla sorgente stessa dell'autocomunicazione libera e totalmente gratuita di Dio, la quale culmina con l'evento escatologico e irrevocabile del Cristo, cui l'uomo risponde personalmente e liberamente con un atto di fede, *ricevendo* così il dono divino[42]. Si tratta di due dimensioni inseparabili. Significative le parole di Paolo, quando torna ad esortare i Tessalonicesi a comportarsi in maniera degna del Signore, il quale «chiama al suo regno e alla sua gloria», efficacemente presente nella vita dei credenti e della comunità. È questo che lo fa gioire e rendere grazie, «perché, ricevendo la parola di Dio che noi vi abbiamo fatto udire, l'avete accolta non come parola di

---

[41] J.M. Tillard, *Église d'Églises. L'ecclésiologie de communion*, Paris 1987, 158-159, cit. in E. Lanne: «La recezione nella Chiesa antica. I processi fondamentali della comunicazione e della comunione», in Salamanca 1996, 76.

[42] Cfr. A. Antón, «"Recezione" e "Chiesa locale"», 175.

uomini ma, qual è veramente, come parola di Dio, che opera in voi credenti» (1Ts 2,13).

Non ci spingiamo oltre su questo passaggio, anche per non perderci in un ambito sconfinato – quanto affascinante – qual è quello della tradizione/recezione *nel* canone delle Scritture, o anche della recezione *del* canone delle Scritture[43]. Basti ricordare che il tema della trasmissione e della recezione attraversa tutta la divina Rivelazione, e non a caso i verbi 'ricevuto' e 'trasmesso' sono termini eminentemente tecnici dell'eredità giudaica di Paolo[44]. Abbiamo così ulteriore conferma, stavolta attinta dalla Scrittura, che parlando di *recezione* ci stiamo riferendo ad una realtà sempre presente nella Chiesa, che si esprime a livelli differenti. Di essa si può parlare «come di una struttura fondamentale, originale e originaria dell'agire cristiano»[45].

Si aggiunge in questo modo un altro tassello al vasto mosaico della tematica *recezione nella Chiesa*. Ci è così svelata la Chiesa come una *comunità di recezione*[46], la comunità di coloro che hanno fatto proprio il Vangelo, e sono entrati in *comunione* con la persona del Cristo e con i suoi atti salvifici. Nei contesti storici e culturali più disparati essa, sempre e nuovamente[47], «ri-riceve la persona del Cristo come dono offerto da Dio per la vita del

---

[43] «Il fenomeno della recezione non riguarda solo i concili o meglio il dogma. Riguarda anche la liturgia, il diritto, la disciplina. Del resto il primo grande fatto che risulta essere frutto solo di un processo di recezione tra chiese è il *canone biblico*»: L. SARTORI, «La "ricezione" nella Chiesa credente», in E.R. TURA, ed., *Luigi Sartori*, III, 112.

[44] Si veda anche *1Ts* 2,13; 4,1 e *2Cor* 6,1 per 'ricevere'. Altri passi paolini, non gli unici certamente, sono *2Cor* 11,4; *Gal* 1,9.12; *Fil* 4,9; *Col* 2,6; *1Tm* 1,15; 4,9.

[45] Cfr. G. ROUTHIER, «La recezione nell'attuale dibattito teologico», in Salamanca 1996, 44.

[46] Sulla Chiesa come realtà di recezione dei doni di Dio si possono confrontare molti passi del Nuovo Testamento. Sono donati per essere ricevuti: il Vangelo di Cristo (*1Cor* 15,1; *Gal* 1,9-12), la sua Parola (*Mc* 4,20; *At* 2,41; 8,14; 11,1; 17,11; *1Ts* 2,13-14), il suo Spirito (*Gv* 7,39; 14,17; 20,22; *At* 1,8; 2,38; *Rm* 8,15; *1Cor* 2,12), il Regno (*Mc* 10,15; *Eb* 12,28), la grazia di Dio (*2Cor* 6,1), e il Cristo stesso (*Gv* 1,11; *Col* 2,6).

[47] Guardando alla storia delle prime comunità cristiane si scorge che la traiettoria della recezione e della ri-recezione, prosegue e si rinnova continuamente. Nel caso specifico è sufficiente aprire la *Prima lettera di Clemente Romano ai Corinzi*: può accadere che nascano divisioni all'interno della comunità, oppure che venga ricevuta la teologia dell'eucarestia, ma non lo spirito dell'intera lettera. Inoltre la stessa *Lettera ai Corinzi* è ricevuta anche da altre comunità. E. Lanne parla in questo senso di una «traiettoria multipla di recezione»: «La recezione nella Chiesa antica. I processi fondamentali della comunicazione e della comunione», in Salamanca 1996, 78.

mondo»[48]. Proprio in riferimento al Nuovo Testamento, sono molti gli autori concordi nell'affermare che «tutti gli altri processi di recezione osservati nella Chiesa devono radicarsi in questo fatto primario di recezione»[49].

2.2 Concili e recezione nella Chiesa antica: cenni storici

La dinamica della recezione è una realtà da sempre presente nella Chiesa, è una realtà ecclesiologica, e si deve constatare – come si è fatto con una pur ridotta panoramica sul "mondo" delle Scritture – che «l'evento della salvezza, considerato dal punto di vista umano, è un processo di recezione mediante il quale si accoglie nella fede la parola di Dio. Esso si realizza nella storia attraverso la mediazione della Chiesa»[50].

Sono quegli stessi processi storici di cui parlava il padre A. Antón, *processi concreti* dai quali non possiamo prescindere, poiché intimamente legati ai *principi-fondamenti teologici*, e tra i quali si dà «una relazione di dipendenza e arricchimento reciproci»[51]. Sotto il nostro sguardo, molto dall'alto, e di necessità superficiale, c'è ancora la vita della Chiesa.

«Nei paesi greci si tengono in certi determinati luoghi queste assemblee (*illa...concilia*) formate da tutte le Chiese, dove si trattano in comune le questioni più importanti, e che sono celebrate con grande solennità come rappresentanza di tutta la cristianità». La citazione è di Tertulliano, quando parla della pratica dei sinodi episcopali, diffusa nell'Oriente cristiano, e non ancora comune nell'Africa[52]. Assemblee di Vescovi riunite allo scopo, talvolta, di dirimere controversie dottrinali o disciplinari. Gli storici e i Padri della Chiesa testimoniano già dal II secolo un uso diffuso di questa pratica sinodale, che avevamo intravisto già in età apostolica nel "concilio" che si celebrò a Gerusalemme,

---

[48] J. ZIZIOULAS al colloquio di Chevetogne del 1985 su «La "recezione" dei risultati dei dialoghi da parte delle Chiese», 538.

[49] G. ROUTHIER, «La recezione nell'attuale dibattito teologico», in Salamanca 1996, 44.

[50] W. BEINERT, «I soggetti della recezione ecclesiale», in Salamanca 1996, 350.

[51] A. ANTÓN, «La "recepciòn" en la Iglesia y eclesiologìa (I)», 73.

[52] *De ieiuniis* XIII, 6, cit. in E. LANNE: «La recezione nella Chiesa antica. I processi fondamentali della comunicazione e della comunione», in Salamanca 1996, 87.

presenti gli Apostoli e gli Anziani della prima comunità (At 15,1-
35).

È un dato di fatto che

> già prima della invenzione dei concili (concili particolari e, a partire dal
> concilio di Nicea del 325, concili generali o ecumenici) si è manifestata
> nella vita della Chiesa la prassi, l'abitudine di comunicarsi a vicenda le
> esperienze, i risultati, i frutti tra le diverse chiese [...]. Ognuna
> testimoniava i propri doni dello Spirito; non riconoscendoli del tutto
> buoni se non quando arrivava il giudizio, vissuto, da altri, dalle altre
> Chiese[53].

Questo si può dire, con toni non sempre trionfalistici, anche
delle relazioni tra *chiese sorelle*. «Questa ricezione funziona
dunque come processo di ascesa verso l'unità, verso la garanzia
di cammino nella verità, verso il segno della presenza dello
Spirito. Da essa è nata la formula dei concili: struttura o
istituzione di creazione, ma soprattutto di manifestazione della
fraternità, della mutua ricezione, dell'unità»[54]. Si tratta appunto
di un "tendere verso", di uno *stile*, che chiamiamo *conciliarità*, o
più in generale *sinodalità*, e in cui ancora una volta scopriamo
una intrinseca connessione con la recezione. Oppure con la non-
recezione.

Sì, perché «a nessuno salterà in mente di dire che le decisioni
dei concili si siano imposte da se stesse tutte in una volta e
facilmente»[55]. La "fede" di Nicea sulla natura divina del Figlio di
Dio – siamo nel 325 – non è stata *recepita* totalmente se non
dopo oltre cinquant'anni, dopo un faticosissimo processo fatto di
sinodi, diatribe, scomuniche e interventi imperiali. Si dovette
arrivare al 381 con il Costantinopolitano I per una "prima"
soluzione, per poi veder accettato Nicea in una espressione più
completa soltanto con la celebrazione del concilio di Calcedonia
(451). Si tenga presente che anche dal punto di vista formale si
pose ben presto – già nel 381 per l'appunto – la questione della

---

[53] L. Sartori, «La "ricezione" nella Chiesa credente», in E.R. Tura, ed., *Luigi Sartori*, III, 111. Ampiamente testimoniato è pure l'uso delle *lettere sinodali* che circolavano tra le varie comunità cristiane. Si veda ad esempio la *Storia Ecclesiastica* di Eusebio. Cfr. su questo tutto l'intervento di E. Lanne: «La recezione nella Chiesa antica. I processi fondamentali della comunicazione e della comunione», in Salamanca 1996, 73-92.

[54] L. Sartori, «La "ricezione" nella Chiesa credente», in E.R. Tura, ed., *Luigi Sartori*, III, 111.

[55] Y. Congar, «La ricezione», 1309.

"ecumenicità" dell'assemblea convocata, per non parlare del dibattito-scontro emerso più tardi, allorché ci si dovette confrontare su quale fosse l'autorià "abilitata" a convocare un concilio ecumenico.

«Solo con Gregorio Magno nel 591 in Occidente si comincerà a guardare ai primi quattro concili, tutti orientali (Nicea, Costantinopoli, Efeso e Calcedonia), come a un quadrilatero che corrisponde ai quattro vangeli»[56], anche se a tutt'oggi ci troviamo a fare i conti con le divisioni e le spaccature, spesso sancite proprio "a motivo" di un concilio, per ragione formale o materiale che si voglia. «"L'abominevole concilio di Calcedonia" diceva Giovanni Rufo, vescovo di Maiuna verso il 515, come certi integristi oggi dicono "il funesto Vaticano II"»[57].

Ma talvolta la recezione si è stabilita, e in un certo senso imposta, anche attraverso delle decisioni esplicite dell'autorità papale. Volendo rapidamente arrivare al secondo millennio, e al concilio di Trento in particolare, fu papa Pio IV che «si assunse la responsabilità dell'approvazione globale e integrale delle decisioni conciliari, ma il loro effettivo vigore giuridico, ancorché limitato alle aree cattolico-romane, dipese, soprattutto per i decreti disciplinari, dal beneplacito dei diversi poteri politici ormai gelosi delle rispettive sovranità territoriali»[58].

Non dobbiamo dimenticare, d'altra parte, che il processo di recezione di un concilio, nei molteplici livelli coinvolti, si è esteso solitamente per fasi distinte, scandite dall'evolversi dei contesti storici e culturali, in una incessante dialettica tra "antico" e "nuovo", con interruzioni o progressi impastati di consenso e rifiuto[59]. Anche la predicazione – è opportuno ricordarlo – così come l'elaborazione teologica e la spiritualità, sono fattori che hanno influito e influiscono sulla recezione o meno di un concilio.

---

[56] L. Sartori, «La "ricezione" nella Chiesa credente», in E.R. Tura, ed., *Luigi Sartori*, III, 112.

[57] Y. Congar, «La ricezione», 1310.

[58] G. Alberigo, «La condizione cristiana dopo il Vaticano II», in G. Alberigo – J.-P. Jossua, ed., *Il Vaticano II e la Chiesa*, 12-13.

[59] «Risulta chiaro che, per la Chiesa antica, la problematica del concilio è inseparabilmente vincolata con la questione della recezione. Nell'una o nell'altra forma si trova sempre di nuovo questo concetto veramente fondamentale»: H.J. Sieben, *Die Konzilsidee der Alten Kirche*, 516, cit. in A. Antón, «La "recepción" en la Iglesia y eclesiología (I)», 87.

Abbiamo semplicemente rispolverato alcuni dati, preso ad esempio alcuni processi vitali. Insomma, siamo partiti dai fatti, per potervi scorgere dati rilevanti per la teologia e per l'ecclesiologia. Sulla base dell'insegnamento del P. Congar, riconosciamo che «la storia presenta tutto un complesso di fatti di recezione e anche di teorie all'interno della Chiesa una. Questo comporta un grande valore ecclesiologico»[60].

3. Dal Vaticano II una fase nuova di riflessione teologica

3.1 *Post-Concilio ed ecumenismo*

Non sembra affatto trattarsi di un tema dimenticato, né tantomeno «pericoloso», in qualsiasi modo si interpretino lunghi periodi di "oblio" o di assenza attraverso la storia della teologia. La sua attualità si impone oggi tanto più energicamente, quanto più vi si scorge la vita della Chiesa, riconsiderata essenzialmente come «*Rezeptionsgemeinschaft*», o «comunità di recezione»[61].

Resta il fatto che il dibattito intorno alla recezione nella Chiesa sia in gran parte un prodotto degli ultimi decenni. In particolare risulta «dipendere strettamente, per la sua origine e il suo sviluppo, dal movimento ecumenico»[62], e quindi in uno stretto rapporto con l'assise ecumenica del Vaticano II e la recezione dei suoi "risultati". «Per due decenni (1965-1985)

---

[60] Y.M.-J. CONGAR, «La ricezione», 1307.

[61] L'espressione è di W. Beinert: cfr. A. ANTÓN, «La "recepción" en la Iglesia y eclesiología (I)», 79, nota 48.

[62] «W.G. Rusch, *Reception: An Ecumenical Opportunity*, Philadelphia 1988, 16, aggiunge che la terza Assemblea generale del Consiglio ecumenico delle Chiese, tenuta a New Delhi nel 1961, invitò a studiare maggiormente i concili, sia in risposta alla convocazione del Vaticano II, sia anche a causa del consistente numero di Chiese ortodosse entrate a far parte del CEC proprio in occasione di quella assemblea. Queste Chiese avevano sempre avuto una grande stima dei sinodi e dei concili. Inoltre, alcune delle prime divisioni fra i cristiani erano avvenute proprio in oriente e a causa della non-recezione delle decisioni di concili come quello di Calcedonia. I primi studi nell'ambito dell'attuale bibliografia sulla recezione risalgono agli inizi degli anni '60 e provengono direttamente da questo interesse ecumenico»: W. HENN, «La recezione dei documenti ecumenici», in Salamanca 1996, 387, nota 2. Vi sono riportati in nota alcuni lavori riguardanti l'origine ecumenica di queste discussioni. «I primi tentativi di riflessione sulla recezione come tema teologico avvengono in ambito ecumenico; sono tutti dovuti a un evento legato alla Chiesa cattolica: la convocazione del Concilio Vaticano II. Le Chiese non cattoliche furono stimolate a prendere posizione dall'annuncio degli scopi del Concilio, dalla sua preparazione e dalle sue decisioni»: F. WOLFINGER, «Die Rezeption theologischer Einsichten», 203.

l'interesse dei pastori, dei teologi e dell'intera comunità credente si è concentrata sul processo di recezione del Concilio appena concluso»[63]. J.M.R. Tillard afferma con molta franchezza l'importanza e l'attualità della recezione, indicandola con certezza come «una delle riscoperte teologiche più importanti del nostro secolo»[64]. Tuttavia non si deve credere che la reviviscenza della nostra tematica a partire dal post-Concilio costituisca una moda passeggera o una febbre temporanea[65].

Alle numerosissime pubblicazioni – non molte delle quali in lingua italiana, per verità – si deve aggiungere un evento di portata mondiale e dal respiro ancora una volta ecumenico, svoltosi nel 1996. Parliamo del *III Colloquio internazionale di Salamanca*, che porta il titolo emblematico di "Recezione e comunione tra le Chiese". Dopo la prima esperienza del 1988 dedicata a "Le Conferenze episcopali", e il *Colloquio* su "Chiese locali e cattolicità", del 1991, la scelta cadde nuovamente su un tema ecclesiologico di grande portata per la vita interna della Chiesa e dalle importanti conseguenze nel campo dell'ecumenismo. Molti e qualificati gli interventi. Tra gli altri spicca la relazione del prof. William Henn su "La recezione dei documenti ecumenici", dove l'ecclesiologo opera una comparazione delle somiglianze e delle differenze esistenti tra la cosiddetta «recezione classica delle decisioni conciliari» e la «recezione ecumenica». Si sarebbe, cioè, passati dalla fase dello studio dei concili ecumenici e della loro recezione, al conseguente emergere di temi dimostratisi poi utili per riflettere sulla recezione dei documenti ecumenici tra Chiese separate[66]. Una sorta di movimento diffusivo, dall'interno verso l'esterno, «una fortuna, attribuibile certamente all'influenza dello Spirito Santo»[67]. Ribadendo la tesi formulata nel suo *One Faith*, per cui l'unità della fede è sempre il risultato di un processo[68],

---

[63] A. ANTÓN, «"Recezione" e "Chiesa locale"», 171.

[64] J.M.R. TILLARD, «Reception-Communion», 307.

[65] G. ROUTHIER, «La recezione nell'attuale dibattito teologico», in Salamanca 1996, 27. Anche il teologo del Québec conferma che «lo sviluppo della riflessione sulla recezione accompagna due avvenimenti che hanno segnato il cristianesimo recente: la tenuta del Concilio Vaticano II e l'accelerazione del dialogo ecumenico»: *ivi*, 28.

[66] Cfr. W. HENN, «La recezione dei documenti ecumenici», in Salamanca 1996, 388-389.

[67] W. HENN, «La recezione dei documenti ecumenici», in Salamanca 1996, 388.

[68] Cfr. W. HENN, *One Faith. Biblical and patristic contributions toward understanding unity in faith*, New York/Mahwah 1995, in particolar modo l'ultimo capitolo, pp. 195-228.

ritroviamo espressa nella sua formulazione ecumenica la duplice dimensione, antropologica e teologica, della realtà *recezione*: quella *unità* invocata dallo stesso Gesù «comporta il ricevere la parola di Dio e il ricevere, al tempo stesso, quei compagni di strada che pure accolgono con gioia la Parola»[69].

Rischieremmo seriamente di uscire dai binari di partenza se dovessimo assecondare il filone dell'ecumenismo, della sua storia, dei suoi documenti e delle sue dinamiche, dovendo noi procedere verso una focalizzazione sistematica sulla recezione conciliare. Riteniamo utile l'avervi accennato, non tanto per un gusto di storicità e completezza argomentativa, quanto per tener viva l'attenzione sui fondamenti teologici che stanno alla base della recezione, e che valgono tanto *ad-intra* quanto *ad-extra*, nella loro valenza in questo senso letteralmente *universale-globale* e *cattolica*[70]. Notevole, a tal proposito, l'osservazione di Mary Tanner in «Risposta alla conferenza di W. Henn» – che tra l'altro ci aiuta a porre un argine al tema – stando alla quale «va forse maggiormente sottolineato il fatto che la recezione conciliare avvenne in una Chiesa unita, mentre la recezione ecumenica avviene oggi in e fra Chiese separate»[71]. Di certo molti condividerebbero l'affermazione per certi versi originale di Sartori, per il quale «l'ecumenismo stimola la riscoperta dello stile di conciliarità, ossia del saper camminare insieme, come se ci trovassimo tutti impegnati in una sorta di grande concilio universale fuori serie»[72].

A proposito però di recezione conciliare, e di recezione del Vaticano II nello specifico, «è il 1985 che viene a costituire l'anno della svolta, precisamente per il nuovo impulso offerto al riguardo dal Sinodo straordinario»[73]. È di quell'anno l'iniziativa

---

[69] W. Henn, «La recezione dei documenti ecumenici», in Salamanca 1996, 420.

[70] Cfr. Y. Congar, «La ricezione», 1307.

[71] M. Tanner, «Risposta alla conferenza di W. Henn», in Salamanca 1996, 421.

[72] L. Sartori, «La "ricezione" nella Chiesa credente», in E.R. Tura, ed., *Luigi Sartori*, III, 113. «Il criterio del "consenso" si fa universale; e perciò il fatto della mutua ricezione deve allargarsi in molte direzioni, e servire di collegamento fra tutti i soggetti vivi nella Chiesa»: *ivi*, 115. Egli parla anche di «deconfessionalizzare», nei limiti consentiti, strutture ecclesiali e dichiarazioni dottrinali per aprirsi alla ricerca sincera della verità. Sullo «sviluppo del tema della recezione in parallelo con la riunificazione cristiana» si veda anche A. Antón, «"Recezione" e "Chiesa locale"», 172-173.

[73] G. Routhier, «La recezione nell'attuale dibattito teologico», in Salamanca 1996, 30. Routhier evidenzia come sia soprattutto l'Europa a fissare la propria attenzione sulla

di G. Alberigo e J.-P. Jossua di raccogliere i contributi di un'equipe internazionale, a vent'anni dalla conclusione del Concilio[74].

Agli inizi degli anni '90 viene alla luce un'opera in collaborazione pubblicata nella collana *Quaestiones Disputatae*, sotto la guida di W. Beinert, tutta dedicata al tema della recezione a partire dal Concilio Vaticano II, e «molto apprezzata sempre per l'attualità dei temi e l'apertura teologica con la quale sono affrontati»[75]. Nel 1993 G. Routhier pubblica a Parigi il suo lavoro su *La réception d'un concile*, avendo nel suo bagaglio uno studio concreto sulla recezione del Vaticano II dentro le coordinate socio-culturali della Chiesa locale del Québec[76]. Da segnalare, insieme a numerosi altri studi, e tenuto conto dell'ampiezza delle diverse aree linguistiche, il lavoro monografico di J.E. Borges de Pinho, *A recepção como realidade ecclesial e tarefa ecuménica*, pubblicato a Lisbona nel 1994. Egli fa un'analisi molto dettagliata degli elementi teologici che integrano la realtà *globale* della recezione, ossia in quanto questa abbraccia tutta la vita della Chiesa.

Venendo finalmente a tempi molto più vicini ai nostri, si è assistito ad un vero e proprio proliferare di pubblicazioni sulla recezione del Vaticano II, in particolar modo con il sopraggiungere di importanti anniversari, o ricorrenze che via via

---

materia, alludendo, tra gli autori del "primo periodo", ad Antón, Boff, Congar, Dianich, Floristán, Klinger, Tillard, a molti dei quali pure si sta facendo riferimento nel nostro studio.

[74] Cfr. il volume G. Alberigo – J.-P. Jossua, ed., *Il Vaticano II e la Chiesa*, Brescia 1985, edito anche in francese e in tedesco.

[75] A. Antón, «La "recepciòn" en la Iglesia y eclesiologìa (I)», 76. Il teologo gesuita riporta una vastissima bibliografia sugli studi della recezione di cui non è il caso replicare qui tutti i riferimenti.

[76] L'allusione riguarda G. Routhier, *La réception de Vatican II dans une Église locale. L'exemple de la pratique synodale dans l'Église de Québec 1982-1987*, Paris 1991. Avendo sempre come riferimento lo studio del P. Antón, segnaliamo la "critica" alla decisione di Routhier di concentrare la sua attenzione sugli aspetti epistemologici della recezione del Vaticano II nella "sua" Chiesa. E ne spiega i motivi: «il pericolo reale di assolutizzare certi aspetti locali, compromettendo l'obiettivo di conseguire una visione globale della recezione di questo Concilio. Questa presuppone sempre una apertura a *ricevere* gli elementi che offrono le altre chiese locali all'interno della *communio Ecclesiarum*. È giusto dare la debita importanza all'analisi dei *fattori socio culturali* [...]. Però in una sana epistemologia teologica non entrano scelte moniste tra *dottrina* e *pratica*, o tra processi *deduttivi* e *induttivi*. Entrambi gli aspetti devono entrare nella metodologia teologica»: A. Antón, «La "recepciòn" en la Iglesia y eclesiologìa (I)», 73, nota 37.

celebravano la pubblicazione dei singoli documenti conciliari[77]. Ecco, in molti casi è difficile imbattersi in un'opera che, recando nel titolo il termine ormai inflazionato di 'recezione', si appresti poi ad offrire qualche spunto sull'accezione che ne sta alla base[78]. Tra gli svariati contributi della ricerca teologica va certamente assegnato un posto di rilievo al primo volume della collana *Forum ATI, La Chiesa e il Vaticano II*, frutto delle ricerche dell'Associazione Teologica Italiana[79].

3.2 Non-recezione o disobbedienza?

Insomma, la recezione si trovava in una fase nuova di riflessione teologico-ecclesiologica forse più marcatamente negli anni '80 e '90. Ma dire *post-Concilio*, usando da osservatori la "lente" della recezione, non significa descrivere soltanto il felice cammino dell'ecumenismo.

Una seconda serie di fattori ha contribuito in maniera determinante al risveglio del "problema" della recezione[80]. Non è un caso la scelta di questo concetto "negativo", e d'altra parte abbiamo avuto modo di accennare a qualche caso di *non-recezione*.

Chiariamo meglio. Accanto al contesto stimolante del dialogo ecumenico tra le Chiese cristiane, a livello bilaterale e multilaterale[81], il tema della recezione è affiorato in modo

[77] Sussistono tuttora valutazioni contrastanti su quale sia la reale vastità di studi sui processi di recezione. Alcuni, come A. Antón, ritengono che già nel 1985 si registra una ricca e quasi inflazionistica produzione di studi teologici sulla recezione del Vaticano II nella sua globalità e nella sua particolarità. Altri, tra cui E.J. Kilmartin, H.J. Pottmeyer, W.G. Rusch e G. Routhier, rilevano una scarsità di studi in questo campo. Cfr. G. ROUTHIER, *La réception d'un concile*, 181-182.

[78] G. Routhier, riprendendo dopo dieci anni il suo dossier sulla recezione, ammette che non c'è molto di nuovo da aggiungere, e chiosa giustamente: «La recezione è divenuta oggi un tema banale, una parola alla moda, un *catch all*. Oggi tutti parlano di recezione del Vaticano II e bisogna riconoscere che questa inflazione comporta solo una deplorevole svalutazione del concetto»: G. ROUTHIER, *Il Concilio Vaticano II*, 44.

[79] M. VERGOTTINI, ed., *La Chiesa e il Vaticano II. Problemi di ermeneutica e recezione conciliare*, Milano 2005.

[80] «Nel corso degli anni che seguono alla chiusura del Vaticano II, all'interno del mondo cattolico il tema della recezione non viene impostato in maniera naturale, vale a dire senza che una tale questione determini in realtà delle difficoltà»: G. ROUTHIER, «La recezione nell'attuale dibattito teologico», in Salamanca 1996, 29.

[81] Cfr. A. ANTÓN, «"Recezione" e "Chiesa locale"», 171. Antón, tuttavia, concorda con molti ecclesiologi (tra cui L. Sartori e T.P. Rausch) nell'osservare che il "compito"

esplicito come una sorta di reazione ai «turbini»[82] che seguirono alla pubblicazione dell'enciclica *Humanae Vitae*. Eravamo a soli tre anni dalla conclusione del Vaticano II, in pieno Sessantotto, e papa Paolo VI, mentre tornava a ribadire ed esplicitare valore e significati del matrimonio, dichiarava pure nuovamente l'illiceità di alcuni metodi per la regolazione della natalità – vedi: aborto, contraccezione, sterilizzazione –, toccando temi delicati come quello della «paternità responsabile». È giusto il caso di ricordare il clamore suscitato dai media, e la non accoglienza dell'Enciclica da parte di una porzione del popolo cristiano e anche da parte di teologi cattolici. E così, ancora, nel 1970, anno centenario della definizione del Concilio Vaticano I sull'infallibilità del Papa, «a tale dibattito si aggiunse quello più ampio sul contenuto, sui limiti e sulla recezione di questo dogma nell'orizzonte dell'ecclesiologia del Concilio Vaticano II»[83].

Che realtà stiamo osservando in questi due casi, tra diversi altri che si incontreranno nei decenni a venire? «"Non-recezione" oppure "disobbedienza"? O che cosa altro?»[84]. Alcuni teologi parlano, «in modo assai grossolano, di uno "scisma verticale" fra la "gerarchia" e il "popolo" [...]: una situazione descritta spesso come una prova della recezione»[85].

---

ecumenico ha come obiettivo prioritario la recezione di «tutti i passi implicati nella consultazione, discussione e approvazione dei rispettivi documenti [...]. C'è quindi motivo per rammaricarsi che in alcuni interventi recenti del Magistero pontificio, come la lettera apostolica *Orientale lumen* e l'enciclica *Ut unum sint*, non si sia approfittato dell'opportunità di prendere posizione rispetto ai documenti di consenso ecumenico, cui entrambi gli interventi magisteriali si riferiscono»: *ivi*, 173.

[82] H. LEGRAND, «Recezione, *sensus fidelium* e vita sinodale. Un tentativo di articolazione», in Salamanca 1996, 437.

[83] A. ANTÓN, «"Recezione" e "Chiesa locale"», 171.

[84] Y. CONGAR, «La ricezione», 1322. Accanto a questi due esempi «drammatici», insieme a quello già accennato della fede di Nicea, Y. Congar ricorda altri casi: «Più tardi ci fu la non-recezione del *Filioque* da parte dell'Oriente, la non recezione dell'unione di Firenze da parte del popolo ortodosso, più o meno sobillato da uomini passionali. H. Dombois cita anche come esempio la non-recezione durata a lungo della bolla *Execrabilis* di Pio II (1460), che proibiva l'appello al concilio. È accaduto anche che dottrine accettate per un tempo abbastanza lungo, cessassero poi di essere tali, come il diritto per il Papa di deporre i sovrani. Per l'epoca contemporanea abbiamo il caso abbastanza innocuo della Costituzione *Veterum sapientia* di Giovanni XXIII che prescriveva l'uso del latino nell'insegnamento ai chierici (1960)»: *ibidem*.

[85] H. LEGRAND, «Recezione, *sensus fidelium* e vita sinodale. Un tentativo di articolazione», in Salamanca 1996, 431. Posizioni simili sono assunte dal filosofo cattolico Pietro Prini, che parla di uno «scisma sommerso» nella Chiesa, derivante dal fatto che la maggioranza dei cattolici sarebbe – il condizionale è d'obbligo – su posizioni dottrinali diverse da quelle del Magistero: cfr. P. PRINI, *Lo scisma sommerso*, Milano 1999.

Il caso emblematico di *Humane Vitae*, insieme ad altri casi, porta a fare un paio di considerazioni intorno alla questione della recezione.

La prima è una constatazione. Molte discussioni del genere accostano con leggerezza la *recezione* al concetto di *opinione pubblica ecclesiale*, conducendo fino ad una quasi equivalenza con il *sensus fidei* e il *consensus fidelium*, attraverso «slittamenti successivi e indebiti da un concetto all'altro»[86]. Si tratta troppo spesso di percezioni troppo semplificate del concetto di recezione, cavalcate spesso dai media, finendo magari per ridurre

---

[86] H. LEGRAND, «Recezione, *sensus fidelium* e vita sinodale. Un tentativo di articolazione», in Salamanca 1996, 438. Il teologo ammette che ci siano «corrispondenze» tra *sensus fidei*, *consensus fidelium* e opinione pubblica. «Si constatano, però alcune velleità, nell'attribuire ai semplici fedeli un magistero che, pur senza essere indipendente da quello dei pastori, avrebbe nondimeno una certa autonomia in rapporto a loro: un fascicolo della sezione "dogma" della rivista internazionale *Concilium*, dal titolo *Il Magistero dei fedeli*, ne costituisce probabilmente una punta emergente»: *ivi*, 442. In sostanza, si veda pure l'antico adagio di Vincenzo di Lérins: nell'interpretazione della Bibbia in merito alle verità di fede da credere, cioè al dogma, afferma che ha validità solo quanto «è stato creduto *ovunque, sempre* e *da tutti*» (*Commonitorium*). «Se si pensa alla non recezione come a un atto di un'autorità esterna (il popolo) in opposizione a un'altra autorità esterna (il legislatore ecclesiastico), si possono fare solo piccoli progressi»: G. KING, «Ricezione, consenso e diritto canonico», 767. Del resto la *Lumen gentium* afferma che l'«universale consenso» circa le verità della fede, si manifesta attraverso il *sensus supernaturalis fidei* «di tutto il popolo» e «dai Vescovi fino agli ultimi fedeli laici»: cfr. LG 12. Ma la categoria di «opinione pubblica nella Chiesa», necessita – come afferma D. Vitali – di un urgente chiarimento: «La formula, mutuata dalla sociologia, trova sempre più spazio in teologia, non solo come categoria interpretativa delle dinamiche intraecclesiali, ma come argomento a giustificazione di posizioni dottrinali e pratiche diverse o contrarie alle posizioni "ufficiali" del magistero ecclesiastico»: D. VITALI, «"Sensus fidelium"», 689. L'autore osserva, fra l'altro, come l'opinione pubblica sia «un fenomeno segnato da forte mobilità, dove assumono grande importanza fattori diversi: il gruppo o le classi di appartenenza, l'ideologia, anche l'età. Le tante opinioni – tutte ammissibili per il fatto di essere opinioni – sono vincenti o perdenti a seconda che sia vincente o perdente il gruppo che le porta» (*ivi*, 697). E quando il termine entra nel linguaggio della Chiesa e nella teologia, «sembra assumere un'accezione molto elementare, se non semplicistica», fino ad acquisire generalmente una caratterizzazione polemica. «Ma il problema è se la vita della Chiesa si possa ridurre alle sole dinamiche dell'opinione pubblica; e, più ancora, se si possa ridurre a queste dinamiche il *sensus fidei* del popolo di Dio» (*ivi*, 698). La «Chiesa in quanto insieme dei battezzati», quindi, possiede «una capacità radicale di conoscere le cose di Dio: correlativamente, tale conoscenza non atterrebbe alle cose di Dio, se chi la possiede non fosse parte – un membro vivo – di questa Chiesa che professa e custodisce integra la fede. Un aspetto è condizione dell'altro». Pertanto – ancora – parlare di «*sensus*» come «sapere spontaneo, diretto, di carattere esistenziale [...] non significa che ciascuno possa esercitare questa forma di conoscenza a suo piacimento, svincolato da qualsiasi regola. Si tratta, in ultima analisi, di una conoscenza che procede dall'esperienza cristiana di salvezza: è questa una *conditio sine qua non* del suo esercizio. Il che significa che la sua possibilità di esercizio e il suo stesso valore dipendono dalla partecipazione alla vita della Chiesa come forma propria della vita cristiana»: *ivi*, 701.

poveramente la questione al tema della democratizzazione nella Chiesa[87].

Una seconda considerazione va fatta. Di una "crisi" si tratta, è vero, quando sembrano contrapporsi, come in un *sopra* e *sotto*[88], la gerarchia e i laici. Ma di fronte al *contenuto* della fede «non si potrebbero distinguere pastori e laici [...] e i pastori non possono essi stessi ricevere la fede se non dalla tradizione della Chiesa e da nessun altra fonte»[89]. Più che di disobbedienza, non si dovrebbe parlare, inoltre, di un problema di *comunicazione*? Di certo non è accettabile che si legga la recezione solo nei termini della teoria della comunicazione, magari considerando i fedeli laici come i *recettori passivi* di un contenuto-messaggio semplicemente *trasmesso*, e "travasato" in un contenitore. Non si può parlare, cioè, di recezione *nella Chiesa* "a senso unico". Sarebbe lungo e complesso addentrarci nella questione della ricerca del *consenso* all'interno del popolo di Dio, che porta a considerare anche il *Sitz im leben*[90] e i suoi linguaggi. In altre parole si deve considerare nel processo di recezione l'intervento della *soggettività* dei riceventi, e ciò «non avviene sufficientemente quando nella Chiesa si riduce la trasmissione e la recezione allo schema autorità-obbedienza»[91].

---

[87] «La ricezione è un processo complesso di formazione, discernimento e dialogo. L'idea della ricezione, quindi, offre poco appoggio alla democrazia nella Chiesa, se si prende "democrazia" nel senso stretto di potere del popolo (in potenziale conflitto con il potere di chi governa). Ma se democrazia significa una Chiesa nella quale l'intera comunità ecclesiale contribuisce a plasmare la vita della Chiesa, allora l'accettazione diventa un importante aspetto di questo contributo»: G. King, «Ricezione, consenso e diritto canonico», 773.

[88] W. Beinert si esprime a Salamanca soprattutto in questi termini di «scisma verticale» e di «crisi ecclesiale ed ecclesiologica»: cfr. W. Beinert, «I soggetti della recezione ecclesiale», in Salamanca 1996, 346.

[89] H. Legrand, «Recezione, *sensus fidelium* e vita sinodale. Un tentativo di articolazione», in Salamanca 1996, 444.

[90] A. Schütz (1899-1959) ha introdotto nelle scienze sociali il concetto di *Lebenswelt*, o *ambiente di vita*; indicando così le strutture dell'ambiente percettivo, esperienziale e operativo in cui l'individuo vive, l'ambito in cui egli si trova, pensa e agisce: cfr. W. Beinert, «I soggetti della recezione ecclesiale», in Salamanca 1996, 358-359.

[91] W. Beinert, «I soggetti della recezione ecclesiale», in Salamanca 1996, 357. È da ammettere che un altro possibile motivo, legato al "problema" della non-recezione, risieda nella corrispondenza con una «migliore comprensione» da parte di chi apparentemente risulta disobbediente. Beinert fa il caso «infantile» degli spinaci rifiutati dai bambini (disobbedienti) nonostante l'insistenza delle mamme (convinte di *trasmettere* un *bene*, incomprensibile ai figli): «da qualche tempo la scienza ha scoperto che la resistenza dei bambini era pienamente giustificata. Gli spinaci contengono sì ferro, ma in una forma che è dannosa per il loro delicato corpicino. A volte può quindi succedere che la disobbedienza sia al servizio della vita»: *ivi*, 347. B. Sesboüé, riferendosi all'evanescenza

In ogni caso è evidente che siamo di fronte a fenomeni che favoriscono lo stimolo alla ricerca, necessitando questa di approcci differenti e differenziati al "problema" – torniamo ora a dire alla "ricchezza" – della recezione nella Chiesa credente. Ciò richiede che anche in questa nostra esposizione si tenga sempre presente la complessa realtà della recezione, e la necessaria apertura a ulteriori nuove distinzioni concettuali[92].

3.3 La recezione nei testi del Vaticano II

Non è possibile rinvenire nei documenti del Vaticano II una riflessione sistematica sulla questione della recezione, sebbene la motivazione prima del rinnovato interesse della teologia in questo campo debba ricercarsi "intorno" alla sua celebrazione, o alla stessa sua convocazione. Si può dire, tuttavia, che il termine 'recezione', almeno nella forma verbale 'ricevere', non è estraneo ai testi del Concilio[93]. «La parola si rinviene, certo, ma il problema non è realmente posto in quanto tale. Inoltre, quando

teologica della teologia della recezione, parla di «orrore spontaneo» della tradizione teologica cattolica «di fronte a ciò che le sembra sfuggente». E ritiene che questo atteggiamento sia connesso alla riflessione sul *sensus fidelium*, poiché «lo si loda nei testi, ma ci si guarda bene dall'interrogarlo e dall'ascoltarlo su certi punti delicati, per farlo così concorrere alla riflessione magisteriale»: *ivi*, 113. Cfr. il fascicolo di *Concilium* 7/1972, su "Elezione – consenso – ricezione nell'esperienza cristiana"; cfr. G. ALBERIGO, «Il popolo di Dio nell'esperienza di fede», 52-70. Particolarmente interessante, anche per il seguito di reazioni suscitate dalla sua pubblicazione, il fascicolo di *Concilium* 4/1985, su "L'autorità dottrinale dei fedeli". Cfr. D. VITALI, *Sensus fidelium*, Brescia 1993.

[92] Nel percorso seguito fin qui si può già arrivare ad una prima "conclusione", con l'impossibilità di racchiudere in una definizione o esprimere in un concetto la complessa realtà della recezione. È stato necessario distinguere, per esempio, tra i *processi vitali concreti* e i *fondamenti teologici*. Inoltre, la recezione si può approcciare, in una ermeneutica circolare, con metodo *deduttivo* o *induttivo*, partendo dalla teoria oppure dalla pratica. Vi sono incluse la dimensione *teologica* (comunione con Dio - dono) e quella *antropologica* (nel senso della fraternità tra i fedeli in Cristo, o della *communio Ecclesiarum*, o del reciproco dare/ricevere implicato nel dialogo ecumenico e nella ricezione dei suoi documenti): potremmo anche dire dimensione *verticale* e *orizzontale*. In gioco vi entrano *soggetti* diversi del popolo di Dio. Se parliamo di *non*-recezione, poi, si apre la strada a concetti come l'*obbedienza*, il *consenso* e l'*autorità*, il *magistero* (nei suoi "livelli" differenti) e il *popolo di Dio* stesso. «Gli approcci diversificati, persino frammentari, delle prime generazioni (1970-1990) hanno comunque consentito di mettere in luce di volta in volta elementi propri del processo di recezione. A mio parere, gli "studi di singoli casi" rappresentano ancora un prezzo da pagare, se si vuole che la riflessione ecclesiologica sulla recezione guadagni in spessore, abbandoni la sfera dei discorsi generici ed eviti di essere semplicemente ripetitiva»: G. ROUTHIER, «La recezione nell'attuale dibattito teologico», in Salamanca 1996, 35.

[93] Cfr. A. ANTÓN, «"Recezione" e "Chiesa locale"», 170.

la tematica viene affrontata, ciò avviene in maniera del tutto
insufficiente»[94].

Una esplorazione sufficientemente sistematica dei testi,
partendo dall'approccio più semplice possibile, come l'analisi
delle ricorrenze dei termini, consiglia di portarci oltre le
attestazioni materiali del verbo 'recipere'. Quando si è voluto
indicare, difatti, l'azione di *accogliere* o di *ricevere*, la scelta di chi
ha redatto i testi è caduta anche sul verbo 'accipere'. Ed anzi lo
si è preferito per ben 90 volte rispetto ai 35 casi in cui compare
la radice di ciò che finora abbiamo chiamato *recezione*.

La predicazione del Vangelo a tutte le genti e la comunicazione
dei doni divini, disposta da Cristo Signore, venne fedelmente
eseguita dagli apostoli e dai loro successori. Gli apostoli, in
particolare, oltre a ciò che impararono per suggerimento dello
Spirito Santo, «trasmisero» («*tradiderunt*») ciò che «avevano
ricevuto (*acceperant*) dalla bocca del Signore, dalla
frequentazione e dalle opere di Cristo [...]» (*DV* 7).

Similmente leggiamo a riguardo della sacra tradizione: «Gli
apostoli perciò, trasmettendo (*tradentes*) ciò che essi stessi
avevano ricevuto (*acceperunt*), ammoniscono i fedeli a mantenere
le tradizioni [...]» (*DV* 8). Lo stesso tipo di costruzione ritroviamo
nel decreto sull'ecumenismo *Unitatis redintegratio* al n. 14:
«l'eredità trasmessa (*tradita*) dagli apostoli è stata ricevuta
(*acceptata*) in maniere diverse». È significativo constatare come
in tutta la costituzione *Dei Verbum* sia il verbo 'accipere', anziché
'recipere', a formare una coppia correlativa con il verbo
'tradere'[95].

È chiaro che il "fenomeno" della recezione si riflette in questi
testi con tutta l'ampiezza e la ricchezza di significati che gli sono
propri. E così 'accipere' e 'recipere' risultano interscambiabili,
tanto che talvolta il loro significato si confonde. In ogni caso è
evidente una preferenza del primo rispetto al secondo.

Ma, ovviamente, con accezioni simili si possono trovare
espressioni che fanno uso di un'altra terminologia. Un caso di

---

[94] G. Routhier, «La recezione nell'attuale dibattito teologico», in Salamanca 1996, 42.

[95] Cfr. G. Routhier, «La recezione nell'attuale dibattito teologico», in Salamanca 1996,
42. «Paradigmatica è la costituzione sulla Rivelazione, che presenta la Chiesa come
comunità credente che riceve da Dio il messaggio rivelato, il quale ha raggiunto la sua
pienezza nell'evento Cristo. La *Dei Verbum* parte dal presupposto che il binomio
Tradizione-Recezione è un elemento costitutivo dell'essere e della missione della Chiesa»:
A. Antón, «"Recezione" e "Chiesa locale"», 170.

accezione ampia della realtà della recezione la possiamo riscontrare quando *Dei Verbum* dichiara di voler proporre la genuina dottrina sulla divina rivelazione e sulla sua trasmissione «seguendo le orme (*inhaerens vestigiis*) dei concili Tridentino e Vaticano I» (*DV* 1). Di fatto, cioè, *recepisce* l'intenzione («*proponere intendit*») di annunciare la vita eterna, favorire l'unione fraterna e la comunione trinitaria, «*Dei Verbum religiose audiens et fidenter proclamans*», e dichiarando tale riferimento in modo esplicito[96].

Nella costituzione dogmatica *Lumen gentium* sulla Chiesa una indicazione sulla recezione *conciliare* è rintracciabile chiaramente con l'utilizzo, stavolta, del verbo 'recipere': «il santo sinodo riceve (*recepit*) con grande pietà questa venerata fede dei nostri padri circa l'unione vitale con i fratelli che sono già nella gloria del cielo [...]; e ripropone nuovamente i decreti dei santi concili Niceno II, Fiorentino e Tridentino» (*LG* 51). Una «esplicita testimonianza» di recezione[97], il cui *oggetto* è la *fede* circa una dottrina.

E ancora, sfogliando la costituzione pastorale sulla Chiesa nel mondo contemporaneo *Gaudium et spes* fino alla sua «conclusione», troviamo riaffermata e accettata «una dottrina già recepita (*iam receptam*) nella Chiesa» (*GS* 91). Nella *Sacrosanctum Concilium*, poi, si era già parlato in termini diffusi di recezione dei sacramenti.

Tutt'altra tonalità assume la recezione vista dal punto di osservazione di Y. Congar. Vale la pena di leggere integralmente questo passaggio:

Che la nozione di recezione abbia ancora la sua validità, lo ha dimostrato a sufficienza il Concilio Vaticano II facendo il caso di una iniziativa collegiale da parte dei Vescovi che non potrebbe essere *verus actus collegialis* senza che il Papa l'approvi *vel libere recipiat*. Questo testo parla di recezione in favore del privilegio del vescovo di Roma che il Vaticano II ha così fortemente riaffermato e di cui la storia porta ampie vestigia. Resta comunque che questo testo costituisce un'autentica

---

[96] Il verbo 'recipere' non viene usato nemmeno in un passaggio chiave della Costituzione, quando, affermata la mutua relazione tra la sacra Tradizione e la sacra Scrittura («tra loro strettamente congiunte e comunicanti» e «scaturendo ambedue dalla stessa sorgente divina, formano in un certo qual modo una cosa sola e tendono allo stesso fine»), si afferma che «l'una e l'altra devono essere accettate (*suscipienda*) e venerate con pari sentimento di pietà e con riverenza»: DV 9.

[97] A. ANTÓN, «"Recezione" e "Chiesa locale"», 170.

enunciazione di recezione, poiché si tratta di un consenso (e a modo di giudizio) di una istanza della Chiesa ad una determinazione posta in atto da altri[98].

Il testo cui si riferiva è quello di *LG* 22 riguardo al «collegio episcopale e il suo capo», a sua volta recepito nell'art. 4 del decreto *Christus Dominus*.

Altri due passaggi della *Lumen gentium*, al n. 12 e al n. 25 hanno senso solamente presupponendo in essi, ma implicitamente, la realtà della recezione. Il primo riguarda il *sensus fidei* che si manifesta nel *consensus* dell'universalità dei credenti; il secondo concerne l'assenso con il quale i fedeli cristiani devono accogliere gli insegnamenti dei loro pastori, che varia secondo le diverse "forme" di intervento magisteriale[99].

Questo rapido assaggio di testi conciliari conduce ad una prima considerazione, e cioè che una tale e marcata pluralità di termini «corrisponde abbastanza bene a ciò che noi, d'altronde, ritroviamo nel Nuovo Testamento, dove questa medesima realtà è espressa in maniera differenziata»[100].

Ad ogni modo l'analisi dei testi del Vaticano II sul tema della recezione ci porta ad essere attenti a un motivo – in questo si può essere d'accordo con G. Routhier – cui è stata data finora poca importanza: la Chiesa come luogo d'accoglienza o di recezione della visita di Dio[101]. Da questo punto di vista la Chiesa *riceve* la parola di Dio (*LG* 12; 37; *SC* 6; *PO* 13), il Vangelo (*LG* 16; 19; *GS* 7; *AG* 27; *NAe* 4), i libri dell'Antico Testamento (*DV* 15), la Rivelazione (*LG* 25; *NAe* 4), la dottrina (*DH* 12), la verità (*DH* 14) o l'eredità degli apostoli (*UR* 14). La Chiesa e i fedeli *ricevono* ancora Dio stesso (*GS* 32), il suo Spirito (*SC* 6; 11), la santificazione (*LG* 40), la grazia (*LG* 12; 13; *SC* 11; 33; 59; *PO* 12; *AA* 3), doni e carismi vari (*LG* 43; *DV* 7; 8; *PO* 6; 10; *AA* 4), tra cui va annoverato soprattutto il dono della fede (*LG* 11; *AG* 14; 41; *DH* 14). Parimenti *ricevuti* dalla Chiesa e dai fedeli sono gli appelli dello Spirito Santo (*GS* 92), la vocazione (*PO* 12) e la missione (*LG* 5; 17; 34; *GS* 34; *PO* 1; *AA* 11; 25).

---

[98] Y.M.-J. Congar, «La ricezione», 1308.

[99] Cfr. A. Antón, «"Recezione" e "Chiesa locale"», 170.

[100] G. Routhier, «La recezione nell'attuale dibattito teologico», in Salamanca 1996, 43.

[101] Cfr. G. Routhier, «La recezione nell'attuale dibattito teologico», in Salamanca 1996, 43.

Diversi studiosi ritengono che per tracciare una teologia della recezione a partire dall'insegnamento conciliare, più importanti di questi testi sono, però, alcuni nuclei ecclesiologici, emergenti dal Concilio ma non sufficientemente sviluppati. Ci limitiamo a citarli: la reintegrazione della pneumatologia nell'ecclesiologia; la rivalorizzazione della realtà e della teologia della Chiesa locale; la riscoperta della ecclesiologia di comunione; il radicamento del tema della recezione nell'orizzonte della Tradizione; la ripresa del discorso teorico e pratico sulla conciliarità/sinodalità nella Chiesa[102].

4. **Recezione conciliare, fra Tradizione e Magistero**

Nel percorso svolto fin qui ci siamo trovati di fronte ad una realtà vasta e differenziata di recezione, e ne abbiamo riscoperto la sorgente teologica attraverso una sommaria verifica empirica dei molti processi concreti per mezzo dei quali questa si realizza nella storia della Chiesa. È vero che il dibattito teologico ed ecclesiologico intorno alla recezione è riemerso con vigore soltanto negli ultimi decenni, e che una fioritura del tema, diffusamente ripreso da molti teologi sotto punti di vista i più disparati, rende difficile una riflessione completa e sistematica intorno al tema. Ma se così stanno le cose, è ancora possibile rispondere alla domanda su che cosa intendiamo *qui* per recezione?

Non ci è difficile ritrovarci nello spirito del p. Antón, quando prende in qualche modo le distanze da due tendenze estreme – entrambe peraltro intraviste anche in questa esposizione –: quella, cioè, che concepisce la recezione in modo assai ampio e vago, con il rischio di perdere di vista il suo nucleo teologico essenziale; e quella centrata tanto esclusivamente sul fenomeno della recezione dei concili, da tralasciare elementi teologici tanto ricchi quanto fondamentali, presenti in altri concreti processi di recezione nella Chiesa di tutti i tempi[103]. Sono aspetti che mutuamente si arricchiscono, ma che non possiamo permetterci di isolare o assolutizzare.

---

[102] Cfr. A. Antón, «"Recezione" e "Chiesa locale"», 170-171.

[103] Cfr. A. Antón, «"Recezione" e "Chiesa locale"», 176.

L'aver operato la scelta di questo primo capitolo su un tema tanto delicato, se non aveva – e non ha – la pretesa di dire un *novum*, ci offre almeno il vantaggio di un bagaglio pur minimo di "valori", che ce ne fanno apprezzare l'attualità e la ricchezza teologica ed ecclesiologica implicata. Il *come* intendere *qui* la recezione, emergerà d'altro canto, da tutta intera l'esposizione, con tonalità che coglieremo appieno solo alla conclusione del secondo volume.

4.1 *Una nozione descrittiva globale*

A proposito del rischio di assolutizzazioni unilaterali, insieme alle definizioni esposte in apertura di questo capitolo, è utile vedere proprio come A. Antón propone la "sua" nozione descrittiva di recezione, intesa nel suo profilo ecclesiologico-sistematico e nel suo senso protologico e globale. Essa è

> un processo (complesso e lento) tramite il quale una Chiesa locale e/o regionale (un corpo ecclesiale) in sé differenziata (pastori e fedeli cristiani: *cum* e *sub*) e in quanto unità ecclesiale differente dalle altre unità ecclesiali (ossia supposta la necessaria alterità nella comunione delle Chiese), scopre nell'altra Chiesa locale con l'assistenza dello Spirito Santo elementi di verità e di grazia e, riconoscendoli come un bene per sé, accetta le nuove comprensioni del messaggio cristiano contenuto nella Scrittura e nella Tradizione viva della Chiesa come elementi autentici della fede cattolica e apostolica. La recezione include pertanto nel suo senso globale tutto ciò che la Chiesa *è* e *crede*, ossia il *depositum fidei*, la sua proposizione autentica da parte di quelli che possiedono il carisma della verità nella Chiesa e molte altre forme dell'espressione e della testimonianza del messaggio cristiano che sono frutto del *sensus fidei* della totalità dei fedeli e si trasmettono nelle istituzioni ecclesiali, nella pratica liturgico-sacramentale della Chiesa attraverso i secoli, nella riflessione e dottrina teologica e nella testimonianza autentica della vita cristiana[104].

L'autore sta descrivendo qui il rapporto tra recezione e Chiesa locale e/o regionale, come «*communio Ecclesiarum* dentro l'unità cattolica e, al di là di questa, tra le altre Chiese cristiane»[105], per cui non fa menzione esplicita della recezione di un concilio. Egli

---

[104] A. ANTÓN, «"Recezione" e "Chiesa locale"», 176-177.
[105] A. ANTÓN, «"Recezione" e "Chiesa locale"», 178.

stesso puntualizza, tra l'altro, che a questa nozione «non si dà validità a priori, ma la si propone come descrizione, la più completa possibile, della realtà della recezione nella Chiesa»[106].

Al lettore attento, però, non sfugge una certa insistenza dell'ecclesiologo sulla questione della «alterità o l'essere esogeno che deve esserci tra i soggetti della recezione perché si possa parlare di un dinamismo comunionale tra loro»[107]. In altre parole, nella definizione descrittiva appena vista, egli sottintende che si può parlare *in senso proprio* di recezione quando si dia un rapporto di comunione – almeno – tra chiese regionali, o unità ecclesiali, o raggruppamenti di Chiese intorno a grandi centri culturali. Più semplicemente dice: «mi è difficile ammettere che sia sufficiente l'alterità a livello di chiese diocesane»[108]. Riguardo a quanti, come Grillmeier e Wieacker ad esempio, ritengono che «una "vera" recezione è esogena»[109], Y. Congar avrebbe sollevato qualche rilievo critico:

Questo modo di considerare la recezione a noi sembra troppo limitante. Certo, perché ci sia recezione è sempre necessaria una certa distanza, una certa alterità tra l'istanza che dà e quella che riceve. Però se ci si mette nella prospettiva della Chiesa una, si vede subito che la sua natura o la sua esigenza profonda di comunione impediscono una completa alterità[110].

In effetti, l'insistenza di Antón sulla necessaria esogeneità tra i soggetti è circoscritta all'ambito della *communio Ecclesiarum*. Cioè tra Chiesa e Chiesa. Con questo non escludendo altri "livelli" di recezione, altri "angoli di visuale". Difatti egli dice che «la recezione include nel suo senso globale tutto ciò che la Chiesa *è* e *crede*, ossia il *depositum fidei*, la sua proposizione autentica da parte di quelli che possiedono il carisma della verità

---

[106] A. ANTÓN, «"Recezione" e "Chiesa locale"», 179.

[107] A. ANTÓN, «"Recezione" e "Chiesa locale"», 178.

[108] A. ANTÓN, «"Recezione" e "Chiesa locale"», 178.

[109] Cfr. Y.M.-J. CONGAR, «La ricezione», 1306-1307: «Grillmeier ha compiuto un interessante sforzo per liberarsi da un trattamento troppo globale della recezione dei concili, come invece aveva fatto R. Sohm nel quadro di una sistematizzazione suggestiva, ma discutibile. Grillmeier tenta di usare il filtro fornito da Wieacker: una "vera" recezione è esogena. Per cui si ha recezione in senso proprio solo quando un sinodo particolare venisse accettato dalla Chiesa universale o da una grande porzione di essa, oppure, meglio ancora, da una Chiesa separata: come se per es. i nestoriani accettassero Efeso, o i monofisiti Calcedonia. Il resto è recezione solo in senso lato, anzi improprio».

[110] Y.M.-J. CONGAR, «La ricezione», 1307.

nella Chiesa, e molte altre forme dell'espressione e della testimonianza del messaggio cristiano»[111]. D'altro canto la prospettiva di Congar – almeno in questo articolo che ormai entra in ogni studio sulla recezione – era esplicitamente e quasi esclusivamente orientata alla recezione *conciliare*.

Dal punto di osservazione dichiarato in questa esposizione occorre non perdere mai di vista l'orizzonte: la *recezione del Concilio Vaticano II nei documenti dell'Episcopato italiano*. È necessario a questo punto distinguere: una cosa, infatti, è parlare di recezione di «elementi di verità e di grazia» *tra* le Chiese, altra cosa è verificare la recezione di un concilio nelle Chiese di una nazione. Una cosa è domandarsi come un fedele di una Chiesa/diocesi italiana recepisce il Concilio, altra cosa è chiedersi come un vescovo recepisce il Concilio. Altre implicazioni ancora comporta la domanda su come l'Assemblea dei Vescovi che sono in Italia recepiscono il Concilio e come lo propongono alla fede e alla vita dei loro fedeli. Parafrasando la definizione descrittiva di Antón, di «tutto ciò che la Chiesa *è* e *crede*, ossia il *depositum fidei*», *ri*-espresso dal magistero del Vaticano II, cosa e come è stato accolto-*recepito* da coloro che «possiedono il carisma di verità» in Italia? Cosa e come viene «proposto»? Più precisamente: quale ecclesiologia viene *recepita* e proposta?

4.2 *Il Magistero vivo, soggetto-agente della recezione*

Questo confronto di posizioni, mentre ci aiuta a scongiurare il rischio di visioni unilaterali, apprezzando ancor più quanto sia fecondo il concetto di *recezione* nella sua globalità, solleva altre considerazioni, e altre «distinzioni» precedentemente auspicate.

Ponendo, come abbiamo fatto poco sopra, la domanda-guida della nostra riflessione, viene a rendersi sempre più evidente il fatto che, se da una parte l'evento della salvezza si realizza nella storia attraverso la mediazione della Chiesa, dall'altra ciò avviene «in modo tale che i suoi membri, secondo il loro carisma (ufficiale o non ufficiale) sono contemporaneamente trasmettitori e recettori del contenuto della salvezza [...]. I membri della

[111] A. ANTÓN, «"Recezione" e "Chiesa locale"», 177.

comunità di fede sono perciò al tempo stesso *soggetti proclamanti* e *soggetti riceventi*»[112].

Tra questi soggetti possiamo distinguerne nel dettaglio cinque. Prima viene la *sacra Scrittura*, che è «la parola di Dio in quanto è messa per iscritto sotto l'ispirazione dello Spirito Santo» (*DV* 9): il «*locus princeps*», volendo usare la terminologia di Melchior Cano[113]. Poi la *Tradizione*, attraverso la quale nella Chiesa viene perpetuato l'annuncio e la trasmissione della salvezza. Essa è di «origine apostolica» (*DV* 8) e scaturisce con la Scrittura «dalla stessa divina sorgente» (*DV* 9). E poiché il contenuto della Scrittura e della Tradizione deve essere recepito da ogni generazione, «esse si presentano estremamente vive nella storia della loro influenza, non solo come fonte e norma della fede, ma indirettamente anche come organi di recezione»[114]. Poi viene il *magistero ecclesiastico* e, non ultimi, la *teologia accademica* – anch'essa intesa come riflessione attuale sui contenuti di fede – accanto al *sensus fidei*, «carisma, spettante a tutti i membri della Chiesa, della concordanza interiore con il contenuto della fede»[115], espresso nel consenso dei fedeli.

Tali soggetti non sono tra loro disgiunti. In particolare, sussiste una relazione di vera e propria «reciprocità» tra *sensus fidelium* e Magistero, tanto da poter affermare che «l'esposizione e l'attestazione della verità cristiana esiste in una duplice forma: come insegnamento dottrinale del corpo docente e come professione e testimonianza di vita dei credenti; le due forme sono complementari, e una non esiste senza l'altra»[116].

---

[112] W. BEINERT, «I soggetti della recezione ecclesiale», in Salamanca 1996, 350-351.

[113] Cfr. Melchior Cano (1509-1560) nell'opera postuma *De locis* (*Lib*. I, *cap*. 3).

[114] W. BEINERT, «I soggetti della recezione ecclesiale», in Salamanca 1996, 351. Va rammentata la distinzione classica delle *regulae fidei*, secondo cui S. Scrittura e Tradizione sono le fonti costitutive della Rivelazione, di carattere *oggettivo*, in quanto in esse è contenuto il *depositum fidei* che il Magistero deve interpretare. In quella prospettiva, perciò, S. Scrittura e Tradizione erano intese come *norma fidei* remota, che non aveva carattere di *soggetto* "vivo", proclamante e ricevente. La riscoperta dell'idea di Tradizione viva, in senso *soggettivo*, permette di impostare diversamente il discorso, cogliendo la S. Scrittura e la Tradizione nel loro *dinamismo in atto* di trasmissione-recezione ecclesiale.

[115] W. BEINERT, «I soggetti della recezione ecclesiale», in Salamanca 1996, 351.

[116] D. VITALI, *Sensus fidelium*, 372. L'autore ricorda come DV 8 consideri «simultaneamente Magistero, teologia, *sensus fidelium* come fattori di progresso della Tradizione. Pur ribadendo che l'ufficio di interprete autentico della Parola di Dio scritta o trasmessa compete al solo Magistero vivo della Chiesa, DV 10 non solo precisa che il Magistero "non è sopra la Parola di Dio, ma la serve"; insiste – quasi fosse una condizione

Ora, noi dedicheremo un capitolo a parte per il *soggetto* «Episcopato Italiano», e dovremo pure chiarire meglio l'*oggetto* della recezione nel nostro caso specifico: quale sia – dicevamo – il bene spirituale «Concilio Vaticano II» e/o la sua ecclesiologia, prima di studiarne la recezione.

Non si perda di vista che primo fra tutti e *sopra* di tutti si pone la *sacra Scrittura, norma* non mediata, *medium* ispirato, e "ricettacolo" della parola di Dio[117].

Il *contenuto* centrale del processo di *trasmissione*-recezione ecclesiale è il Vangelo, prevalentemente inteso come complesso dell'azione salvifica di Dio *in* e *attraverso* Cristo, e la sua recezione impegna e coinvolge attivamente la vita di tutto il popolo. È importante ricordarlo!

Il *"soggetto"*, chiamato ad entrare nel rapporto di alleanza sponsale, a ricevere «i doni e la chiamata di Dio» (Rm 11,29), è primariamente la Chiesa, «tutto il popolo di Dio, l'intero corpo di Cristo, tutte le pietre del tempio spirituale»[118]. «Tutti stanno insieme dinanzi alla rivelazione di Dio e la accettano nella fede e nei diversi compiti loro assegnati»[119]. Correttamente inteso, allora, davvero il tema della recezione non è e non può essere «pericoloso». Anzi si è capito che la recezione «diventa problema solamente se vista sotto la falsa alternativa: ufficio contro credenti, docenti contro uditori»[120]. Tutta la Chiesa è il soggetto portatore della fede[121]. Là dove questa massima è osservata, le chiese possono recepire le une dalle altre, i concili sono recepiti dalla Chiesa universale, un concilio può recepire l'altro; infatti, «tutti recepiscono gli uni dagli altri la fede e, in essa, la consapevolezza della salvezza, consapevolezza che sa come l'unità della fede sia custodita nel carattere multiforme delle affermazioni»[122]. Tutto questo mette in risalto, altresì, «come nella Chiesa grazie al battesimo tutti siano non sudditi ma soggetti attivi all'interno della comunione ecclesiale nella quale ci

---

preliminare insopprimibile – sull'unità e l'interazione tra Popolo di Dio e Magistero della Chiesa»: *ivi*, 370.

[117] Cfr. W. BEINERT, «I soggetti della recezione ecclesiale», in Salamanca 1996, 351.

[118] W. BEINERT, «I soggetti della recezione ecclesiale», in Salamanca 1996, 364.

[119] F. WOLFINGER, «Concilio ecumenico e ricezione», 1151.

[120] F. WOLFINGER, «Concilio ecumenico e ricezione», 1151.

[121] Cfr. J.E.B. DE PINHO, «Risposta alla conferenza di J.A. Fomonchak», in Salamanca 1996, 231.

[122] F. WOLFINGER, «Concilio ecumenico e ricezione», 1152.

sono diversi carismi e ministeri»[123]. Ciò significa pertanto che vige una *soggettività* nei processi di recezione, tanto per il «corpo» ecclesiale, quanto per il singolo credente.

Ma allora, se non vogliamo cadere nella deriva di una «visione troppo romantica»[124], come e *dove* si colloca il *locus* del magistero – tanto nella sua forma *solenne e straordinaria* del concilio, tanto in quella *ordinaria* –, in quanto soggetto-agente nel processo di recezione dell'evento di salvezza? Una preziosa indicazione ci è stata offerta in *DV* 10, quando si dice che «il magistero non è al di sopra della parola di Dio, ma la serve». Assistito dallo Spirito santo, il magistero è interprete autentico della Parola, nella sua funzione attuale e *viva* di «ascoltare», «custodire» ed «esporre», ed anzi va detto che esso «*non è* assistito *che* per custodire e spiegare *il deposito*»[125].

Così è per i concili e i sinodi, che in quanto «espressioni» della vita, della fede, e della comunione delle Chiese, possono essere gli «strumenti privilegiati» della recezione[126], e gli «interpreti privilegiati della Tradizione»[127]. La finalità dei concili, allora, è sempre quella di assicurare la recezione della fede trasmessa *esprimendola* di nuovo[128].

Così è per il magistero ordinario dei Vescovi, esercitato da ciascuno attraverso la predicazione, le lettere sinodali e/o pastorali, per mezzo di sinodi diocesani o concili particolari, con la vigilanza dottrinale, ecc., inclusi i casi particolarmente importanti in cui tale esercizio è posto in essere da più Vescovi

---

[123] S. Pié-Ninot, *Ecclesiologia*, 546.

[124] L.R. Wickham, «Risposta alla relazione di B. Sesboüé», in Salamanca 1996, 145.

[125] Y. M-J. Congar, *La Tradizione*, 151. Cfr. D. Vitali, «La funzione della Chiesa nell'intelligenza della fede», 13-30.

[126] H. Legrand, «Recezione, *sensus fidelium* e vita sinodale. Un tentativo di articolazione», in Salamanca 1996, 437.

[127] L.R. Wickham, «Risposta alla relazione di B. Sesboüé», in Salamanca 1996, 145. In questa sua "risposta" poneva così la domanda retorica, in relazione anche alla questione se la recezione abbia o meno un *termine*: «Non sarebbe forse meglio pensare ai concili ecumenici come interpreti privilegiati della Tradizione, che sono stati "ricevuti" un tempo e che vengono sempre nuovamente "ricevuti"?».

[128] Cfr. H. Legrand, «Recezione, *sensus fidelium* e vita sinodale. Un tentativo di articolazione», in Salamanca 1996, 447. «La loro autorità [dei concili] è, in definitiva, l'autorità della verità; e questa è assicurata quando è fondata in conformità con le Scritture e concorda con la fede di tutta la Chiesa, quindi in senso geografico universale e storicamente con tutta quanta la tradizione: un concilio esprime in formule, proposizioni e dogmi la verità in cui tutti (perfino in forma inespressa) credono»: F. Wolfinger, «Concilio ecumenico e ricezione», 1144.

appartenenti ad una provincia ecclesiastica o a una conferenza episcopale[129].

Va sempre tenuta alta questa attenzione alla *ministerialità* del magistero: il suo «più» (*magis*) è l'«essere piccolo» (*minus*) proprio del servizio. Che è servizio a *tutta* la comunità di fede; servizio nel *ricevere* dalla Tradizione e dalle diverse forme di magistero stesso; e servizio nel fedele *custodire* ed *esporre*. Esso, che sovente sembra incarnare esclusivamente la parte del tradente (*ecclesia docens*), può essere strumento della trasmissione della fede della Chiesa soltanto «nella misura in cui ne è il ricettacolo»[130]. Tale ministerialità nei confronti della Rivelazione non potrà mai essere disgiunta dal servizio dell'*ascolto-dialogo* con il popolo di Dio, la totalità dei battezzati, situata in un preciso contesto storico e culturale[131], sempre meno disposta a fare la parte della *ecclesia discens et oboediens*[132].

Avendo come prospettiva fondamentale il Vaticano II, «non si deve ritenere scontato che coloro che occupano questi ruoli di governo gerarchico e magisteriale nella Chiesa si siano automaticamente "convertiti" allo spirito e alle intuizioni del Concilio»[133].

---

[129] Cfr. D. HERCSIK, *Elementi di teologia fondamentale*, 206.

[130] W. BEINERT, «I soggetti della recezione ecclesiale», in Salamanca 1996, 361.

[131] Acerbi si poneva la domanda, già accennata nell'introduzione, sulla validità del Concilio nell'"oggi" della Chiesa e del mondo, su cosa, cioè, abbia ancora significato e cosa invece sia decaduto insieme al volgere dei tempi e delle stagioni. Ciò «vale per ogni documento che sia storicamente determinato [...], e voglia, nello stesso tempo, porsi con un'autorità normativa, che superi i limiti del contesto storico in cui è stato espresso»: A. ACERBI, «La recezione del Concilio Vaticano II», 977.

[132] Da qui, ad esempio, si vede quanto il tema delle recezione sia intimamente connesso con l'ecclesiologia. A mo' di citazione: «Se all'opposto di questa ecclesiologia prigioniera del pensiero giuridico, nata da conflitti con il potere secolare, la Chiesa universale si configura come una comunione di chiese, una *communio Ecclesiarum*, al posto dell'esigenza d'obbedienza subentra l'appello all'accoglienza come un assenso a verità rivelate operato dallo Spirito santo. Ricezione significa qui assimilazione e interiore appropriazione personale, forse addirittura cambiamento»: G. DENZLER, «Autorità e accoglienza delle deliberazioni», 1045-1046. Chiaramente il passaggio non è e non può essere così scontato e automatico.

[133] S. KAROTEMPREL, «Chiesa e missione oggi», in R. FISICHELLA, ed., *Il Concilio Vaticano II*, 295.

4.3 *Recezione attiva nella Tradizione viva*

Sullo sfondo di questo discorso, è chiaro, vi è una comprensione dell'autorità magisteriale nella Chiesa nel quadro di un compito veramente *rappresentativo* della fede di tutto il popolo credente. E ciò, si diceva, in ragione del «servizio» che, per dono di Dio, il magistero è chiamato a prestare[134]. Possiamo trarre, finalmente, due preziose indicazioni.

La prima evidenzia e ribadisce la correlazione vitale fra la recezione e la *Traditio viva* della Chiesa di Cristo[135], sebbene risulti essenziale mantenere il primato della seconda sulla prima, in quanto «la recezione è attuale in rapporto alla tradizione che viene dagli Apostoli»[136]. La stessa nozione descrittiva globale ripresa dal p. Antón è fondata sul concetto di rivelazione-trasmissione del messaggio cristiano esposto nella *Dei Verbum*. Essa intende «la sua trasmissione perenne, nella Chiesa e attraverso la Chiesa, più che come *paràdosis* di verità di fede, quale *attuazione vitale* dell'evento di grazia comunicato *eph'hapax* all'umanità in Cristo»[137]. In questo senso appare la grandezza della Tradizione, in quanto ci appare «situata nel cuore della Chiesa, di cui è in un certo senso la vita stessa, o, se si vuole, l'alimento di vita. Come tale, la Tradizione è *ricevuta*»[138].

La seconda si comprende bene con la prima, ed è mutuata, in realtà, dalla domanda retorica, posta da B. Sesboüé in un suo contributo al *III Colloquio internazionale di Salamanca*: «come si può cogliere il fatto vitale della recezione senza passare per le sue attestazioni»? La risposta: «soltanto attraverso le testimonianze scritte o istituzionali noi possiamo cogliere il fatto della recezione»[139]. Questa risposta, che possiamo tranquillamente far nostra, mostra tuttavia valori e limiti, che emergeranno meglio nel capitolo sulla Conferenza episcopale

---

[134] Cfr. J.E.B. DE PINHO, «Risposta alla conferenza di J.A. Komonchak», in Salamanca 1996, 233.

[135] Cfr. A. ANTÓN, «"Recezione" e "Chiesa locale"», 199.

[136] H. LEGRAND, «Recezione, *sensus fidelium* e vita sinodale. Un tentativo di articolazione», in Salamanca 1996, 439.

[137] A. ANTÓN, «Risposta alla relazione di E. Lanne», in Salamanca 1996, 96.

[138] Y. M-J. CONGAR, *La Tradizione*, 157.

[139] B. SESBOÜÉ, «La recezione dei concili da Nicea a Costantinopoli II. Divergenze concettuali e unità nella fede, ieri e oggi», in Salamanca 1996, 112.

italiana. Ma è doveroso da parte nostra mostrare una sfumatura niente affatto superflua. Leggiamo sempre dal contributo di Sesboüé: «se queste testimonianze possono trovarsi nella liturgia e nella catechesi, sono però più numerose nei teologi, nei Vescovi e nei documenti di tipo magisteriale o giuridico»[140]. La recezione, allora, è *distinta*, ma *inseparabile* dalle sue *attestazioni*, e soprattutto da quelle magisteriali[141]. Senz'altro, però, non la si può ridurre né identificare con esse. Visto il connaturale legame della recezione nella Chiesa con la Tradizione viva, è appropriato forse parafrasare il P. Congar, affermando che la recezione supera le sue attestazioni magisteriali: esse la esprimono e quindi la contengono, ma la recezione ne trabocca e non è contenuta limitativamente in loro[142].

A tal proposito, è nel periodo del Sinodo straordinario nel 1985 – accennato nelle pagine precedenti – che si fecero strada «nuove distinzioni, come, in specie, quella tra recezione materiale di enunciati conciliari e recezione dello stesso dinamismo conciliare»[143]. Vale la pena, quindi, lasciare aperto un ulteriore interrogativo: la recezione conciliare da parte di una conferenza episcopale è attestata e attestabile solo *materialmente* all'interno di documenti e lettere? E poi, all'interno di questi documenti, in cosa consiste la recezione, esclusivamente in una applicazione materiale di principi dottrinali? Ha ancora un senso e una sua attualità la contrapposizione tra lo *spirito* e la *lettera* del Concilio?

«Negli anni del primo post-concilio, la ricerca teologica, quando tratta del rapporto che va stabilito fra l'insegnamento conciliare e la vita delle Chiese locali, gravita generalmente attorno alla categoria di "applicazione"»[144]. Se così dovessimo

---

[140] B. Sesboüé, «La recezione dei concili da Nicea a Costantinopoli II. Divergenze concettuali e unità nella fede, ieri e oggi», in Salamanca 1996, 112-113.

[141] G. Routhier, «La recezione nell'attuale dibattito teologico», in Salamanca 1996, 33.

[142] Cfr. Y. M-J. Congar, *La Tradizione*, 152: «Pur trovandosi nei monumenti, la Tradizione li supera: essi la esprimono e quindi la contengono, ma la Tradizione ne trabocca e non è contenuta limitativamente in loro. Un po' come un fatto supera la sua attestazione, o meglio come la nostra coscienza sorpassa le sue espressioni».

[143] G. Routhier, «La recezione nell'attuale dibattito teologico», in Salamanca 1996, 33.

[144] G. Routhier, «La recezione nell'attuale dibattito teologico», in Salamanca 1996, 30. Riferendosi all'annuncio della celebrazione di una Assemblea generale straordinaria del Sinodo dei Vescovi nel 1985, Giovanni Paolo II affermò: «Scopo di questa assemblea era di celebrare le grazie e i frutti spirituali del Concilio Vaticano II, di approfondirne l'insegnamento per meglio aderire ad esso e di promuoverne la conoscenza e l'applicazione»: Cost. ap. *Fidei depositum*, n. 1, in CCC, pag. 10.

intendere la recezione, allora sarebbe lecito per gli stessi Vescovi un ragionamento del genere: «il Vaticano II ci fornisce una definizione di Chiesa, che noi ora dobbiamo trasferire-applicare sul piano pratico, o riproporre meccanicamente riversandola in una serie opportunamente cadenzata di documenti pastorali». E così pensando, *"tradurre" il Concilio in italiano* significherebbe *tout court* «tradurre la teoria nella pratica», o «la teologia nei fatti», o ancora trasporre passivamente parti dei testi del Concilio nell'interno di "doppioni" pastorali, fruibili a livello locale. Va da sé che in tal modo non sta più in piedi quanto abbiamo osservato della recezione nella Chiesa, in tutta la sua complessa e feconda *realtà*.

L'atteggiamento corretto dovrebbe essere quello di «una recezione dei testi conciliari alla luce dell'esperienza conciliare»[145]. Ma non si può negare che la recezione va ben al di là di un testo, anche quando questo è letto «nello spirito» del Concilio. E questo perché nel cammino della ininterrotta Tradizione della Chiesa, a recepire è sempre – o almeno così dovrebbe essere – un uditorio attivo, composto di soggetti che "assumono" dai "lontani". «Tutto l'organismo della Chiesa [...] è animato dallo Spirito santo. I fedeli e le chiese sono veri soggetti di attività e di libera iniziativa»[146], nei quali «si dà spazio alla giusta creatività; lo Spirito infatti non si è esaurito, ha ancora molte cose da suggerire per farci memoria di Gesù»[147]. Essi assumono, accolgono, *recepiscono* "una" esperienza di Chiesa e tutto ciò che in qualche modo la "attesta". Mentre la ricevono ne danno una propria "lettura", si «impadroniscono» di un tesoro posseduto come realtà fin dall'inizio[148]. Nel caso più specifico dei Vescovi, con la loro "responsabilità ministeriale", di guida, riguardo al deposito della fede, è vero che «ricevere è necessariamente interpretare, ma interpretare è anche guidare la recezione e orientarla»[149].

---

[145] A. ACERBI, «La recezione del Concilio Vaticano II», 984.

[146] Y. CONGAR, «La ricezione», 1327.

[147] L. SARTORI, «La "ricezione" nella Chiesa credente», in E.R. TURA, ed., *Luigi sartori*, III, 118.

[148] Cfr. Y. M-J. CONGAR, *La Tradizione*, 37.

[149] G. ROUTHIER, «La recezione dell'ecclesiologia conciliare: problemi aperti», in M. VERGOTTINI, ed., *La Chiesa e il Vaticano II*, 17.

Ci piace concludere questo capitolo con una acuta riflessione di L. Sartori:

> L'assumere dai lontani, dai "diversi da noi", operare un trapasso culturale, una traduzione, questo sì diventa segno di vitalità. Pensiamo alla letteratura: anche i più grandi scrittori si esprimono spesso in traduzioni; certe traduzioni sono esse stesse dei capolavori. Tradurre vuol dire allora ricreare, rigenerare qualcosa di già generato da altri, facendogli rifare il processo che conduce dal germe alla pianta matura. Ricezione dunque è segno di maturità[150].

---

[150] L. Sartori, «La "ricezione" nella Chiesa credente», in E.R. Tura, ed., *Luigi Sartori*, III, 110. Così si esprimeva Congar nel volumetto in cui sintetizzava quanto di meglio aveva esposto in precedenza in materia di Tradizione: «Nella Chiesa tutto viene da lontano, da certe origini che rappresentano le sorgenti della Storia della salvezza [...]. Eppure la Tradizione è anche attuale. Benché antica è sempre fresca, è viva: in base al suo tesoro ereditato, essa risponde alle istanze inedite dell'epoca attuale. Avanza nella storia verso una consumazione finale, sviluppandosi con la stessa umanità credente e cristiana. Viene portata da uomini vivi che si succedono nel tempo, ed insieme è portata, in loro, da un Soggetto che li trascende, lo Spirito Santo, principio di comunione, che fa l'unità della Chiesa attraverso il tempo ed attraverso lo spazio»: Y.M.-J. Congar, *La Tradizione*, 157.

CAPITOLO II

IL CONCILIO ECUMENICO VATICANO II

1. Un evento di riforma nella storia

Sfogliando le pagine di opere storiche monumentali, ci si appassiona al vedere come gli individui di ogni epoca profondano i loro sforzi intellettuali e culturali, alternando, e spesso contrapponendo, metodi e approcci, nella continua ricerca di una *verità* del passato che sia anche *maestra* per l'oggi. E questo senza poter prescindere – sta nella natura delle cose – dal proprio relativo e parziale punto di vista, anche dalla propria esperienza personale, esistenziale, contestuale. Ci si appassiona alla lettura della storia della Chiesa, sempre in qualche modo coinvolgente per il cristiano, non già solamente perché «*vitae magistra est*»[1], ma soprattutto perché frangente di una storia di salvezza e *luogo* dell'azione di Dio. Sviluppandosi e compenetrandosi in essa una attività divina e una attività umana, la Chiesa cresce come *seme* e penetra nel mondo. La storia della Chiesa – diceva H. Jedin – è teologia e storia, e perciò stesso ecclesiologia[2].

E così ci si appassiona addentrandosi nelle "testimonianze" del concilio ecumenico Vaticano II: nelle *storie* e nei loro *contrappunti*, nei diari e negli appunti dei protagonisti, nelle cronache degli osservatori, nelle dinamiche dell'*evento* e, infine, nei *testi*. Un «mosaico di atteggiamenti»[3] e di interpretazioni.

---

[1] GIOVANNI XXIII, Allocuzione *Gaudet Mater Ecclesia*, 11 ottobre 1962, 789 (*EV* 1, 40*).

[2] Cfr. H. JEDIN, *La storia della Chiesa*, 9.

[3] A. MELLONI, «Breve guida ai giudizi sul Vaticano II», in A. MELLONI – G. RUGGIERI, ed., *Chi ha paura del Vaticano II?*, 107.

L'ecclesiologo si porrà subito la questione di ciò che si debba ritenere come dogmaticamente normativo: è necessario. Ma è possibile fuggire dalla trappola dei toni polemici e delle contrapposizioni, delle unilateralità, e considerare serenamente ciascuno di questi aspetti, senza per questo sminuire ciò che è prioritario e normativo[4], ed anzi arricchendolo di un respiro ampio, positivo[5], e non meno pregno di verità?

Il Concilio Vaticano II è e resta il fondamentale punto di riferimento del presente studio, chiave di lettura e fonte di interpretazione per i "piani" pastorali che l'Episcopato italiano ha consegnato alla Chiesa in Italia. Si svilupperanno di necessità delle linee molto generali, traendo spunto dalla ricchissima bibliografia prodotta in questi decenni. «Sappiamo come la "recezione" di un concilio sia un elemento importante per misurare la sua portata»[6], ma vogliamo tentare di esplicitare dapprima una assodata tesi di fondo: quando si parla di *recepire* il Concilio, non è affatto scontato che ci si intenda sul *contenuto* o sull'*oggetto* di questa recezione. In altre parole: cos'è stato il Concilio Vaticano II? E che cos'è[7]?

---

[4] Tornano spesso nei testi di dogmatica, e sembra opportuno riproporle, queste parole assai significative di san Vincenzo di Lérins: «La Chiesa di Cristo, premurosa e cauta custode dei dogmi a lei affidati, non cambia mai nulla in essi; nulla diminuisce, nulla aggiunge; non amputa ciò che è necessario, non aggiunge ciò che è superfluo; non perde ciò che è suo, non si appropria di ciò che è di altri; ma con ogni zelo, attendendo con fedeltà e saggezza agli antichi dogmi, ha come unico desiderio di perfezionare e levigare quelli che anticamente ricevettero una prima forma e un primo abbozzo, di consolidare e rafforzare quelli che hanno già risalto e sviluppo, di custodire quelli che sono già stati confermati e definiti»: *Commonitorium*, II, in *PL* 50, 640.

[5] Il card. Camillo Ruini, presentando il libro di Agostino Marchetto (*Il Concilio Ecumenico Vaticano II. Contrappunto per la sua storia*, Città del Vaticano 2005) il 17 giugno del 2005, invocava per il Concilio «una grande storia in positivo», «non di parte ma di verità», liquidando frettolosamente l'opera monumentale di G. Alberigo, come una «ricostruzione brillante, fortunata, ma molto polemica e molto di parte». Per poi presentare positivamente il contenuto del "contrappunto" di Marchetto, in molte parti non meno polemico: cfr. le registrazioni elettroniche dell'intervento, parzialmente citate anche da G. RUGGIERI, «Ricezione e interpretazioni del Vaticano II. Le ragioni di un dibattito», in A. MELLONI – G. RUGGIERI, ed., *Chi ha paura del Vaticano II?*, 18-19. Cfr. C. RUINI, *Nuovi segni dei tempi*, Milano 2005, soprattutto la parte centrale.

[6] L.-J. SUENENS, «Cinq ans après Vatican II», 35.

[7] «Alla domanda [...] hanno risposto, in un modo o nell'altro, tutti: i papi e i Vescovi, i chierici e i fedeli, i cristiani di altre chiese e i credenti di altre religioni, i diplomatici e i giornalisti, i sinodi e i teologi, e la traccia delle loro risposte – date da generazioni progressivamente sempre più estranee alla dinamica di quella transizione – costituisce una galleria assai interessante per chi si lasci interpellare ora da quell'interrogativo [...]. [Il Concilio] è stato definito la grazia, il fumo, la tormenta, la sagra della continuità, la primavera, l'aria fresca, l'occasione perduta, il tradimento, l'apostasia, il dono, la ripetizione, il disastro, la rinascita, l'aggiornamento, la vocazione, la sbornia, il *kairós*»: A.

1.1 «Gaudet Mater Ecclesia»: *l'annuncio, l'apertura, il contesto*

«*Gaudet mater Ecclesia*»! Gioisce la Madre Chiesa poiché – esordisce il pontefice nell'atto inaugurale dell'Assise ecumenica –, «per singolare dono della Provvidenza divina, è sorto il giorno tanto desiderato in cui il concilio ecumenico Vaticano II solennemente si inizia»[8].

La celebre allocuzione viene pronunciata nella Basilica di San Pietro l'11 ottobre 1962, nel corso di una celebrazione solenne e alla presenza di tutti i Padri conciliari. Quanto lavoro nei tre anni della fase preparatoria! Fu «un fervore, un grande fervore destatosi improvviso in tutto il mondo, in attesa della celebrazione del concilio. Tre anni di laboriosa preparazione, aperti all'indagine più ampia e profonda delle condizioni moderne di fede e di pratica religiosa, e di vitalità cristiana e cattolica specialmente»[9].

Per ovvii motivi non è possibile concepire qui un percorso adeguato a comprendere appieno l'incedere storico della celebrazione del Concilio. Riteniamo, però, che il Vaticano II non lo si possa rettamente comprendere prescindendo dal suo contesto storico, filosofico-culturale ed ecclesiale, prima ancora che dalla sua genesi nel cuore e nelle intenzioni del suo promotore.

Conviene tornare qualche istante con la memoria a quel 25 gennaio 1959, giorno dello storico *annuncio*. Angelo Giuseppe Roncalli, messo al corrente dal cardinal Vicario della «situazione spirituale di Roma dal punto di vista della pratica religiosa, dell'assestamento delle varie istituzioni di carattere parrocchiale, di culto, di assistenza, di istruzione cristiana», rende omaggio agli impegni pastorali, e invoca incremento e coordinamento di sforzi ed energie, con l'aiuto del Signore, per «un fervore di vita parrocchiale e diocesana più feconda»[10].

Ma il vescovo di Roma, che è anche pontefice della Chiesa universale, allarga lo sguardo dalla città al mondo e, insieme alla letizia per i frutti di grazia provenienti da ogni luogo, non tace lo

---

MELLONI, «Breve guida ai giudizi sul Vaticano II», in A. MELLONI – G. RUGGIERI, ed., *Chi ha paura del Vaticano II?*, 107.

[8] GIOVANNI XXIII, Allocuzione *Gaudet Mater Ecclesia*, 11 ottobre 1962, 789 (*EV* 1, 40*).

[9] Cfr. GIOVANNI XXIII, Allocuzione *Gaudet Mater Ecclesia*, 11 ottobre 1962, 788 (*EV* 1, 35*).

[10] GIOVANNI XXIII, Allocuzione *Questa festiva ricorrenza*, 25 gennaio 1959, 65-69.

spettacolo «triste» degli «errori, i quali in realtà sempre nel corso della storia del cristianesimo, portarono a divisioni fatali e funeste, a decadimento spirituale e morale, a rovina di nazioni». Una constatazione – questa – che offre lo "sfondo" e, forse, il motivo chiave per condurre l'anziano pontefice a pronunciare «il nome e la proposta della duplice celebrazione: di un Sinodo Diocesano per l'Urbe, e di un Concilio Ecumenico per la Chiesa universale», «certo tremando un poco di commozione, ma insieme con umile risolutezza di proposito»[11].

«È evidente che ogni Concilio ha una sua preistoria, che consiste nelle circostanze che ne hanno reso necessaria la celebrazione e nelle cause che ne hanno fatto maturare la decisione e la convocazione»[12]. Eppure non così evidente e improrogabile appare la necessità del concilio ecumenico Vaticano II[13]. Forse lo è per noi, *oggi*, che viviamo *hic et nunc* nella "condizione" post-conciliare, non potendoci pensare altrove e non potendo pensare se non con ciò che il Concilio ha prodotto di "nuovo" – a meno di nostalgiche e idealistiche fughe dal reale – in termini anche solo di sensibilità ecclesiale, anche liturgica, prima ancora delle categorie di pensiero teologico ed ecclesiologico[14].

---

[11] Più oltre si limiterà a precisare che queste due proposte «condurranno felicemente all'auspicato e atteso aggiornamento del Codice di Diritto Canonico»: cfr. Giovanni XXIII, Allocuzione *Questa festiva ricorrenza*, 25 gennaio 1959, 68.

[12] G. Alberigo, *Transizione epocale*, 77.

[13] A molti le circostanze storiche apparivano addirittura inadatte: cfr. G. Martina, «Il contesto storico in cui è nata l'idea di un nuovo concilio», in R. Latourelle, ed., *Vaticano II. Bilancio e prospettive*, I, 27-82. Alberigo annota nella sua *Storia* che la convocazione «fu inattesa, imprevista e sorprendente per quasi tutti gli ambienti, egemonizzati dal clima di guerra fredda e adagiati nell'accettazione di un cattolicesimo immobile nelle sue certezze»: G. Alberigo, *Storia del Concilio*, I, 21. Non erano poi così lontani gli «anni di radicali trasformazioni, di accesi contrasti e di acerbe ribellioni» di cui papa Roncalli parlerà nell'enciclica *Mater et Magistra* (n. 7), riferendosi al contesto socio-economico della *Rerum novarum*, «immortale enciclica» di Leone XIII (cfr. *ivi*, n. 5). «La nostra epoca è percorsa e penetrata da errori radicali, è straziata e sconvolta da disordini profondi: però è pure un'epoca nella quale si aprono allo slancio della Chiesa possibilità immense di bene» (cfr. *ivi*, n. 238). L'eventualità di un nuovo concilio era ritenuta da molti superata anche considerando i pronunciamenti del 1870 sul primato papale e la sua "infallibilità". Basterebbe pensare alle tiepide reazioni di alcuni articoli di commento all'annuncio: cfr. G. Caprile, «Primi commenti all'annuncio del futuro concilio», 292-295. Per gli ambienti cattolici in particolare cfr. G. Alberigo, ed., *Storia del Concilio*, I, 36-43.

[14] Anche il teologo deve fare i conti con questo riflesso culturale-ecclesiale, sebbene «oggi vive in una situazione critica della sua fede», non potendo più contare «sul fondamento di una cristianità evidente», allora sostenuta da un ambiente, da una

Una lettura serena del Vaticano II, necessariamente previa a qualsiasi analisi sulla sua recezione, richiede che ci si interroghi su quale fosse, *allora*, il contesto, diremmo addirittura il grembo, o l'ambiente, all'interno del quale l'idea è germinata, e l'evento è stato celebrato. Non è sufficiente affermare la *soggettività* della Chiesa e del suo magistero, non basta affermare che si tratta di un soggetto *vivente*: «bisogna aggiungere che tale soggetto vive *nella storia* e che la sua storicità è una delle caratteristiche peculiari»[15].

A pochissima distanza dalla fine del Secondo conflitto mondiale una serie di mutamenti nel contesto planetario – movimenti di emancipazione, quand'anche di contestazione, e fermenti di indipendenza e di rifiuto del colonialismo e dello sfruttamento economico – si mescolavano a una situazione che pareva irrigidita in uno stallo senza sbocchi: la guerra di Corea nel 1950, l'erezione del muro di Berlino nel 1961, la crisi di Cuba nel 1962.

In uno dei suoi saggi più provocanti, *La fine dell'epoca moderna*, Romano Guardini aveva riflettuto, nel 1950, sullo sfondo culturale della tradizione cristiana del suo tempo, mostrandolo come il convergere di una *ambiguità* e, al tempo stesso, l'inizio di una *novità* lacerante: la separazione e l'opposizione tra cristianesimo e umanesimo. Il contesto filosofico-culturale non era di quelli per cui dovrebbe certo «gioire la Madre Chiesa»: la scienza moderna con la sua inesorabilità, la tecnica con la sua esattezza e arditezza, lo spirito della pianificazione e trasformazione del mondo e, soprattutto, «il movimento di secolarizzazione conseguente all'inefficacia della fede nel mordere del reale»[16].

In ambito teologico, la crisi modernista di inizio Novecento aveva costituito un momento critico per la teologia cattolica e per

---

educazione religiosa, e da una situazione sociologica che oggi non esiste più: cfr. K. RAHNER, *Corso fondamentale sulla fede*, 22-23.

[15] Y.M.-J. CONGAR, *La Tradizione*, 116.

[16] C. DOTOLO, «Romano Guardini», in R. FISICHELLA, ed., *Storia della teologia*, III, 729. «Paradossalmente, il mondo moderno si autocomprende come naturalmente cristiano, informato da quei valori e da quelle idee la cui origine cristiana pareva evidente in una sorta di umanesimo auto-sufficiente e in sé concluso»: *ibidem*. Nella sua riflessione sulla modernità Romano Guardini parte da punti vista filosofici e culturali, anziché da quelli sociali e politici: cfr. R. GUARDINI, *La fine dell'epoca moderna*, Brescia 1973 (pubblicato in tedesco nel 1950 e tradotto in italiano nel '54); cfr. ID., *L'essenza del cristianesimo*, Brescia 1981; cfr. ID., *La realtà della Chiesa*, Brescia 1967.

la stessa dottrina autentica della Rivelazione[17], e l'emergere dei grandi temi del *rinnovamento* si imponeva ormai come base sicura per un importante e proficuo sviluppo[18]. E la Chiesa, in questo frangente, faticava non poco ad essere maestra per tutti, e sempre moderna secondo le esigenze dei tempi e delle località[19].

Riguardo alla decisione di convocare un concilio, già Pio XI aveva pensato ad una prosecuzione e conclusione del Vaticano I, e lo stesso Pio XII aveva avviato alcuni preparativi sin dall'inizio del suo ministero. In entrambi i casi i pontefici constatarono l'impossibilità di portare avanti un tale progetto a motivo di grandi difficoltà, sebbene oggi sappiamo che il contenuto segreto dei lavori avviati da papa Pacelli confluirono in due eventi del suo pontificato: la pubblicazione della *Humani generis* e il dogma dell'Assunzione nel 1950, il che lascia pensare che un nuovo concilio «sarebbe stato un concilio dottrinale e difensivo»[20].

Ebbene, *quel* tipo di concilio papa Roncalli non lo avrebbe mai convocato, poiché «ora (*ad praesens tempus*) la sposa di Cristo preferisce usare la medicina della misericordia, piuttosto che della severità [...], mostrando la validità della sua dottrina, piuttosto che rinnovando condanne»[21]. Se è vero, come affermano alcuni, che il momento storico non stava vivendo una vera e propria svolta, bensì una accelerazione di mutamenti già intervenuti nei decenni precedenti, allora si può sostenere la tesi

---

[17] Si pensi alla dura risposta del Magistero cattolico, come il decreto *Lamentabili* (cfr. DS 3401-3466) o l'enciclica *Pascendi* (cfr. DS 3475-3500); cfr. G. LORIZIO, «Teologia della rivelazione ed elementi di cristologia fondamentale», in ID., ed., *Teologia fondamentale*, II, 179.

[18] «Appaiono determinanti alcuni fattori di mutamento culturale a livello mondiale: l'espansione economica e scientifica; la ribellione del Terzo Mondo verso ogni forma di neo-colonialismo (con la superiorità dell'Occidente messa in discussione); l'emancipazione della donna; la "contestazione" e i nuovi modelli di cultura giovanili. Sul piano ecclesiale si assiste ad una crescita di partecipazione alla vita della Chiesa, con l'emergere di alcuni soggetti in particolare: la teologia; gli episcopati locali (in America Latina, ma anche in Africa, in Asia); le comunità ecclesiali di base»: C. SCANZILLO, «La recezione dell'ecclesiologia», 326.

[19] Il rilievo è dello storico G. Alberigo, ma riprende un passaggio di una lettera di Roncalli a mons. L. Drago del 1938: cfr. G. ALBERIGO, *Transizione epocale*, 86.

[20] O.-H. PESCH, *Il Concilio Vaticano secondo*, 36.

[21] GIOVANNI XXIII, Allocuzione *Gaudet Mater Ecclesia*, 11 ottobre 1962, 792 (*EV* 1, 57*).

che la prima vera grande *novità* sta tutta dalla parte della Chiesa, che *ora* vive una più chiara percezione del mondo[22].

Dinanzi al «tempo presente», situazione per molti aspetti controversa e contraddittoria, il neo-eletto papa Roncalli non aveva evidentemente un "progetto": sappiamo che egli arrivò a quella decisione ascoltando – come scrisse – «un'ispirazione»[23]. Non c'era dunque solo l'intuizione di un pontefice che conosceva la storia, c'era anche la coscienza dell'uomo di Dio dietro quella scelta.

In fondo, come l'*evento* Concilio è *situato* nel suo *contesto*, similmente anche l'uomo, di qualsivoglia ruolo o missione sia investito, è *situato*, e formato dal *suo* vissuto e dalla *sua* storia. Per Roncalli ciò significa sottolineare la sua disposizione temperamentale a «ruminare» le esperienze[24], quelle pastorali e diplomatiche, e quelle spirituali. E le esperienze ecclesiali, di collegialità e sinodalità. Indubbiamente un uomo come Roncalli, per il quale la Chiesa era vissuta come l'*habitat* naturale, e sul quale lo studio della storia ha sempre esercitato tanto fascino, non poteva che considerare con interesse il ruolo significativo che i concili avevano sempre svolto nella vita delle comunità cristiane; un interesse certamente remoto nella cultura media

---

[22] Cfr. G. CAMPANINI, «Il contesto storico-culturale», 231.

[23] Qui in particolare citiamo la *Esortazione all'Episcopato e al Clero delle Venezie*, 21 aprile 1959, 902. In più circostanze ritornerà su questa «illuminazione interiore», o anche «prima idea». Formulazioni tipicamente spirituali le quali, comunque le si interpreti, hanno la funzione di esprimere quella che fu, poi, una decisione irrevocabile del Papa. Alla richiesta di un visitatore su che cosa si aspettasse dal Concilio, Giovanni XXIII avrebbe risposto, nell'atto di aprire la finestra del suo studio: «ci aspettiamo dal Concilio che faccia entrare aria fresca». Questa consapevolezza che la decisione del Papa di convocare un concilio ecumenico fosse il frutto di «un'intuizione profetica», unita ad una «consapevolezza storica» del modo con cui la Chiesa antica affrontava le «epoche di rinnovamento» era già presente in G. Dossetti, il fondatore dell'Istituto Superiore di Scienze Religiose di Bologna, che indirizzava giovani studiosi proprio alla ricerca sui concili: cfr. G. ALBERIGO – G. RUGGIERI, ed., *Giuseppe Dossetti*, soprattutto 2-23.

[24] Cfr. G. ALBERIGO, *Transizione epocale*, 75: «Tutto quello che lo ha toccato si è trasformato in lui in una memoria non più cancellata di esperienze, in un affinamento delle percezioni e delle capacità di giudizio, insomma in un patrimonio che lo ha reso sempre più aperto e disponibile a riconoscere i segni dei tempi in ogni realtà con cui veniva in contatto. Dal rapporto intenso con l'attivismo sociale di Radini Tedeschi, dal contatto fraterno con il cristianesimo ortodosso in Bulgaria, dall'esperienza dura ma mai senza speranza della secolarizzazione della società turca, all'incontro con la carica di ottimismo teologico e storico di un uomo come Suhard nella Parigi del dopoguerra – segnata dalla scristianizzazione della classe operaia –, all'impatto col dramma algerino, tutto si è trasformato in Roncalli in occasione di approfondimento sapienziale».

dei chierici italiani del suo tempo[25]. Seriamente considerato, allora, il proverbiale *ottimismo* di papa Roncalli, da valutare nel suo valore profondamente teologico, e tutt'altro che ingenuo, è lo stesso che alimenterà, da giovane sacerdote e formatore, e fino all'inaspettata elezione al soglio pontificio, questa salda fiducia che «la Chiesa contiene in sé la giovinezza eterna della verità e di Cristo, che è di tutti i tempi»[26].

Un determinato frangente della storia, all'interno di un preciso contesto ecclesiale, mutuamente condizionato dal complesso clima socio-culturale, insieme all'esperienza di un vescovo, il Papa, chiamato a «confermare i fratelli nella fede», il tramontare della teoria della «autosufficienza della Chiesa»: sono fattori imprescindibili, a nostro avviso, per chiunque voglia onestamente porsi la domanda su che cosa sia stato il Concilio convocato da papa Roncalli. Esso resta letteralmente illeggibile fuori del contesto storico e culturale nel quale si è svolto[27].

Come già detto riguardo all'importanza del contesto in cui vivono i soggetti della recezione, si tratta di non nascondere e di non temere la *storicità* dell'intero Concilio, che poi null'altro dice se non il suo profondo legame con gli uomini e i problemi del suo tempo[28].

Il Papa non aveva – come detto – un piano preciso riguardo allo svolgimento dei lavori dell'Assise, ma possiamo individuare gli *input* fondamentali dati al Concilio: la riflessione della Chiesa su se stessa, sulla sua natura e sulla sua missione nel mondo; il necessario aggiornamento in rapporto al tempo presente; il cammino dell'ecumenismo; l'unità e la pace di tutto il genere umano. Torniamo all'allocuzione di apertura per focalizzare l'attenzione soprattutto sui primi due aspetti, che poi non sono separati dagli altri. Dopo aver esposto come *fine* principale del Concilio la custodia e l'insegnamento del sacro deposito della dottrina cristiana, papa Roncalli invoca l'impegno di tutti perché

---

[25] Cfr. G. ALBERIGO, *Transizione epocale*, 77.

[26] L.F. CAPOVILLA, ed., *Giovanni XXIII. Il giornale dell'anima*, nota 528 in occasione degli esercizi spirituali dal 2 all'8 ottobre 1910, 315.

[27] Cfr. G. CAMPANINI, «Il contesto storico-culturale», 230. Riguardo alla storicizzazione del Vaticano II cfr. G. ALBERIGO – A. MELLONI, «Per la storicizzazione del Vaticano II», 473-658; cfr. G. RUGGIERI, «Per una ermeneutica del Vaticano II», 18-34.

[28] Cfr. A. ACERBI, «La recezione del Concilio Vaticano II», 978.

si lavori alla elaborazione di una *forma* più efficace e adatta agli uomini del suo tempo:

> dalla rinnovata, serena e tranquilla adesione a tutto l'insegnamento della Chiesa nella sua interezza e precisione, quale ancora splende negli atti conciliari del Tridentino e del Vaticano I, lo spirito cristiano, cattolico e apostolico del mondo intero, attende un balzo innanzi verso una penetrazione dottrinale e una formazione delle coscienze; è necessario che questa dottrina certa e immutabile, che deve essere fedelmente rispettata, sia approfondita e presentata in modo che risponda alle esigenze del nostro tempo. Altra cosa è infatti il *deposito* stesso della fede, vale a dire le verità contenute nella nostra dottrina, e altra cosa è la *forma* con cui quelle vengono enunciate, conservando ad esse tuttavia lo stesso senso e la stessa portata. Bisognerà attribuire molta importanza a questa forma e, se sarà necessario, bisognerà insistere con pazienza nella sua elaborazione; e si dovrà ricorrere ad un modo di presentare le cose che più corrisponda al magistero, il cui carattere è preminentemente pastorale[29].

Se le intenzioni e gli scopi del Concilio appaiono allora chiari, almeno sulle labbra di Roncalli, altrettanto certa era la coscienza del Papa, proprio in virtù di quella fede nella «grazia di Gesù, che presiede al governo del mondo»[30], che non fosse *sua* l'"opera" del Concilio[31]. «Il vastissimo movimento di proporzioni imprevedute e imponentissime»[32], come si sa, sarà affidato alla guida di Giovan Battista Montini, papa Paolo VI: conosciamo le difficoltà operative, il lavorío di messa a punto delle procedure, gli scontri tra la cosiddetta maggioranza "progressista" e una minoranza "tradizionalista", le presunte "svolte" e i difficili "compromessi" tra correnti teologiche differenti. Ci basta qui l'aver accennato, tra le altre cose, a quella fondamentale attenzione ermeneutica al

---

[29] Cfr. GIOVANNI XXIII, Allocuzione *Gaudet Mater Ecclesia*, 11 ottobre 1962, 791-792 (*EV* 1, 55*).

[30] L.F. CAPOVILLA, ed., *Giovanni XXIII. Il giornale dell'anima*, nota 973 (1961), 580. È la stessa fiducia della Chiesa intera nell'assistenza dello Spirito divino, come scrissero i Vescovi nel loro *Nuntium Patrum* del 20 ottobre 1962 (Messaggio *Ad omnes homines* mandato dai Padri a tutti gli uomini, con l'assenso del Sommo Pontefice, all'inizio del concilio: *AAS* 54 [1962] 824 [*EV* 1, 83*]): «Noi non possediamo né le ricchezze né la potenza terrena; ma riponiamo la nostra fiducia nella forza dello Spirito Santo, promesso da Gesù Cristo alla sua Chiesa».

[31] Lungi dal voler identificare e ridurre un fatto ecclesiale di siffatta portata all'ambito giuridico della «volontà del legislatore», c'è da ricordare che in senso stretto, e in relazione alle decisioni finali dell'assemblea conciliare, tale «volontà» sarebbe da ricercare semmai nel pontefice che promulgò i testi: papa Paolo VI.

[32] L.F. CAPOVILLA, ed., *Giovanni XXIII. Il giornale dell'anima*, nota 973 (1961), 580.

contesto storico e culturale dei destinatari del Vangelo, che è parte integrante del *principio di pastoralità* enunciato da Giovanni XXIII: luogo nevralgico, tra gli altri, su cui ritorneranno spesso le preoccupazioni dei Padri[33].

1.2 *Evento di Chiesa ed "epifania" della Chiesa*

Allo snodarsi, per oltre un'ora, di 2778 partecipanti: 7 patriarchi, 80 cardinali, 1619 arcivescovi e vescovi, 975 superiori generali di ordini religiosi, 400 teologi e vari osservatori, le telecronache della solenne cerimonia di apertura registrano un clima positivo generale che viene così commentato: «parve a tutti che si avverasse un fatto prodigioso: che entrasse nella nostra realtà di tutti i giorni un evento la cui importanza suscitava speranza e insieme sgomento»[34].

E così «l'avvicendarsi di Vescovi di stirpi diverse provenienti dai quattro angoli della Terra, manifestò in maniera commovente la fratellanza in Cristo degli eredi dei suoi apostoli»[35].

È un fatto: «Giovanni ha fatto reincontrare tutta la Chiesa»[36]. Questa del resto era stata la "preghiera" di Giovanni XXIII, che

---

[33] Questo della "pastoralità" è stato tema controverso al Concilio, e a tutt'oggi è oggetto di accesi dibattiti, in quanto influisce sulla stessa recezione: non ultima la vicenda della scomunica comminata e revocata ai seguaci di Lefebvre, trovando questi giustificazione alla messa in discussione degli enunciati conciliari proprio in virtù del carattere pastorale, *ergo* non vincolante; sul «principio di "pastoralità" e la sua ricezione conciliare» cfr. C. THEOBALD, «Nodi ermeneutici dei dibattiti sulla storia del Vaticano II», in A. MELLONI – G. RUGGIERI, ed., *Chi ha paura del Vaticano II?*, 56-60.

[34] La citazione è estrapolata dall'audio di uno dei video dell'archivio Rai: [accesso: 13.02.2010], http://www.youtube.com/watch?v=x7keAWyEjS4&feature=related.

[35] Anche qui cfr. l'audio tratto dal web: [accesso: 13.02.2010], http://www.youtube.com/watch?v=x7keAWyEjS4&feature=related. Non si trattava di un avvenimento folkloristico, neanche di una epifania ostentata, di una Chiesa che mostra i muscoli con i propri numeri. Per avere un indizio di che cosa la convocazione del Concilio avesse "mosso", ci piace citare l'esclamazione del vescovo brasiliano H. Camara, una delle più grandi figure cattoliche del Novecento: «se sapeste quanto ringrazio Dio per il fatto di vivere in tempi di papa Giovanni XXIII e di papa Paolo VI! Tempi di Vaticano II! Quando mai avrei potuto, prima del Concilio, tornare (come ho fatto domenica 5 settembre scorso) alla Chiesa Anglicana della SS. Trinità e predicare dal pulpito anglicano?!». Era il 4° e ultimo periodo del Concilio, e scriveva la sua *Circolare* il 14/15 settembre 1965: cfr. H. CAMARA, *Roma, due del mattino*, 344.

[36] Per la prima volta nella storia 915 milioni di cristiani, di cui 500 milioni cattolici, erano così rappresentati in un assise ideale nella Basilica di san Pietro: «Il Vaticano II va annoverato tra i maggiori eventi della Chiesa, per il grande numero dei Padri convenuti a Roma da ogni parte della terra, in una luce di universalità che mai era stata altrettanto

cioè il Concilio potesse rinnovare «innanzitutto lo spettacolo degli Apostoli radunati in Gerusalemme, dopo l'Ascensione di Gesù al Cielo: unanimità di pensiero e di preghiera con Pietro e attorno a Pietro, Pastore degli agnelli e delle pecore»[37].

Difficile sapere se papa Giovanni avesse voluto più o meno esplicitamente un concilio di «transizione»[38], nel senso che facesse transitare la Chiesa dall'epoca post-tridentina a una nuova fase di testimonianza e annuncio, attribuendo ad esso «un'importanza tutta speciale, *ancora prima* come "evento" che come sede di elaborazione e di produzione di norme»[39].

Poco hanno a che vedere, forse, con un fedele ascolto di «ciò che lo Spirito dice alle Chiese» (Ap 2,7), le schermaglie tra chi pone l'accento sull'*evento* Concilio in quanto tale, e chi invece guarda *solo* o piuttosto ai *testi* finali[40]. Si potrà mai negare che il Concilio Vaticano II, intanto, è stato un «grande evento»[41]?

---

risplendente; per la ricchezza degli argomenti trattati e per la sua opportunità»: V. CARBONE, *Il Concilio Vaticano II*, 131.

[37] *Esortazione all'Episcopato e al Clero delle Venezie*, 21 aprile 1959, 903.

[38] Tra le prime voci autorevoli ad esprimersi in questi termini vi è il Card. Suenens: «*Ce fut, par excellence, un Concile de transition*»: «Cinq ans après Vatican II», 35; cfr. H.J. POTTMEYER, «Una nuova fase della ricezione del Vaticano II. Vent'anni di ermeneutica del concilio», in G. ALBERIGO – J.-P. JOSSUA, ed., *Il Vaticano II e la Chiesa*, in particolare le pp. 41, 55, 56. Le ben note posizioni di Alberigo sono presenti in tutti i suoi volumi: si veda soprattutto la raccolta dei suoi saggi, *Transizione epocale*, pubblicata postuma nel 2009. Cfr. G. ALBERIGO, ed., *Storia del Concilio*, I, 58. «Il Vaticano II è una transizione perché non attua un pieno sviluppo dei suoi enunciati [...]. La transizione non portata a termine ha come effetti evidenti l'ambiguità prodotta dalla distanza che media tra i principi e la pratica [...]. Ma potevano, le cose, andare in altro modo? Il Vaticano II ha dovuto trattare molti temi in poco tempo, per creare un'ampia piattaforma di rinnovamento spirituale»: J.M. ROVIRA BELLOSO, *Vaticano II: Un concilio para el tercer milenio*, Madrid 1997, 20ss., cit. in S. PIÉ-NINOT, *Ecclesiologia*, 80.

[39] G. ALBERIGO, ed., *Storia del Concilio*, I, 58. Il corsivo è nostro.

[40] Ci sembrano quantomeno ingenerosi certi toni usati, ad esempio, da A. Marchetto nel suo "contrappunto" al I capitolo dell'opera storica dell'Alberigo («L'annuncio del concilio. Dalle sicurezze dell'arroccamento al fascino della ricerca», I, 19-70), quando afferma: «in esso l'A. prosegue, sullo slancio della Premessa, nella visione del concilio come "evento", in modo "misticheggiante", con sottolineatura del suo "spirito", che è poi quello dell'Alberigo, naturalmente, e svalutazione dei testi sinodali»: A. MARCHETTO, *Il Concilio ecumenico Vaticano II*, 94. Pur non condividendo i toni, se ne possono, però, condividere le preoccupazioni, riguardo al rischio di considerare il solo evento, o il solo cambiamento, la *novità* insomma, come «mutamento traumatico» o addirittura contrapposizione o *rottura*: cfr. *ivi*, 359. Ora il *contrappunto* è piuttosto incentrato, però, non tanto sul nesso continuità-discontinuità di cui daremo conto più avanti, quanto sul rapporto evento-decisioni. A tal proposito, la pur encomiabile opera storica dell'Alberigo, chiara espressione della cosiddetta «scuola di Bologna», non è lontana dal rischio di proporre letture di parte, che esasperino la celebrazione dell'evento a scapito delle sue decisioni. È corretto affermare – come stiamo facendo anche in questo lavoro – che le

«Durante il Concilio si è assistito ad un fenomeno unico e stupefacente: un vastissimo gruppo sociale, una istituzione secolare e fortemente stabilizzata si è posta con straordinaria sincerità in stato di ricerca, per essere più fedele alla sua missione»[42]. Non è stato soltanto un organo deliberativo, ma «un evento, un'apertura, un movimento, nel cui sviluppo la Chiesa stessa si reinterpreta. Così il concilio è stato dapprima vissuto, poi capito e recepito»[43].

Rimarcando allora il nostro procedere, per così dire, sul binario di una indagine ecclesiologica, risulta quanto mai azzeccata la domanda posta da G. Routhier: «l'ecclesiologia conciliare è tutta intera contenuta nei testi e nelle decisioni del concilio?»[44].

Nella vita della Chiesa i concili hanno un'importanza *storica*, poiché segnano tappe importanti e decisive. Ma «l'importanza dei Concili Ecumenici è data anzitutto dal loro valore *teologico* e, per meglio dire, *ecclesiologico*. Sono i consessi plenari dell'Episcopato in cui si perenna la tradizione e riposa l'autorità degli Apostoli di Cristo»[45]. Un Concilio non è un *parlamento* di rappresentanti del popolo nel senso delle moderne democrazie, né un'*assemblea costituente* che stabilisca o modifichi le leggi fondamentali dello

decisioni del Concilio «non possono essere lette come astratti dettati normativi, ma come espressione e prolungamento dell'evento stesso». Ma sembra eccessivo sostenere «la priorità dell'evento conciliare anche rispetto alle sue decisioni»: cfr. G. Alberigo, ed., *Storia del Concilio*, I, 10. Alle critiche, spesso aspre, mossegli in questi anni, risponde apertamente nell'ultimo volume: «La frequente sottolineatura dell'importanza del Vaticano II come evento complessivo e non solo delle sue decisioni formali può avere suscitato il sospetto di un'intenzione riduttiva dei documenti che il concilio ha approvato. Sembra quasi superfluo dissipare tale sospetto. È infatti ovvio che il Vaticano II ha consegnato alla Chiesa i testi che ha approvato, con le differenti qualificazioni che la stessa assemblea ha loro dato. Tuttavia [...] è la conoscenza dell'evento nella sua globalità che offre criteri ermeneutici soddisfacenti per cogliere pienamente il significato del Vaticano II e delle sue decisioni»: *Storia del Concilio*, V, 646.

[41] A. Marchetto, *Il Concilio ecumenico Vaticano II*, 358. Citiamo volutamente il vescovo Marchetto, a dimostrazione che l'importanza e la vastità dell'evento ecclesiale è realmente da tutti condivisa, contro ogni irragionevole riduzione.

[42] A. Acerbi, «La recezione del Concilio Vaticano II», 982.

[43] H. Pottmeyer, «Una nuova fase della ricezione del Vaticano II. Vent'anni di ermeneutica del concilio», in G. Alberigo – J.-P. Jossua, ed., *Il Vaticano II e la Chiesa*, 45. «Esso stesso è stato un evento di Chiesa»: B. Forte, *La Chiesa della Trinità*, 59.

[44] Cfr. G. Routhier, «La recezione dell'ecclesiologia conciliare: problemi aperti», in M. Vergottini, ed., *La Chiesa e il Vaticano II*, 18-31.

[45] R. Spiazzi, *Il Concilio Ecumenico*, 17.

"stato" Chiesa[46]. Non è nemmeno un semplice *congresso internazionale* dei rappresentanti dei diversi stati. Esso mette invece in evidenza le proprietà essenziali di *unità, santità, cattolicità* e *apostolicità* della Chiesa.

Concilio è sinonimo di una *sinodalità* vissuta[47], è il camminare insieme (*syn-odos*) dei discepoli nell'ascolto della parola del Risorto, è il loro riunirsi in assemblea come *ekklesìa*[48]. Una «novità forte del concilio fu proprio questo "apprendistato" dei Vescovi, questa esperienza che qualcuno ha chiamato "teologale", di ascolto immediato, cioè, della Parola di Dio in mezzo alla condizione umana attuale, ma che parecchi di loro chiamarono semplicemente "conversione"»[49].

Si tenga presente un dato importante: «che la sinodalità faccia parte dell'essenza della Chiesa è oggi un'evidenza comune»[50], ma niente affatto lo era cinquant'anni fa o nei decenni più prossimi al Vaticano II. Dopo l'infallibilità papale del Vaticano I, davvero un concilio sarebbe stato per molti superfluo, inutile o dannoso[51]. E questo rende l'*evento* concilio ancor più rilevante in

---

[46] «Di regola i concili sono avvenimenti straordinari in un momento straordinario che esige delle particolari decisioni collettive [...]. Normalmente, quindi, la Chiesa si attua nelle chiese locali e nella loro inespressa comunione. Tuttavia, la storicità, cui soggiacciono la verità e con essa le chiese, esige continuamente lo sforzo straordinario della ricerca dell'unità nella verità o la celebrazione di quest'unità nell'assemblea sinodale. Quindi, al pari della struttura della Chiesa locale, gerarchicamente determinata, anche la conciliarità della Chiesa è conforme alla sua natura; nella storia essa ha trovato l'espressione più adeguata nei concili e, in momenti decisivi, ha salvato l'unità della Chiesa»: F. WOLFINGER, «Concilio ecumenico e ricezione», 1144-1145.

[47] Cfr. G. GASSMANN, «La sinodalità e il cammino ecumenico delle Chiese», in R. BATTOCCHIO – S. NOCETI, ed., *Chiesa e sinodalità*, 109-128.

[48] Nel greco patristico la parola 'sinodo' designa l'assemblea dei cristiani e anche semplicemente la Chiesa. D'altra parte nel latino profano '*concilium*' significa un'assemblea convocata (*con-calere*), ricalcando l'etimologia stessa della parola 'Chiesa'.

[49] G. RUGGIERI – A. MELLONI, «Introduzione», in ID., *Chi ha paura del Vaticano II?*, 10.

[50] Cfr. H. LEGRAND, «La sinodalità al Vaticano II e dopo il Vaticano II», in R. BATTOCCHIO – S. NOCETI, ed., *Chiesa e sinodalità*, 70-71.

[51] Si nota che al Concilio il maggior numero degli interventi sia stato intorno alla *collegialità episcopale*, ma ciò non deve far dedurre una identificazione con i temi della *conciliarità* e della *sinodalità* nella Chiesa, la cui riflessione resterà prevalentemente un "voto" dei Padri e sarà oggetto di approfondimento soprattutto nel post-concilio. Ritorneremo sull'argomento nel capitolo sulla Conferenza episcopale italiana. Un intero capitolo si dovrebbe aprire, poi, sul ruolo dei laici in un concilio ecumenico e sulla loro presenza (o quasi-assenza!) al Vaticano II. Emblematico quanto afferma P. Ricca nel 1983 dal suo punto di vista di pastore valdese. «Che cosa sia il concilio ecumenico: espressione della collegialità dei Vescovi o della *communio Ecclesiarum*, oppure rappresentanza di tutta la comunità dei fedeli – è appunto la *quaestio disputata* intorno alla quale non si è finora creato un consenso e neppure una convergenza»: P. RICCA, «Il concilio ecumenico»,

termini di «esperienza» ecclesiale e per la riflessione ecclesiologica che da essa scaturisce[52].

Che cos'è, dunque, il Concilio Vaticano II? Giovanni Paolo II coglierà l'occasione del Convegno del 2000 sulla sua attuazione per tornare a definirlo «un dono dello Spirito alla sua Chiesa»: motivo per il quale – aggiungeva il vecchio pontefice – esso rimane «un evento fondamentale non solo per capire la storia della Chiesa in questo scorcio di secolo, ma anche, e soprattutto, per verificare la permanente presenza del Risorto accanto alla Sua Sposa tra le vicende del mondo»[53].

Questo è il Concilio, oggetto dello «sprazzo di superna luce» di cui papa Giovanni parlò a più riprese: «Il Concilio Ecumenico, prima ancora che una novella e grandiosa Pentecoste, non si direbbe che vuole essere una vera e nuova Epifania, una delle tante, ma una delle più solenni manifestazioni che si rinnovarono e rinnovano nel corso della storia?»[54] Giovanni XXIII ne era evidentemente un convinto assertore.

1155. Nel *CIC* si parla del Concilio solo all'interno dell'articolo sul collegio dei Vescovi (canoni 337-341), presente come attributo dell'Episcopato in comunione gerarchica con il Papa: cfr. P. MARTUCCELLI, «Forme concrete di collegialità episcopale», 7-24.

[52] «Quest'altra realtà legata all'evento e da esso inseparabile, noi possiamo chiamarla esperienza, che è altra cosa rispetto al vissuto materiale: è un vissuto coscientizzato, approfondito, espresso tramite un linguaggio e dotato di un significato»: G. ROUTHIER, «La recezione dell'ecclesiologia conciliare: problemi aperti», in M. VERGOTTINI, ed., *La Chiesa e il Vaticano II,* 22. L'autore fa riferimento, cioè, «alla trasformazione che la partecipazione ai lavori conciliari avrebbe prodotto sui Vescovi, sugli esperti e sugli osservatori [...]. Questo fatto si raccorda con ciò che molti hanno segnalato, rimarcando che è sulla base di una pratica e di un'esperienza di collegialità che al Vaticano II i Vescovi sarebbero pervenuti ad elaborare una teologia della collegialità»: *ivi,* 20-21. In diversi suoi interventi G. Routhier ritorna sul Vaticano II come «fatto di recezione»: perché riceve sempre di nuovo la Scrittura, il Simbolo, i concili precedenti, l'insegnamento del magistero ordinario, la consuetudine (LG 22, sulla collegialità, è costruita sulla base di pratiche collegiali storiche, come lo è la riunione dei concili), la vita delle chiese locali e la cultura (così in GS 44: «la Chiesa non ignora tutto ciò che essa ha ricevuto dalla storia e dall'evoluzione del genere umano»). C'è da considerare anche la recezione *negativa,* ciò che il Concilio non ha voluto ricevere: esempi del genere sono alcuni schemi presentati in prima istanza. All'interno dello stesso Concilio i documenti più tardivi *ricevono* da quelli pubblicati prima. Nei documenti entra vita e culto delle chiese *in actu* in un luogo, com'è il caso della teologia eucaristica della *Sacrosanctum Concilium:* cfr. G. ROUTHIER, «Orientamenti per lo studio del Vaticano II come fatto di ricezione», in M. T. FATTORI – A. MELLONI, ed., *L'evento e le decisioni,* 465-501. Anche in questo senso, allora, il Concilio *esprime* la Chiesa, che abbiamo già definito come *Rezeptionsgemeinschaft,* o *comunità di recezione,* nei diversi sensi attribuiti a questa espressione (si veda *supra,* cap. I, par. 2).

[53] GIOVANNI PAOLO II, Discorso *Ai partecipanti,* 27 febbraio 2000, n. 1, 272-273.

[54] «*Re quidem ipsa nonne Concilium Oecumenicum vera etiam novaque Epiphania dicenda est?*»: GIOVANNI XXIII, Esort. ap. *Sacrae Laudis,* 6 gennaio 1962, 69. Per capire le

Chiaramente e con convinzione possiamo ripetere che *questo* è il Concilio: evento di Chiesa ed *epifania* della Chiesa. Ma *non solo* questo è il Concilio.

Sia pur ammettendo la sua "transitorietà", e desiderando rimanere nella linea di una lettura positiva, globale e «accrescitiva», enfatizzare la sua pur validissima significazione come evento ecclesiale, svalutando però le sue decisioni, significherebbe relegarlo ad un piano meramente storico. D'altra parte, però, come non si può dare il più alto rilievo al costante richiamo alla Pentecoste, che dice innanzitutto il primato dell'azione di Dio, e pone «in primo piano l'azione dello Spirito e non quella del Papa o della Chiesa»[55]?

Gli eccessi e i trionfalismi sono sempre da evitare, da ogni parte. E dovremmo a questo punto "spuntare" la lunga lista delle note a favore della colonna "ombre del Vaticano II". Si è rilevato, ad esempio, che l'«assenza di un clima di attesa di un concilio»[56] ha procurato disagi e ritardi, tanto da far porre l'interrogativo se non si trattasse di «una Chiesa afflitta da mal di concilio»[57]. Congar scriveva nel suo diario che «il Concilio è sembrato arrivare con vent'anni di anticipo», e che tra vent'anni si sarebbe avuto «un episcopato composto di uomini con una formazione biblica, basata sul ritorno alle fonti e con una coscienza missionaria e pastorale realistica»[58].

Basti pensare alle resistenze di diversi membri della Curia alla stessa idea della celebrazione di un concilio. Per non parlare dell'assenza dei laici nella fase della preparazione: essa pure è un aspetto "negativo". Un solo laico in tutte le commissioni preparatorie, F. Vito; sette laici per coadiuvare i lavori del segretariato amministrativo. Molto importante fu il ruolo dei periti teologi, mentre relativamente scarsa fu la partecipazione

---

aspettative e le speranze suscitate dalla convocazione del concilio cfr. V. FARAONI, «Concilio Vaticano II. Epifania della Chiesa», *QCl* 37 (1962).

[55] G. ALBERIGO, ed., *Storia del Concilio*, I, 59.

[56] G. ALBERIGO, ed., *Storia del Concilio*, I, 23.

[57] G. ALBERIGO, ed., *Storia del Concilio*, I, 76. «Salvo l'iniziativa romana, ogni tentativo di coordinazione orizzontale, all'interno di una tale configurazione verticale e piramidale, è stata per lungo tempo considerata in Vaticano come una minaccia potenziale. In compenso, Roma mai ha esitato a utilizzare lo strumento conciliare per aiutare la costruzione o il consolidamento delle giovani chiese nelle missioni o in terra protestante»: *ivi*, 83.

[58] Y.M.-J. CONGAR, *Diario del Concilio*, I, 66.

dei parroci e dei laici durante i lavori assembleari e di commissione. E non ci fu neanche una donna[59].

Ma anche qui, come in molte altre delle note *a sfavore* che non menzioniamo per non essere prolissi, vale la regola che non si può proiettare indietro di cinquant'anni la coscienza ecclesiale acquisita al Concilio e a partire dal Concilio. Qualcuno ha scritto che «*Now is the time acceptable*»[60]: ora è il tempo favorevole, quello *capace*, cioè, di ricevere-*recepire* doni dal *soffio* di Dio e dal dialogo con il mondo. Lo è oggi come allora.

In sintesi: con il Concilio, la Chiesa ha fatto anzitutto un'esperienza di fede, «una grande esperienza spirituale, che ha coinvolto, al di là dei Vescovi e dei teologi, la Chiesa cattolica e la cristianità intera»[61]. L'atto di abbandono a Dio senza riserve è ciò che sembra emergere sovrano dagli Atti, secondo papa Wojtyla. E «chi volesse avvicinare il Concilio prescindendo da questa chiave di lettura si priverebbe della possibilità di penetrarne l'anima profonda»[62].

1.3 *Un concilio all'insegna della «novità»*

Rispondere alla domanda su che cosa sia il Vaticano II, o su quali risultati ne siano emersi, significa porsi nelle condizioni di darne una *interpretazione*, entrare nella linea di una

---

[59] Cfr. G. Alberigo, ed., *Storia del Concilio*, 1, 188-189. È di quel periodo il divieto di concedere una laurea *honoris causa* a J. Maritain; così pure l'ordine di ritirare dal commercio *Esperienze Pastorali* di don Milani e la censura alla rivista *Testimonianze* di E. Balducci. L'imposizione del *segreto* riguardo al lavoro delle commissioni provocò un senso di frustrazione nella stampa secolare e religiosa, irritata per la mancanza di informazione.

[60] Raramente si trova una poesia tra le migliaia e migliaia di pagine scritte sul Vaticano II. Evidentemente è una allusione a *2Cor* 6,2 («*tempus acceptabile*»), e porta la firma di Liam Brophy (*The Catholic World*, New York maggio 1961, 99): «*Now is the time acceptable, for now / A myriad wills, like wind-swayed corn are bent / Bifore the Pentecostal wind, impelled / By shored and gathering urgency; thy bow, / But tarry, all expectantly intent, / Wishfull by waiting Love to be compled* (Ora è il tempo favorevole, per l'oggi / miriadi di volontà, come spighe di grano agitate dal vento / si piegano dinanzi al soffio di Pentecoste, sospinte / da un'urgenza diffusa e unificante; esse si inclinano / ma indugiano, tutte in attesa e piene del desiderio / di essere forzate dall'Amore che aspetta)». Il testo e la traduzione in prosa si trovano in V. Faraoni, «Concilio Vaticano II. Epifania della Chiesa», 82-83.

[61] A. Acerbi, «La recezione del Concilio Vaticano II», 981.

[62] Giovanni Paolo II, Discorso *Ai partecipanti*, 27 febbraio 2000, n. 2, 273. «In altri termini, l'esperienza spirituale del Concilio è il "luogo" in cui si collocano e da cui ricevono senso i documenti ed offre, perciò, il criterio ermeneutico fondamentale»: A. Acerbi, «La recezione del Concilio Vaticano II», 981.

ermeneutica. Per capire quanto ciò sia legato al discorso sulla recezione, facciamo risuonare le parole di Benedetto XVI in un noto discorso alla Curia Romana, del 22 dicembre 2005. A simili domande, difatti, ricorrendo la celebrazione dei quarant'anni dalla chiusura dell'Assise, egli aggiungeva: «Che cosa, nella recezione del Concilio, è stato buono, che cosa insufficiente o sbagliato? [...] Perché la recezione del Concilio, in grandi parti della Chiesa, finora si è svolta in modo così difficile? Ebbene tutto dipende dalla giusta interpretazione del Concilio»[63].

La questione dell'ermeneutica del Concilio, come si vede, è posta parallelamente alla constatazione di difficoltà ed errori[64]. Non è un caso che in mezzo alla vasta produzione storica sul Concilio cosiddetto *pastorale*, abbiamo scelto di ricordare in queste pagine soprattutto il periodo dell'annuncio-preparazione e l'inaugurazione, rispolverando sommariamente la problematica del contesto. L'intuizione *pastorale* del Papa, rileva Alberigo, era destinata a creare un certo disagio non solo alla cosiddetta minoranza. Ma «cosa significava presentazione *pastorale* del Vangelo, aggiornamento delle formulazioni della fede e della Chiesa? [...] Questa caratterizzazione è stata colta molto presto come un sintomo inequivoco di un concilio "nuovo"»[65]. Con molta probabilità, difatti, la questione dell'ermeneutica non avrebbe

---

[63] BENEDETTO XVI, Discorso *Expergiscere, homo*, 22 dicembre 2005, 1024.

[64] In questa direzione L. SCHEFFCZYK, *La Chiesa, aspetti della crisi postconciliare e corretta interpretazione del Vaticano II*, del 1993, la cui edizione italiana del 1998 si fregiò della Prefazione dell'allora cardinale Ratzinger. Ecco un passaggio chiave della «Presentazione» (pag. 10): «Innanzitutto l'autore mostra la piena continuità dell'insegnamento del Concilio Vaticano II con la dottrina ecclesiologica precedente, e nello stesso tempo ne evidenzia lo sviluppo e il progresso nella comprensione del mistero della Chiesa. In secondo luogo dimostra che la divergenza tra la proposta del rinnovamento conciliare e la crisi del dopo-Concilio è conseguenza dell'interpretazione unilaterale, selettiva e ultimamente fuorviante del pensiero del Concilio».

[65] Cfr. G. ALBERIGO, ed., *Storia del Concilio*, V, 585. «"Pastoralità" e "aggiornamento" congiuntamente hanno posto le premesse per il superamento dell'egemonia della "teologia", intesa come isolamento della dimensione dottrinale della fede e della sua concettualizzazione astratta, come anche quella del "giuridismo", in quanto irrigidita in formule giuridiche del dinamismo dell'esperienza cristiana. La natura pastorale del concilio e l'indicazione sintetica del suo scopo nell'aggiornamento dunque si spiegano, si saldano e si arricchiscono reciprocamente»: *ivi*, 588. È comunque l'inizio di una novità. Da uno sguardo ai concili della storia si possono individuare 4 funzioni del concilio: concilio di *unione*; condanna di *eresia* e riaffermazione della fede; quello riunito per accogliere un punto del *corpus* delle credenze della Chiesa nella *struttura dogmatica* (come il Vaticano I); concilio *riformista* o di riforma, come il Lateranense V (1512-1517), che tra l'altro si rivelò un insuccesso.

alcuna ragion d'essere se il XXI Concilio ecumenico fosse stato "come tutti gli altri".

E invece si afferma che è «nuovo». È nuovo anzitutto perché non ha combattuto eresie: i compiti dei concili «non sono solamente la formazione di opinioni in questioni dottrinali e morali, ma anche la definizione di verità di fede di fronte a controversie ed eresie, la comunicazione nella liturgia e la determinazione nel diritto»[66]. È nuovo anche per ciò che è stato messo in moto con termini come 'popolo di Dio', 'collegialità', e con concetti come quelli di *riforma liturgica, ecumenismo, attenzione al mondo, libertà di religione* ed altri, che «appare essere un esempio tipico di una ricezione critica nel senso di una libera accettazione quale avveniva nella Chiesa antica»[67].

Sotto diversi aspetti sono molte le "novità" caratterizzanti il Concilio: la mondializzazione della Chiesa, e il suo rapporto con il mondo; la priorità del mistero sull'istituzione e l'impegno per una riformulazione di parte della teologia; il riconoscimento del valore irriducibile del soggetto umano nell'architettura e nella dinamica della salvezza; il riconoscimento del valore delle realtà terrestri; l'introduzione di una mentalità ecumenica e un ottimismo salvifico universale; la riscoperta delle "sorgenti" bibliche, patristiche e liturgiche[68]. «La stessa affermazione delle lingue nazionali nella liturgia segnala in modo eloquente il divenire di una Chiesa mondiale, in cui le chiese locali conservano la loro autonomia e i caratteri della propria area culturale»[69].

Secondo K. Rahner «il Vaticano II è stato realmente il primo raduno dell'Episcopato mondiale, che non ha agito solo da organo consultivo del Papa, bensì da istanza magisteriale e decisionale suprema della Chiesa in unione con lui»[70].

L'ampiezza del *consenso* ricercato è pure una delle note peculiari del Vaticano II, sebbene sembra trattarsi, più che di una novità, di un genuino ritorno alla sorgente e all'essenziale, o

---

[66] F. WOLFINGER, «Concilio ecumenico e ricezione», 1144.

[67] F. WOLFINGER, «Concilio ecumenico e ricezione», 1149.

[68] Cfr. K. RAHNER, «Sollecitudine per la Chiesa», *Nuovi Saggi*, VIII, 375. Per G. Alberigo la novità più significativa del Vaticano II è costituita «piuttosto dal fatto stesso di essere stato convocato e celebrato»: G. ALBERIGO, *Storia del Concilio*, V, 646.

[69] C. SCANZILLO, «La recezione dell'ecclesiologia», 325.

[70] K. RAHNER, *Nuovi saggi*, VIII, 347.

alla autentica Tradizione. C'è una stretta connessione tra «concilio» e «consenso», dove il riunirsi di menti e di cuori, quel «*in unum convenire*» caro a Cipriano di Cartagine, significa molto di più che una semplice riunione di Vescovi. Bonifacio VIII citava la massima «*quod omnes tangit ab omnibus tractari et approbari debet*», come richiesta della presenza ai concili dei vari gradi del corpo cristiano[71]. Tempo prima Innocenzo III aveva convocato il concilio Lateranense IV, la «maggiore assemblea rappresentativa del mondo medievale»[72].

Chenu coglie in modo adeguato lo specifico del Vaticano II in questo modo: «la sua particolarità rispetto a tutti gli altri concili rimane questa: il rinnovamento dell'efficacia della parola di Dio attraverso la forza ad essa immanente e il rimanere in contatto con le trasformazioni della storia contemporanea. E questa è esattamente la definizione della profezia»[73].

1.4 «*Ecclesia semper reformanda*»: *progresso della/nella Tradizione*

Forse davvero qualcuno ha «paura» del Concilio Vaticano II[74]. Talvolta si tratta proprio di una generalizzata paura del *nuovo*. Essa può condurre a quella «sclerosi della teologia»[75], che si accompagna volentieri con l'arroccamento del magistero, contraddicendo in tal modo il più biblico e fondamentale atteggiamento dell'*ad-ventus* di Dio, del suo farsi *vicino* all'uomo

---

[71] Cfr. Y.M.-J. Congar, «Quod omnes tangit, ab omnibus tractari et approbari debet», 210-259. Il Beinert («I soggetti della recezione ecclesiale», in Salamanca 1996, 353) fa notare come questa massima, leggermente mutata nel XIII secolo, si trova pudicamente nascosta ancora nel *CIC* del 1983, al can. 119: «Per quanto concerne gli atti collegiali, a meno che non sia disposto altro dal diritto o dagli statuti: [...] 3) ciò che poi tocca tutti come singoli, da tutti deve essere approvato».

[72] Cfr. G. King, «Ricezione, consenso e diritto canonico», 776. L'esclusione dei «non Vescovi» dalle assemblee risale, come noto, alle lotte del papato contro il gallicanesimo e il conciliarismo, ma un tale irrigidimento e una tale restrizione alla gerarchia impediva quella virtuosa dinamica della recezione nel senso descritto nel precedente capitolo, riducendola alla semplice richiesta di obbedienza. Cfr. F. Wolfinger, «Concilio ecumenico e ricezione», 1148.

[73] M.-D. Chenu, *Ein prophetisches Konzil*, in Klinger-Wittstadt, *Glaube im Prozeß. Christsein nach dem II. Vaticanum (für Karl Rahner)*, Freiburg - Basel - Wien 1984, 21, cit. in G. Alberigo, ed., *Storia del Concilio*, I, 481.

[74] Cfr. A. Melloni – G. Ruggieri, ed., *Chi ha paura del Vaticano II?*, Roma 2009.

[75] G. Campanini, «Il contesto storico-culturale», 234.

e alla sua vita. L'apostolo Paolo non rinuncia all'annuncio dell'evento pasquale, ma lo fa ponendosi in dialogo con la cultura, il linguaggio, i simboli e le aspettative dell'Areopago (At 17,22-34).

«Come può Gerusalemme diventare il mondo? La rigidità delle forme d'un deposito costituito una volta per sempre non impedirà forse che il suo contenuto sia attualità e presenza attiva nella Storia del mondo?»[76]. Occorre davvero porsi con coraggio nel medio dei facili estremi e, guardando *nella fede* al Concilio, vedere «una primavera della Chiesa»[77].

È bene per questo tener presente nel nostro discorso alcune precisazioni. Quello spirito di franchezza e di dialogo, di apertura alle comunità cristiane non cattoliche, alle altre religioni e al mondo moderno, di rinnovamento radicale della Chiesa cattolica con la riscoperta delle "sorgenti" bibliche, patristiche, liturgiche, e l'attenzione ai segni dei tempi, fu caratterizzato ben presto dall'espressione «spirito del Concilio»[78]. Ebbene, lo spirito del Concilio sarebbe stato come l'"ancilla" dell'auspicato *aggiornamento-rinnovamento*. Ora l'errata interpretazione di queste categorie si lega strettamente con la difficile recezione di cui parlava Benedetto XVI, frutto di errori e confusioni. L'aggiornamento – usiamo per ora l'espressione in generale senza caratterizzarla con un "oggetto" – ha prodotto una rottura con il passato? Cosa è cambiato?

È vero infatti, lo abbiamo detto poco sopra, che Giovanni XXIII non avrebbe mai convocato un concilio *come* il Vaticano I, ma è altrettanto vero che «la natura pastorale del Sinodo non dev'essere avulsa da quella dottrinale, positiva, di proposizione gioiosa della verità»[79]. Allora è cambiato lo spirito, l'atteggiamento della Chiesa nel suo porsi di fronte al «tempo presente». Ma non soltanto lo spirito.

---

[76] Y.M.-J. CONGAR, *La Tradizione*, 158.

[77] «All'indomani del concilio alcuni giornalisti mi chiesero: "È soddisfatto del concilio?", e questa fu la mia risposta: "Sì, è una primavera per la Chiesa, ma una primavera sul finire di febbraio e l'inizio di marzo: ci saranno ancora piovaschi e gelate notturne, ma stiamo procedendo»: L.J. SUENENS, *Ricordi e speranze*, 157. A soli 5 anni dalla sua conclusione il card. Suenens vi riconosceva non un punto di «approdo», bensì una «tappa». Ma non è così per ogni tappa della Chiesa, e per ogni monumento della sua Tradizione? Cfr. «Cinq ans après Vatican II», 35-36.

[78] Cfr. C. SCANZILLO, «La recezione dell'ecclesiologia», 324.

[79] A. MARCHETTO, *Il Concilio ecumenico Vaticano II*, 74.

La categoria dell'«aggiornamento» rischierebbe imperdonabili equivoci ermeneutici se svincolata dal significato più autentico, ecclesiale, quale «sintesi creativa tra la grande tradizione cristiana e l'istanza di rinnovamento»[80]. Con la stessa facilità si potrebbe strumentalizzare e ridurre il Concilio abusando della categoria del «rinnovamento», sebbene il termine «aggiornamento» sia passato intraducibile in tutte le lingue «ad indicarne l'originalità, la pregnanza, nonché la qualità, essenziale ad un concilio, di coniugare *nova et vetera*, Tradizione ed apertura, o incarnazione, che dir si voglia»[81].

Dire questo significa affermare a chiare lettere che nell'aggiornamento è implicata la dottrina. Ma non doveva trattarsi di un concilio pastorale? Certamente sì, ma nel senso che lo stesso Roncalli aveva assegnato a questa espressione. Proprio dalle intenzioni di papa Giovanni, «aggiornamento» appare come «l'indicazione sintetica della direzione nella quale il Concilio avrebbe dovuto aprire il cammino della Chiesa [...]. Una formula nella quale fedeltà alla Tradizione e rinnovamento profetico erano destinati a coniugarsi; la lettura dei "segni dei tempi" doveva entrare in sinergia reciproca con la testimonianza dell'annuncio evangelico»[82]. È lontano dalla realtà e dall'intenzione di Giovanni XXIII chi restringe "la pastorale" a qualcosa di pratico, separato dalla dottrina, che ne è il fondamento essenziale secondo il mandato di Cristo (Mt 28,19).

Ma è per l'appunto la *medesima* dottrina che si vuole approfondire e/o ri-proporre alla Chiesa e al mondo. «Non nuove dichiarazioni dogmatiche, ma una considerazione globale, in chiave "pastorale", dell'intera missione della Chiesa e delle sue condizioni di attuazione di fronte alla situazione dell'uomo e della società mondiale del nostro (o meglio, del suo) tempo: ecco il programma del Concilio»[83]. C'era da raccogliere senz'altro la sfida, di «comprendere più intimamente, in un periodo di rapidi

---

[80] Cfr. G. ALBERIGO, ed., *Storia del Concilio*, I, 58.

[81] A. MARCHETTO, *Il Concilio ecumenico Vaticano II*, 94.

[82] G. ALBERIGO, *Transizione epocale*, 42; cfr. A. ZAMBARBIERI, *I Concili del Vaticano*, 153. La stessa costituzione apostolica di convocazione del Concilio, *Humanae salutis*, invitava a cogliere i «*signa temporum*» (25 dicembre 1961, 6 [*EV* 1, 4*]) secondo la raccomandazione di Gesù (*Mt* 16,3).

[83] A. ACERBI, «La recezione del Concilio Vaticano II», 978. Nel suo saggio più volte citato, Congar parla, appunto, della «comunicazione d'un oggetto definito e che rimane identico nella sua natura di fondo»: Y.M.-J. CONGAR, *La Tradizione*, 116.

cambiamenti, la natura della Chiesa e il suo rapporto con il mondo per provvedere all'opportuno "aggiornamento"»[84].

Questo aggiornamento, dunque, ha comportato una *rottura* con la Tradizione e l'ecclesiologia? O si può correttamente parlare di uno sviluppo nella continuità? Giustamente papa Benedetto ammonisce che la sola «ermeneutica della discontinuità e della rottura» ha causato spesso confusione, rischiando di concepire una «rottura tra Chiesa preconciliare e Chiesa post-conciliare», lasciando spazio ad un vago spirito innovatore, e al superamento di documenti che sarebbero frutto soltanto di compromessi, e ricettacolo di «cose vecchie e ormai inutili»[85]. In effetti è sottostante l'impegno di molti a togliere importanza ai documenti conciliari stessi, sintesi di tradizione e aggiornamento, per far prevalere il convincimento ideologico che punta soltanto sugli aspetti innovativi apparsi in concilio, sulla discontinuità, insomma, rispetto alla Tradizione[86]. Dire «aggiornamento», invece, ha significato «disponibilità alla ricerca e all'inculturazione della Rivelazione»[87], e insieme fedeltà alla ininterrotta e vivente Tradizione della Chiesa, laddove «fedeltà non è pura conservazione e riproduzione meccanica del passato: è la fedeltà d'un vivente che vive nella storia; che vive una storia»[88]. Per tale ragione, che condividiamo, il Papa suggeriva di parlare nei termini di «ermeneutica della riforma»[89].

Sulla questione del «rinnovamento come sviluppo e non rottura nella dottrina»[90], era intervenuto anche Paolo VI, nella allocuzione di apertura del secondo periodo, il 29 settembre 1963: «Non è dunque la riforma (*renovatio*), a cui mira il Concilio, un sovvertimento della vita presente della Chiesa, ovvero una rottura con la sua tradizione in ciò ch'essa ha di essenziale e di venerabile, ma piuttosto un omaggio alla tradizione, nell'atto stesso che la vuole spogliare d'ogni caduca e difettosa

---

[84] GIOVANNI PAOLO II, Discorso *Ai partecipanti*, 27 febbraio 2000, n. 3, 273.

[85] BENEDETTO XVI, Discorso *Expergiscere, homo*, 22 dicembre 2005, 1024.

[86] Cfr. A. MARCHETTO, *Il Concilio ecumenico Vaticano II*, 359.

[87] A. MARCHETTO, *Il Concilio ecumenico Vaticano II*, 74.

[88] Y.M.-J. CONGAR, *La Tradizione*, 116.

[89] BENEDETTO XVI, Discorso *Expergiscere, homo*, 22 dicembre 2005, 1025.

[90] V. CARBONE, *Il Concilio Vaticano II*, 58.

manifestazione (*formis*) per renderla genuina e feconda»[91]. Non è esatto ridurre un evento come il Concilio a un "adattamento ai tempi", era in gioco il ritorno al Vangelo[92].

Si trattava, in poche parole di ri-*formare*, rinnovare la *forma* della Chiesa e del suo *kerygma*, sulla base di una più profonda – e in questo senso *nuova* – comprensione di se stessa, della sua missione, delle sue forme di espressione di fede, di vita, e di culto. L'ermeneutica della «riforma nella continuità», tuttavia, non può contraddire alcune evidenti *novità* e *discontinuità*, che fanno per la verità la fortuna della riforma operata e iniziata in Concilio[93]. De Lubac, la cui influenza ebbe un ruolo importante insieme a quello di Rahner, Congar, e Daniélou, continua, anche dopo il Concilio, ad occuparsi prevalentemente della consapevolezza che la Chiesa ha di se stessa, rimanendo convinto assertore della necessità di ritornare ad una dottrina più semplice, più tradizionale e più profonda[94].

La ormai nota distinzione di papa Giovanni, tra le «verità contenute nella nostra dottrina», cioè il *depositum fidei*, e una

---

[91] PAOLO VI, Discorso *Salvete fratres*, 29 settembre 1963, 851 (*EV* 1, 165*).

[92] Cfr. A. ACERBI, «La recezione del Concilio Vaticano II», 982-983. I Vescovi riuniti nella II Assemblea generale straordinaria del Sinodo, nel 1985, avvertono chiaramente questa responsabilità non solo nella interpretazione del Concilio, ma soprattutto a livello della sua recezione. Riguardo soprattutto a quei giovani che considerano la Chiesa come pura istituzione «non abbiamo forse favorito in essi questa opinione parlando troppo del rinnovamento delle strutture esterne della Chiesa e poco di Dio e di Cristo?»: ASSEMBLEA GENERALE STRAORDINARIA DEL 1985, Relazione finale *Ecclesia sub Verbo Dei*, 7 dicembre 1985, n. 4 (*EV* 9, 1784).

[93] J.A. Komonchak commenta con toni sottilmente critici l'intervento di papa Benedetto XVI sull'ermeneutica del Concilio. Si può condividere, almeno, l'osservazione per la quale le «due ermeneutiche concorrenti» possono accostarsi agli "idealtipi" presenti in sociologia, «che possono essere degli strumenti utili per spiegare questioni importanti», e così ammettendoli e relativizzandoli. Effettivamente «un'ermeneutica della discontinuità non vede necessariamente ovunque delle rotture; un'ermeneutica della riforma, a sua volta, riconosce alcune importanti discontinuità»: cfr. J.A. KOMONCHAK, «Benedetto XVI e l'interpretazione del Vaticano II?», in A. MELLONI – G. RUGGIERI, ed., *Chi ha paura del Vaticano II?*, 81.

[94] Cfr. G. ALBERIGO, ed., *Storia del Concilio*, I, 481. Dalle stesse pagine della *Storia* diretta da Alberigo estrapoliamo un passaggio importante in cui De Lubac ricorda, criticandoli, i lavori della Commissione preparatoria: «[...] gli schemi che venivano preparati ed erano improntati alle rigorose regole della scolastica e si fondavano esclusivamente sulla preoccupazione di difendere la fede. Mancava una prospettiva differenziata; si tendeva a condannare tutto ciò che non corrispondeva esattamente alla linea fino a quel momento sostenuta... Si trattava di decidere tra una dottrina difensiva e talvolta ristretta, troppo legata ai manuali dell'epoca, e l'impegno a trovare nuovi impulsi per un ritorno generale alla grande tradizione della Chiesa»: H. DE LUBAC, *Entretien autour de Vatican II. Souvenirs et réflections*, Paris 1985, 19, cit. in *ibidem*.

maggiore efficacia della *forma*, nel custodirlo e nel proporlo[95], venne ripresa anche nella stesura della *Gaudium et spes*, invito esplicito ai teologi alla loro responsabilità di fronte al compito incessante di «ricercare modi più adatti di comunicare la dottrina cristiana agli uomini della loro epoca», aggiornando, rinnovando, o riformando che dir si voglia, il «*modus secundum quem enuntiantur*» (*GS* 62). Compito di teologi e pastori, non sempre di facile attuazione certo, ma di sicuro stimolo per ciascuno verso «una più accurata e profonda intelligenza della fede» (*GS* 62). Moltmann sosteneva che «ogni *crisi* ci offre pure la singolare *chance* di dare una risposta nuova». Crisi, difficoltà, ed errori vanno insieme, dunque, alle occasioni che vi si celano. «Nelle crisi che coinvolgono la sua tradizione e nelle possibilità che si aprono alla sua speranza, la Chiesa si orienterà verso il proprio *fondamento*, al proprio *futuro* ed al proprio *compito*»[96].

Occorre con grande onestà intellettuale riconoscere, a questo punto, che non sarebbe giustificata la definizione del Vaticano II *soltanto* come «pastorale», né è sufficiente individuare gli elementi di «novità», sia pure riconoscendoli – come è giusto fare – all'interno della Tradizione con la 'T' maiuscola, *uno* e *ininterrotto* cammino di crescita della Chiesa apostolica nella verità. Interessante e degna di nota la constatazione di H. Pottmeyer a venti anni dalla conclusione del Concilio: i suoi testi dogmatici nel senso stretto assommano pur sempre 3.148 righe, su un totale di 8.521 righe dell'intera storia dei concili. Prolissità e verbosità semplicemente? Oppure *mediazione, interpretazione* e *recezione* pongono problemi particolari e più ampi? Con molta facilità un teologo dogmatico potrebbe, a motivo di quei *vetera et nova* presenti nei testi, motivare addirittura il proprio *cliché* di parte in base proprio ai documenti conciliari. Normalmente questo dato è giustificato con la categoria di «concilio di transizione». Ma allora il suo carattere di «transitorietà», e la sua pur evidente complessità, ci autorizzano a non ascoltare ciò che il Concilio dice? «Un simile rapporto col concilio, senza

---

[95] Cfr. Giovanni XXIII, Allocuzione *Gaudet Mater Ecclesia*, 11 ottobre 1962, 790 e 792 (*EV* 1, 45; 49; 55).

[96] J. Moltmann, *La Chiesa nella forza dello Spirito*, 7-8.

un'ermeneutica comune, serve ben poco a un'intesa nella teologia e nella Chiesa»[97].

Soprattutto «leggere il Concilio supponendo che esso comporti una rottura col passato, mentre in realtà esso si pone nella linea della fede di sempre, è decisamente fuorviante»[98]. M. Blondel caratterizzava il progresso della Tradizione, già agli inizi del Novecento, come «l'impadronirsi progressivo del tesoro posseduto come realtà fin dall'inizio del cristianesimo», e che la riflessione fa passare «dall'implicito vissuto all'esplicito conosciuto»[99]. In buona sostanza: «Tradizione» e «progresso», divenuti quasi *slogans*[100] di partito già al Concilio, non possono essere in realtà separati, e rappresentano la tensione soggiacente ad una autentica e cattolica teologia della Tradizione[101], dalla quale scaturisce quel «senso d'insieme» che è *sintesi, unità* e *totalità*[102].

Paolo VI ha affermato che, per quanto il magistero non abbia voluto pronunciarsi con sentenze dogmatiche straordinarie, nei documenti del Concilio è contenuto e proposto un «autorevole insegnamento», che impegna la coscienza e l'attività dell'uomo. Chiaramente all'interno dei documenti conciliari occorre fare delle distinzioni per quanto attiene il loro valore *dogmatico*, più

---

[97] Cfr. H. POTTMEYER, «Una nuova fase della ricezione del Vaticano II. Vent'anni di ermeneutica del concilio», in G. ALBERIGO – J.-P. JOSSUA, ed., *Il Vaticano II e la Chiesa*, 43.

[98] GIOVANNI PAOLO II, Discorso *Ai partecipanti*, 27 febbraio 2000, n. 4, 275.

[99] M. BLONDEL, *Storia e dogma*, 117. «Rivolta amorevolmente verso il passato dov'è il suo tesoro, essa va verso il futuro dov'è la sua conquista e la sua luce»: *ivi*, 108.

[100] A parere di molti osservatori nella Basilica di San Pietro in quei mesi tutto si riduceva semplicemente a questo: «*Il DOC contro il ROC*». Così titolava emblematicamente in pagina doppia la principale rivista illustrata della Germania, *Super-Manchete*. Il ROC (= *Romana Colloquia*) era lo stato maggiore dell'opposizione allo spirito del Vaticano II, il DOC era il Centro Olandese internazionale vicino alla "maggioranza". La sessione del 6 dicembre 1965 fu, in effetti, una sessione storica, con la promulgazione del decreto sul ministero e la vita dei sacerdoti *Presbyterorum Ordinis*, della dichiarazione sulla libertà religiosa *Dignitatis humanae*, e della *Gaudium et spes*, e con la revoca simultanea delle scomuniche tra Roma e l'Ortodossia: cfr. H. CAMARA, *Roma, due del mattino*, 484.

[101] Cfr. H. JEDIN, *La storia della Chiesa*, 26.

[102] «La Tradizione non è dissociante: è invece sintesi, armonizzazione. Non procede partendo dalla periferia ed isolando qua e là qualche testo, ma al contrario lavora dall'interno, collegandoli tutti al centro e disponendo i dettagli a seconda del loro riferimento all'essenziale. In lei e grazie a lei la Chiesa non è quella di Paolo o di Apollo o di Cefa ad esclusione di quella di Giovanni, né quella della lotta contro la Grande Prostituta lasciando in oblio il Corpo Mistico o l'Eucarestia, né quella dello Spirito Santo in opposizione a quella di Cristo, né quella della grazia senza una legge certa, né quella della dottrina senza profetismo, né quella del profetismo senza dottrina. La Tradizione è generatrice di totalità, di armonia e di sintesi. Essa vive e fa vivere del senso d'insieme del Disegno di Dio»: Y.M.-J. CONGAR, *La Tradizione*, 102.

incisivo proprio per le due costituzioni definite come tali. La «voce facile ed amica della carità pastorale», lo stile colloquiale, il sentimento cordiale, e la più attraente vivacità della forma[103], insomma, non diminuiscono il valore teologico e magisteriale del Vaticano II quale autentica *dottrina cattolica*[104]. Allo stesso modo con cui lo «spirito del Concilio», in sé perennemente buono, non autorizza ideologiche ed elitarie interpretazioni della «lettera», né la surclassa od offusca; soprattutto esso non «concede spazio ad ogni estrosità»[105], poiché dalla giusta interpretazione del Concilio – ammoniva papa Benedetto XVI – dipende la sua buona recezione.

Tutto ciò resta comunque una sfida, compito non facile e permanente, della *Ecclesia semper reformanda*, che cerca e ascolta i «segni dei tempi», alla luce del Vangelo e nella *dynamis* dello Spirito. Nei messaggi del Concilio all'umanità, *L'heure du départ*, dell'8 dicembre 1965, è ancora papa Paolo VI a rivolgersi al mondo con parole cariche di fiducia come queste:

> ci sembra di sentire alzarsi da ogni parte del mondo un immenso e confuso rumore: l'interrogazione di tutti coloro che guardano verso il concilio e ci domandano con ansietà: non avete voi una parola da dirci? A noi governanti? A noi intellettuali, lavoratori, artisti? A noi donne? A noi giovani, a noi malati, a noi poveri? Queste voci imploranti non resteranno senza risposta[106].

---

[103] Cfr. PAOLO VI, Omelia *Hodie Concilium*, 7 dicembre 1965, 57 (*EV* 1, 459*).

[104] Cfr. S. PIÉ-NINOT, *Ecclesiologia*, 76. L'autore invita giustamente a tenere conto delle chiarificazioni della commissione dottrinale sul valore delle costituzioni dogmatiche: *Lumen gentium* e *Dei Verbum* vanno interpretate «secondo le norme d'interpretazione teologica [che si deducono] sia dalla materia trattata (*ex subiecta materia*) sia dal tenore dell'espressione verbale (*ex dicendi ratione*)» (il 6 marzo 1964 per LG [cfr. *EV* 1, 446*], e il 15 novembre 1965 per DV [cfr. *EV* 1, 911]). Falsata potrebbe essere anche l'ermeneutica della *Gaudium et spes*, se si tralasciasse la nota 1 al titolo del documento, dove si precisa che «viene detta "pastorale" appunto perché sulla base dei principi dottrinali intende esporre l'atteggiamento della Chiesa in rapporto al mondo e agli uomini d'oggi. Pertanto, né alla prima parte manca l'intenzione pastorale, né alla seconda l'intenzione dottrinale [...]. Perciò la costituzione deve essere interpretata secondo le norme generali dell'interpretazione teologica, ma tenendo conto inoltre, specie nella seconda parte, delle circostanze mutevoli cui sono intrinsecamente connesse le materie trattate» (cfr. *EV* 1, 1319): cfr. *ibidem*.

[105] BENEDETTO XVI, Discorso *Expergiscere, homo*, 22 dicembre 2005, 1025. Si tenga presente che Benedetto XVI ha ribadito il valore dottrinale dei testi, offrendo come *chiave* per una corretta ermeneutica proprio i due passaggi sopra citati dei papi del Concilio.

[106] CONCILIO ECUMENICO VATICANO II, Messaggi *L'heure du départ*, 8 dicembre 1965, 9 (*EV* 1, 478*).

2. La Chiesa, sotto la parola di Dio, celebra i misteri di Cristo per la salvezza del mondo

Giovanni Paolo II, nell'occasione del Convegno Internazionale di Studi sull'attuazione del Concilio, ribadiva che esso «è stato una vera profezia per la vita della Chiesa e continuerà ad esserlo per molti anni del terzo millennio appena iniziato»[107]. Gli insegnamenti conciliari costituiscono senza dubbio una provocazione permanente per la Chiesa contemporanea.

Resta vero quanto detto riguardo al Concilio come *evento*: ecclesiale e spirituale, ed «avvenimento fondante»[108]. E che il Concilio non ha inteso *in primo luogo* sfornare documenti. È assolutamente necessario non separare e tenere nel giusto equilibrio i due aspetti secondo la già citata dialettica, tra lo *spirito* e la *lettera*: l'avvenimento spirituale va colto insieme ai suoi documenti, e i testi devono essere interpretati nello stesso contesto; «avvenimento fondante e documenti si richiamano e si illuminano reciprocamente: il senso del primo si è, infatti, tradotto nei secondi e non è ricostruibile a prescindere da essi»[109].

Nella faticosa ricostruzione di questa "impalcatura" ermeneutica, non si può non riconoscere il contributo, talvolta illuminante, offerto dai *diari* dei protagonisti, le cui pubblicazioni vanno moltiplicandosi negli ultimi anni: essi danno ragione della storia del testo, svelano il punto di osservazione dell'autore, la

---

[107] GIOVANNI PAOLO II, Discorso *Ai partecipanti*, 27 febbraio 2000, n. 9, 278.

[108] Cfr. A. ACERBI, «La recezione del Concilio Vaticano II», 981.

[109] A. ACERBI, «La recezione del Concilio Vaticano II», 982. Si veda, per completezza, la riflessione di P. Hünermann, «Il "testo". Un complemento all'ermeneutica del Vaticano II» (che rimanda al suo contributo alla stesura del *Commentario teologico del Concilio Vaticano II*, curato da lui e B.J. Hilberath, e dove viene posto al centro il "testo" del Concilio) comparsa in A. MELLONI – G. RUGGIERI, ed., *Chi ha paura del Vaticano II?*, 85-105. Qui l'autore dà una possibile interpretazione dei documenti conciliari come «testi costituzionali». Egli nota, per esempio, che accanto alla *continuità* che vede mantenere la distinzione tra *costituzione*, *decreto* e *dichiarazione*, vi è una *discontinuità* nelle specificazioni «liturgica» e «pastorale», avanzando la questione se non si tratti di «un'innovazione o un aggiornamento decisivo del "testo"». Accanto ai fondamenti della sua tesi l'autore tenta di rispondere ai fraintendimenti possibili del concetto di «testo costituzionale della fede della Chiesa», escludendo da subito che con tale ermeneutica ci si aspetti dal post-Concilio la stesura di una *lex ecclesiae fundamentalis*, come quella già fallita in passato: cfr. le pagine 85-103. Riferendosi a questa interpretazione S. Pié-Ninot aggiunge: «ma un concilio non è qualcosa di più?»: *Ecclesiologia*, 79. Si valuti anche l'adozione della più semplice nozione di «circolo ermeneutico», come «unità», cioè di spirito-lettera operata in W. KASPER, *Teologia e Chiesa*, I, 307.

sua esperienza del Sinodo, la *sua* sensibilità, che in quanto tali possono discostarsi da tutte le altre[110]. Abbiamo la fortuna di poter sfogliare i grossi volumi degli *Acta Synodalia*, poi, per avere una idea della vastità e varietà di posizioni teologiche presenti durante le assemblee dei Padri[111], e dell'evoluzione che ha portato alla stesura dei vari documenti.

Tutti questi dati non appartengono solo alla storia o alle "storie". L'interprete del Concilio vi coglie una sempre nuova legittimità, nei rispettivi nuovi contesti: se davvero essa è «fondata sulla esperienza spirituale e consacrata nei testi»[112], allora è giunto anche per noi il momento di avvicinarci alla lettura. Una loro più profonda recezione, che li renda «vivi e vivificanti», esige una vera e propria «assimilazione interiore»[113].

[110] Ciascuna di queste fonti richiede un approccio "appropriato", come verso una sorta di "fonti esegetiche", e certamente in modo positivo. Anche i diari, tuttavia, possono essere strumentalizzati da una parte o dall'altra, se non si supera la contrapposizione *ufficiale-non ufficiale*, e non li si pone in "competizione" con i documenti conciliari. Sono pur sempre "frammenti di esperienza conciliare" che non danno ragione, da soli, dello sguardo d'insieme dell'*esperienza* e dell'unità delle *decisioni* finali. Su questo argomento è interessante la lettura di F. TESTAFERRI, «Diari del Concilio», 369-382.

[111] «Come va il Concilio?» – si chiedeva H. Camara – tentando di dare ragione a chi gli poneva domande sull'andamento del lavoro sinodale (apparentemente, talvolta, non positivo!). E rispondeva, pur segnalando spesso una maggioranza di interventi «*contra*»: «la maggioranza schiacciante intuisce, grazie al soffio dello Spirito Santo, grazie all'aiuto di papa Giovanni, il senso del Concilio. E vota bene. Vota al momento giusto ciò che più conviene»: H. CAMARA, *Roma, due del mattino*, 370.

[112] A. ACERBI, «La recezione del Concilio Vaticano II», 982.

[113] Cfr. ASSEMBLEA GENERALE STRAORDINARIA DEL 1985, Relazione finale *Ecclesia sub Verbo Dei*, 7 dicembre 1985, n. 5 (*EV* 9, 1785). Il titolo di questo nostro paragrafo riprende quello della *Relatio finalis* dell'Assemblea generale straordinaria del Sinodo dei Vescovi, convocato a vent'anni dalla chiusura del Vaticano II, proprio con lo scopo di celebrarlo, verificarlo e promuoverlo. Normalmente la traduzione dal testo ufficiale («*Ecclesia sub verbo Dei mysteria Christi celebrans pro salute mundi*») traduce «sub» con «nella», mentre qui preferiamo la più calzante traduzione letterale, che meglio si trova in sintonia con DV 10: l'ufficio di interpretare autenticamente la parola di Dio, il magistero, «*non supra verbum Dei est, sed eidem ministrat*». Sembra impossibile sintetizzare in questa sede tutto il contenuto delle Costituzioni, ma il titolo dato a questo paragrafo ci offre, a mo' di slogan, i pilastri fondamentali degli insegnamenti conciliari. «Si tratta di metterli più profondamente in atto: nella comunione con Cristo presente nella Chiesa (*Lumen gentium*), nell'ascolto della Parola di Dio (*Dei Verbum*), nella liturgia sacra (*Sacrosanctum Concilium*), a servizio degli uomini e soprattutto dei poveri (*Gaudium et spes*)»: ID., Messaggio *Nos, episcopi*, 7 dicembre 1985, III (*EV* 9, 1773). Abbiamo scelto questa "sintesi" non a caso dalla suddetta relazione, in quanto al n. 5 (*EV* 9, 1785) vi sono offerte preziose indicazioni sintetiche circa l'interpretazione e la recezione: «L'interpretazione teologica della dottrina conciliare deve tener presenti tutti i documenti in se stessi e nel rapporto stretto con gli altri, in modo che sia possibile comprendere ed esporre il significato integrale delle sentenze del concilio, spesso molto complesse. Si deve dedicare un'attenzione speciale alle quattro costituzioni maggiori del concilio, le quali sono la chiave interpretativa degli altri decreti e dichiarazioni. Non è lecito separare

2.1 «Sacrosanctum Concilium cum sibi proponat vitam christianam augere»

Diverse circostanze esterne e discusse fecero sì che la Costituzione sulla liturgia fosse il primo documento ad essere oggetto delle consultazioni ed anche il primo frutto del Concilio[114]. Il papa Paolo VI vide in questo fatto un segno emblematico del buon orientamento dei lavori:

> Esulta l'animo nostro per questo risultato. Noi vi ravvisiamo l'ossequio alla scala dei valori e dei doveri: Dio al primo posto; la preghiera prima nostra obbligazione; la liturgia prima fonte della vita divina a noi comunicata, prima scuola della nostra vita spirituale, primo dono che noi possiamo fare al popolo cristiano, con noi credente e orante[115].

La centralità della liturgia nella Chiesa, e in particolare dell'Eucarestia, è affermata sin dal *proemio* della Costituzione, all'incrocio di tutte le finalità del Concilio: dal "rinnovamento" alla "riforma", dal "senso ecumenico" alla "forza evangelizzatrice"[116]. È da notare che già negli schemi preparatori erano stati introdotti i temi centrali della "nuova" visione di Chiesa[117], entrati nel testo a partire dal n. 2, articolo che nelle versioni tradotte porta proprio il titolo «La liturgia nel mistero della Chiesa».

l'indole pastorale dal vigore dottrinale dei documenti. Così anche non è legittimo scindere spirito e lettera del concilio. Inoltre il concilio deve essere compreso in continuità con la grande tradizione della Chiesa ed insieme dalla stessa dottrina del concilio dobbiamo ricevere luce per la Chiesa odierna e per gli uomini del nostro tempo. La Chiesa è la medesima in tutti i concili».

[114] L'approvazione ufficiale porta la data del 4 dicembre 1963. Essa rappresenta anche il frutto del *Movimento liturgico* sorto sin dagli inizi del Novecento.

[115] PAOLO VI, Discorso *Tempus iam advenit*, 4 dicembre 1963, 34 (*EV* 1, 212*).

[116] Cfr. T. GARRIGA, «La sacra liturgia fonte e culmine della vita ecclesiale», in R. FISICHELLA, ed., *Il Concilio Vaticano II*, 47.

[117] Cfr. O. H. PESCH, *Il Concilio Vaticano secondo*, 134. «In un linguaggio di ispirazione biblica si accenna al "mistero di Cristo e alla natura propria della vera Chiesa": al contempo divina e umana, invisibile e visibile, presente e orientata al compimento alla fine dei giorni»: *ibidem*. Va anche detto che la *Sacrosanctum Concilium* risente della mancanza di distinzione tra 'costituzione' e 'decreto', introdotta più tardi nei lavori conciliari: infatti vi si alterna lo stile della prima (con i contenuti dottrinali) a quello proprio del secondo (che entra anche in dettagli attuativi propri della riforma). Non possiamo avventurarci nel campo amplissimo della *recezione pratica* di questa riforma, cosa che tra l'altro ci interroga ancora e sollecita un serio esame di coscienza sulla fedeltà al Concilio in questa materia, che è la più visibile e forse la più "sentita" dal popolo di Dio. I Padri sapevano che la riforma nei suoi aspetti particolari (libri liturgici, lezionari, ecc.) avrebbe avuto ulteriore sviluppo nei mesi e nei decenni successivi all'Assise.

Dopo il *proemio* seguono i 7 capitoli: il *I capitolo* presenta i «Principi generali per la riforma e l'incremento della sacra liturgia» (*SC* 5-46), quindi propriamente la *natura* della liturgia. Il *II capitolo* mette subito al centro «Il mistero eucaristico» (*SC* 47-58), per poi entrare nella materia de «Gli altri sacramenti e dei sacramentali» nel *III capitolo* (*SC* 59-82). «L'ufficio divino» (*SC* 83-101) e «L'anno liturgico» (*SC* 102-111) sono materia rispettivamente del *IV* e *V capitolo*, proseguendo con l'esposizione della dignità de «La musica sacra» (*SC* 112-121), e ancora «L'arte sacra e la sacra suppellettile» (*SC* 122-130) nei *capitoli VI* e *VII*.

Ci soffermiamo laddove viene illustrata la natura e l'importanza della Liturgia nella Chiesa, soprattutto nel *I capitolo*, ma lo facciamo formulando in primo luogo una domanda: perché il Concilio si preoccupa di incrementare, rinvigorire e «*melius accomodare*» (*SC* 1) la vita liturgica? Perché, come risponde la Costituzione, è proprio nella liturgia che il popolo cristiano vive più profondamente il mistero di Cristo e della Chiesa e, ad un tempo, più chiaramente lo manifesta al mondo. «Infatti dal costato di Cristo dormiente sulla croce è scaturito il mirabile sacramento di tutta la Chiesa» (*SC* 5) e lo stesso Cristo, prima della sua pasqua di morte e resurrezione, ha inviato gli apostoli «anche perché attuassero (*exercerent*), per mezzo del sacrificio e dei sacramenti [...] l'opera della salvezza che annunziavano» (*SC* 6)[118]. «Cristo è sempre presente (*semper adest*) nella sua Chiesa» (*SC* 7), in modo speciale nelle azioni liturgiche. La liturgia, infatti, è «quell'esercizio dell'ufficio sacerdotale di Gesù Cristo mediante il quale con segni sensibili viene significata e, in modo proprio a ciascuno, realizzata la santificazione dell'uomo, e viene esercitato dal corpo mistico di Gesù Cristo, cioè dal capo e dalle sue membra, il culto pubblico integrale» (*SC* 7)[119]. Si nota così che «tutta l'impostazione del

---

[118] «Dunque qui si definisce, con una particolare pienezza e pregnanza, il contenuto della *missio*, del mandato apostolico e quindi della Chiesa, che su di esso si costruisce e che lo attualizza [...]. La Chiesa [...] non è solo trasmissione di questo annuncio, ma è una realtà infinitamente più importante, è la trasmissione di un potere per cui gli eventi descritti in questo annunzio si rendono attualmente presenti»: G. ALBERIGO – G. RUGGIERI, ed., *Giuseppe Dossetti*, 57.

[119] SC 7 stila una sorta di "ordine" nel descrivere la *presenza* di Cristo nelle azioni liturgiche: nel sacrificio della messa (ministro e specie eucaristiche), nei sacramenti («Cristo battezza»), nella sua parola («è lui che parla»), nella lode e nella preghiera della Chiesa («là sono io in mezzo a loro»).

capitolo primo si fonda sulla dimensione cristologica ed ecclesiologica della liturgia»[120].

Non sono molte le affermazioni di natura dottrinale della Costituzione, pur avendo queste una importanza di rilievo. Ma con quale pretesa i liturgisti entravano qui nel campo dogmatico? Era una critica molto attuale all'epoca, e offre anche a noi chiara percezione del fatto che l'impostazione teologica post-tridentina dell'ecclesiologia affermava per la Chiesa l'essenzialità dell'aspetto visibile e organizzativo-giuridico[121].

Parlare di liturgia, come insegna il Concilio, non significa affatto evocare immagini poetiche, o un semplice indugiare su formalismi di carattere estetico-cultuale. Certamente non è la liturgia l'unica attività della Chiesa, poiché essa è inviata ad evangelizzare, e a coltivare tutte le opere di carità, di pietà e di apostolato, cosicché i credenti siano luce del mondo (cfr. *SC* 9). «Nondimeno la liturgia è il culmine verso cui tende l'azione della Chiesa e, insieme, la fonte da cui promana tutta la sua virtù» (*SC* 10; cfr. *LG* 11). Ciò avviene in special modo nel mistero eucaristico, che è *sacrificio*, *memoriale* e *convito pasquale* «nel quale si riceve Cristo» (*SC* 47)[122]. Attraverso la Chiesa, in altre parole, «Cristo continua ad operare nel mondo rendendo possibile l'accesso degli uomini a Dio. La Chiesa è il primo sacramento per mezzo del quale è reso presente nella visibilità storica il dono della salvezza. Essa, celebrando i divini misteri, riceve da Cristo la vita divina e la comunica agli uomini (nn. 5-6)»[123].

Centro d'interesse di tutta la Costituzione è chiaramente quello di condurre il popolo cristiano a vivere profondamente tanta fonte di grazia, tanto con la *riforma*, quanto con l'educazione e la formazione liturgica del clero e dei fedeli, dei

---

[120] P.D. Scardilli, *I nuclei ecclesiologici*, 153.

[121] Cfr. C. Vagaggini, «Idee fondamentali della Costituzione», in G. Baraúna, ed., *La Sacra Liturgia*, 62.

[122] Vale la pena leggere il numero 59, che fa da introduzione al III capitolo sui *sacramenti* e i *sacramentali*: «I sacramenti sono ordinati alla *santificazione* degli uomini, alla *edificazione* del Corpo di Cristo, e infine a rendere *culto* a Dio; in quanto segni, hanno poi anche la funzione di istruire. Non solo *suppongono la fede*, ma con le parole e gli elementi rituali *la nutrono*, *la irrobustiscono* e *la esprimono*; perciò vengono chiamati sacramenti della fede. Conferiscono appunto la grazia, ma la loro celebrazione *dispone* anche molto bene i fedeli *a ricevere la stessa grazia* con frutto, ad *onorare Dio* in modo debito e ad *esercitare la carità* [...]» (corsivi nostri).

[123] P.D. Scardilli, *I nuclei ecclesiologici*, 153.

candidati al sacerdozio e dei professori di liturgia, con l'unico fine di raggiungere il più possibile «la partecipazione piena e attiva» di tutto il popolo nella celebrazione[124]. Massima è l'importanza della sacra Scrittura nella liturgia (*SC* 24), ma anche il decoro, l'ordine, e un permeato spirito liturgico (*SC* 28). Inoltre – auspica la Costituzione – «i riti splendano per nobile semplicità» (*SC* 34).

Il valore ecclesiologico di *Sacrosanctum Concilium* non è affatto secondario, poiché esso vi si prospetta «sia rispetto alla vita interna della Chiesa, sia rispetto alla sua missione di manifestare Cristo»[125].

Presentando la liturgia come il "centro", il «culmine (*culmen*)» e la «fonte (*fons*)» di tutta la vita della Chiesa, *Sacrosanctum Concilium* la mostra come «il momento in cui più che altrove si realizza e si esprime la vera natura della Chiesa e vengono meglio evidenziati i suoi attributi teandrici»[126].

La liturgia «contribuisce in sommo grado a che i fedeli esprimano nella loro vita e manifestino agli altri il mistero di Cristo e la genuina natura della vera Chiesa» (*SC* 2)[127]; «le azioni liturgiche non sono azioni private, ma celebrazioni della Chiesa, che è "sacramento di unità", cioè popolo santo radunato e ordinato sotto la guida dei Vescovi» (*SC* 26)[128].

La Costituzione liturgica contribuisce, altresì, a recuperare la dimensione *locale* della Chiesa, specialmente della diocesi e della parrocchia: «la principale manifestazione (*praecipua manifestatio*)

---

[124] Il concetto di *partecipazione attiva* (meglio «*actuosa participatio*») ricorre 20 volte nella *Sacrosanctum Concilium*. Cfr. soprattutto gli artt. 14; 21; 41. Al n. 48 si legge: «affinché i fedeli non assistano come estranei o muti spettatori».

[125] C. VAGAGGINI, «Idee fondamentali della Costituzione», in G. BARAÚNA, ed., *La Sacra Liturgia*, 64.

[126] P.D. SCARDILLI, *I nuclei ecclesiologici*, 152.

[127] Il n. 2 continua esplicitando questa "natura della Chiesa": «[...] Questa ha la caratteristica di essere nello stesso tempo umana e divina, visibile ma dotata di dimensioni invisibili, impegnata nell'azione e dedita alla contemplazione, presente nel mondo e tuttavia pellegrina; e tutto questo, però, in modo tale che quanto in essa è umano sia ordinato e subordinato al divino, il visibile all'invisibile, l'azione alla contemplazione, il presente alla città futura alla quale tendiamo». Qui c'è una di quelle semplici, sintetiche, serene, espressioni, enunciazioni ecclesiologiche che in termini così sistematici e completi, senza nessuna integrazione aggiunta, non si ritrova nel *De Ecclesia*: cfr. G. ALBERIGO – G. RUGGIERI, ed., *Giuseppe Dossetti*, 46.

[128] «Il rapporto tra liturgia e Chiesa è chiaro ed evidenzia il fatto che il popolo di Dio nella sua totalità, sebbene strutturato in diversi ordini e funzioni sotto la presidenza dei Vescovi, è il soggetto della celebrazione liturgica»: P.D. SCARDILLI, *I nuclei ecclesiologici*, 155.

della Chiesa si ha nella partecipazione piena e attiva di tutto il popolo santo di Dio alle medesime celebrazioni liturgiche, soprattutto alla medesima eucaristia, alla medesima preghiera, al medesimo altare cui presiede il vescovo circondato dal suo presbiterio e dai suoi ministri» (*SC* 41)[129].

Possiamo concludere questo breve *excursus* sul testo riconoscendo che l'ecclesiologia illustrata nella Costituzione dogmatica sulla Chiesa si trova concretizzata in maniera vistosa e solenne nelle assemblee liturgiche: «la Chiesa celebrante auspicata nella *Sacrosanctum Concilium* coincide colla nuova visione del popolo di Dio in comunione con i suoi pastori, descritto dalla *Lumen gentium*»[130].

2.2 «Lumen gentium cum sit Christus»

«Il Concilio sia un Concilio *de Ecclesia*», aveva auspicato il cardinal Suenens alla 33ª Congregazione Generale nel 1962[131]. D'altra parte era stata questa l'indicazione della maggioranza dei Vescovi di tutto il mondo, in risposta alle richieste di papa Giovanni di proporre gli argomenti da trattare. Il Vaticano II è conosciuto a giusto titolo come il «Concilio della Chiesa»[132], e la Costituzione *Lumen gentium*, visione della Chiesa

---

[129] Interessante il commento di R. Falsini («Principi generali per la riforma e l'incremento della sacra Liturgia», in F. ANTONELLI – R. FALSINI, ed., *Costituzione conciliare sulla sacra Liturgia*, 203): «L'articolo 41, pur tenendo conto dell'aspetto giuridico, della struttura umana ed ecclesiastica della diocesi, richiama il carattere spirituale, religioso, sacro delle singole diocesi e dei loro capi. Esso propone la prospettiva liturgica del Vescovo: pur situandolo al vertice della gerarchia locale, lo presenta nella sua primaria funzione pontificale, come organo vivente del messaggio evangelico, come la persona da cui "deriva e dipende la vita dei suoi fedeli in Cristo". È il suo potere di ordine, il potere di santificare che viene messo in rilievo. Se la fonte della vita in Cristo si trova nelle azioni liturgiche, il Vescovo va considerato come il grande sacerdote, il vero liturgo e il vero pastore del gregge di Cristo». Similmente in SC 42 si fa riferimento alle parrocchie: «rappresentano in certo modo la Chiesa visibile stabilita su tutta la terra». Nel secondo volume avremo modo di riprendere in mano i testi della Costituzione liturgica, e di porre l'accento ora sull'uno, o sull'altro di ciascuno di questi aspetti di carattere più squisitamente ecclesiologico. Fra gli studi in materia rimandiamo al già citato P.D. SCARDILLI, *I nuclei ecclesiologici*, Roma 2007.

[130] C. DELPERO, *La Chiesa del Concilio*, 217.

[131] Intervento del 4 dicembre 1962: *AS* I/IV, 223.

[132] B. FORTE, *La Chiesa della Trinità*, 59.

impropriamente detta *ad intra*, ne costituisce certamente il cuore[133].

Si compone di 8 capitoli, articolati in 69 numeri, nei quali i Padri conciliari sono riusciti a consegnare alla Chiesa e ai suoi membri una stupenda "carta d'identità". «È un testo ecclesiologico impareggiabile, vero "Vangelo della Chiesa"»[134] di cui vogliamo dare qui una *prima* lettura.

Il *I capitolo* reca il titolo «*De ecclesiae mysterio*» (*LG* 1-8). La Chiesa viene vista essenzialmente nella luce di Cristo e del suo mistero. «*Lumen gentium cum sit Christus*» sono infatti le prime parole della Costituzione dogmatica, che ci portano immediatamente ad alzare lo sguardo verso il Signore: *Egli* è la luce delle genti! Ma la "pretesa" alta, fondata saldamente sulla Rivelazione biblica, è proprio questa: «la luce di Cristo si riflette sul volto della Chiesa e per mezzo di essa s'irradia sugli uomini con la predicazione dell'Evangelo»[135]. Ragion per cui la Chiesa è ora concepita *in* Cristo *come* un *sacramento* («*veluti sacramentum*»), nel senso che la sua *natura* propria, la sua essenza – nonché la sua *missione* –, è quella di essere «segno e strumento dell'intima unione con Dio e dell'unità di tutto il genere umano» (*LG* 1)[136].

---

[133] La Costituzione viene promulgata dopo un lungo iter conciliare, nel corso della quinta Sessione, il 21 novembre 1964. L'altro fuoco dell'ellisse intorno al quale orbita la riflessione conciliare sulla Chiesa è costituito dalla *Gaudium et spes* (per semplificare: la visione della Chiesa *ad extra*). Nel paragrafo successivo approfondiremo la questione ecclesiologica, aprendo necessariamente lo sguardo verso tutti gli altri documenti del Vaticano II.

[134] B. Mondin, *Storia della Teologia*, IV, 602.

[135] «Cristo, secondo l'espressione della S. Scrittura è la luce dei popoli, cioè di tutta l'umanità, del mondo intero, di cui dirada e vince le tenebre (*Gv* 1)»: P. Parente, *Teologia di Cristo*, II, 203-204. I Padri della Chiesa hanno offerto pagine bellissime sulle similitudini della Chiesa. Qui il Concilio si avvicina, pur non citandolo espressamente, al simbolismo selenico: come la *luna* anche la Chiesa ha molti aspetti enigmatici; non vive di luce propria, ma riflessa; senza Cristo la Chiesa sarebbe nelle tenebre più fitte, e quindi senza vita. Il Cristo-*sole* è fonte estrinseca e allo stesso tempo intimissima alla Chiesa-*luna*. La luna, a differenza del sole, ha fasi alterne di recezione della luce: essa diminuisce, sembra scomparire, per poi timidamente risorgere. Come per la luna, la luminosità della Chiesa non verrà mai meno, garantita dal perdurare della sua inesauribile fonte. Cfr. H. Rahner, *Simboli della Chiesa*, Cinisello Balsamo (MI) 1995[2].

[136] '*Sacramentum*' è utilizzato dalla Vulgata per tradurre il biblico '*mysterion*' (cfr. ad es. *Ef*), ma nella storia della teologia si verifica una fluttuazione di sfumature semantiche, fino anche a farle coincidere nei *mysteria-sacramenta* celebrati dalla Chiesa. La *sacramentalità* della Chiesa è affermata esplicitamente 10 volte: LG 1; 9; 48; 59; SC 5; 26; GS 42; 45; AG 1; 5. Più avanti affronteremo la categoria del *mysterion* unita alla prospettiva della Chiesa-*sacramento*: anticipiamo soltanto che i due significati non coincidono esattamente.

Il Figlio, luce delle genti e inviato del Padre, «è venuto e ha inaugurato sulla terra il regno dei cieli». «La Chiesa è il regno di Cristo già misteriosamente presente (*iam praesens in mysterio*)» e la sua crescita si compie efficacemente nella celebrazione dell'Eucarestia (*LG* 3).

Lo Spirito Santo, disceso a Pentecoste nella Chiesa, vi dimora dispiegando la sua azione vivificatrice[137], direttrice[138] e santificatrice (*LG* 4)[139]. La Chiesa, sgorgata dalla Trinità (*LG* 2-4), che si fa conoscere a noi attraverso innumerevoli immagini presenti nella Scrittura (*LG* 6), è poi presentata come il Corpo di Cristo (*LG* 7), evidente richiamo al magistero di Pio XII. Qui «Corpo mistico» e «società gerarchicamente organizzata» esprimono «un aspetto particolare della stessa istituzione di Cristo»[140], «un'unica realtà complessa, fatta di un duplice elemento umano e divino» (*LG* 8). Anzi, è una realtà *sui generis*, nella quale – si dovrebbe dire con maggior fedeltà al testo – il divino e l'umano «crescono insieme (*coalescit*)» (*LG* 8)[141]. Una realtà, questa, spiegata ancor più dettagliatamente con la «non debole analogia» tra incarnazione e Chiesa, «di un'importanza dogmatica assolutamente straordinaria»[142]. In modo non dissimile («*non dissimili modo*») all'assunzione della natura umana da parte del Verbo divino – si afferma al n. 8 –, la compagine sociale della Chiesa («*socialis compago Ecclesiae*») è al servizio dello Spirito per l'edificazione del Corpo («*Spiritui Christi [...] inservit*»)[143], per continuare a rendere presente nel mondo l'opera del Salvatore.

---

[137] LG 4: «*perpetuo renovat*».

[138] LG 4: «*diversis donis hierarchicis et charismaticis instruit ac dirigit*».

[139] LG 4: «*ad consummatam cum Sponso suo unionem perducit*».

[140] G. PHILIPS, *La Chiesa e il suo mistero*, 108.

[141] Si veda H. MÜHLEN, *Una Mystica Persona*, 475. B.D. De La Soujeole può affermare che *a questo livello* c'è veramente *identità*. «Il Corpo mistico è questa società gerarchica, e questa società gerarchica è il Corpo mistico»: B.D. DE LA SOUJEOLE, *Il sacramento della comunione*, 93.

[142] H. MÜHLEN, *Una Mystica Persona*, 475.

[143] Il *cristocentrismo* della costituzione sulla Chiesa costituisce un vero e proprio culmine nel lungo lavoro di discernimento del movimento ecclesiologico. Questo, iniziato dalla scuola di Tubinga – che ebbe in Möhler il suo più autorevole esponente –, e «rappresentato dai teologi del Collegio Romano nel Concilio Vaticano I, ha avuto la sua prima espressione magisteriale, almeno parziale, nella enciclica *Mystici Corporis*, ed è entrato definitivamente nel Vaticano II col discorso di Paolo VI all'apertura della seconda sessione»: cfr. O.G. HERNÁNDEZ, «La nuova coscienza della Chiesa e i suoi presupposti storico-teologici», in G. BARAÚNA, ed., *La Chiesa del Vaticano II*, 246. Sulla validità e i

È questa l'unica Chiesa di Cristo, che «sussiste nella (*subsistit in*) Chiesa cattolica, governata dal successore di Pietro e dai Vescovi che sono in comunione con lui» (*LG* 8)[144].

Scorrendo le pagine del documento conciliare balza subito agli occhi il titolo del *II capitolo*, «*De populo Dei*» (*LG* 9-17), la cui posizione, frutto di una "inversione", venne definita una rivoluzione copernicana[145]. Su questo ritorneremo più diffusamente nel prossimo paragrafo, dedicato all'approfondimento dei modelli di Chiesa proposti dal Concilio. La più chiara evidenza ora è proprio questa: la Chiesa è «popolo di Dio» a motivo e per mezzo del suo «sacerdozio comune» battesimale (cfr. *LG* 10). È l'«alleanza nuova», istituita da Cristo e nel suo sangue (*LG* 9, cfr. 1Cor 11,25), per riunire e formare gli

---

limiti del parallelo Cristo-Chiesa dal punto di vista dell'incarnazione, si può vedere anche il nostro contributo: R. BAGLIONI, *La Chiesa «continua incarnazione del Verbo»*, Napoli 2013.

[144] Questa affermazione comporta importanti conseguenze anche sul piano dell'ecumenismo. «In quest'ultimo paragrafo – annota Alberigo – fu introdotto un significativo cambiamento: laddove la versione precedente aveva detto che la Chiesa di Cristo "è" ("*est*") la Chiesa cattolica, il nuovo testo diceva invece che essa "sussiste nella" ("*subsistit in*") Chiesa cattolica, cambiamento questo, spiegava la relazione della commissione dottrinale, introdotto "perché l'espressione si accordasse meglio con l'affermazione che elementi ecclesiali sono *presenti altrove*" (AS III/1, 176-177, dove come sinonimo per "*subsistit in*", appaiono verbi come "*invenitur*" e "*adest et manifestatur*")»: G. ALBERIGO, *Storia del Concilio*, IV, 64. Cfr. D. VITALI, «Universalità della salvezza e mediazione sacramentale: il punto di vista ecclesiologico», in M. FLORIO – F. GIACCHETTA, ed., *Universalità della salvezza*, 269-273. La formula va considerata ad ogni modo come una affermazione *inclusiva* e non *esclusiva* dei mezzi di salvezza presenti (in pienezza) nella Chiesa Cattolica. Cfr. UR 4.

[145] Teniamo presente il primo schema distribuito ai Padri e non recepito. Le questioni sono classificate in undici capitoli. I: «*De Ecclesiae militantis natura*»; II: «*De membris Ecclesiae militantis ejusdemque necessitate ad salutem*»; III: «*De episcopatu ut supremo gradu sacramenti Ordinis et de sacerdotio*»; IV: «*De episcopis residentialibus*»; V: «*De statibus evangelicae acquirendae perfectionis*»; VI: «*De laicis*»; VII: «*De Ecclesiae magisterio*»; VIII: «*De auctoritate et oboedientia in Ecclesia*»; IX: «*De relatione inter Ecclesiam et Statum*»; X: «*De necessitate Ecclesiae annuntiandi Evangelicum omnibus gentibus et ubique terrarum*»; XI: «*De oecumenismo*». A questa lista si aggiunse, come annesso, lo schema «*De Beata Maria Virgine*». Di «rivoluzione copernicana» parlò il card. Suenens e non fu il solo. Le cose andarono così: dopo una conversazione con monsignor Prignon, rettore del Collegio Belga e teologo specialista, Suenens si convinse che «in questo modo il testo avrebbe immediatamente incentrato la Chiesa sul cristiano in quanto battezzato e quindi su ciò che accomuna tutti i fedeli prima delle differenze di funzione e di vocazione». Ad una riunione il presidente della commissione teologica, card. Ottaviani, sottolineò vivamente a mons. Charue (membro) l'importanza di mantenere quell'ordine. Il Papa, inizialmente non convinto, si pose in atteggiamento di benevola neutralità a seguito della stesura da parte di Philips di una nota che motivasse l'intenzione di invertire. Quando toccò a Suenens di presiedere la seduta, questi propose l'inversione e l'assemblea approvò con una vasta maggioranza: cfr. L.-J. SUENENS, *Ricordi e speranze*, 140.

uomini in unità, non più secondo la carne ma nello Spirito. È il «nuovo popolo di Dio» e il «nuovo Israele»: «stirpe eletta, regale sacerdozio, nazione santa» (cfr. 1Pt 2,9-10), germe sicurissimo di unità, di speranza e di salvezza per l'intera umanità (cfr. *LG* 9).

Il sacerdote ministeriale forma e dirige questo popolo sacerdotale, «compie il sacrificio eucaristico in persona di Cristo e lo offre a Dio a nome di tutto il popolo»: sacerdozio comune e sacerdozio ministeriale, ordinati l'uno all'altro, differiscono per «*essentia et non gradu tantum*», partecipando così all'unico sacerdozio di Cristo (cfr. *LG* 10). La «comunità sacerdotale» ha nell'eucarestia il *culmine* e la *fonte* della propria vita (cfr. *LG* 11; *SC* 10; cfr. *AG* 9). Essa partecipa, poi, della funzione profetica di Cristo: dai Vescovi fino agli ultimi fedeli laici, non può sbagliarsi nel credere, e manifesta questa proprietà «*mediante supernaturali sensu fidei totius populi*» (*LG* 12).

Tra le diverse parti della Chiesa si creano legami di intima comunione: di beni, di operai apostolici e di ricchezze spirituali (*LG* 13). Riguardo ai *doni* e ai *carismi* («*charismata*») di cui lo Spirito arricchisce la sua Chiesa, anche quelli più «straordinari» e diffusi, «il giudizio sulla loro genuinità e sul loro ordinato esercizio compete a chi nella Chiesa ha il compito di presiedere», sebbene siano tutti utili alle necessità dell'*unico* Corpo. Infatti Dio ha posto «*in ecclesia primum apostolos*» (1Cor 12,28), i quali presiedono nel Signore e ammoniscono (cfr. 1Ts 5,12), ricevendo il dono-compito, non di spegnere lo Spirito, ma di esaminare tutto e ritenere ciò che è buono (cfr. 1Ts 5,19-21 e *LG* 12/b).

Il segretario aggiunto della Commissione Teologica spiega che in questo capitolo occupa una posizione centrale, quasi di "cerniera", il numero 13, perché in esso si uniscono le due parti complementari (*LG* 9-12; 14-17), che trattano da due punti di vista diversi il tema della *cattolicità* della Chiesa[146]. La seconda parte, infatti, riguarda piuttosto l'"esterno", quando si afferma ad esempio che alla Chiesa «sono ordinati in vari modi» tutti gli uomini: cattolici, cristiani, giudei, musulmani e tutti coloro che «cercano Dio con cuore sincero»: tutto ciò che di buono e di vero si trova presso di loro è per questo considerato dalla Chiesa una

---

[146] Cfr. G. PHILIPS, *La Chiesa e il suo mistero*, 119-120. Il teologo di Lovanio fu affiancato al p. Sebastian Tromp, S.J., Segretario della Commissione Teologica, a inizio del secondo periodo del Concilio, proprio quando i Padri dovevano discutere lo schema *De Ecclesia*. Il suo sarà un ruolo decisivo nello sviluppo della Costituzione.

preparazione evangelica (cfr. *LG* 13-17), ed essa promuove con ogni cura le missioni per rimanere fedele al comando del Signore di predicare il Vangelo ad ogni creatura (cfr. Mc 16,15).

Si intuisce presto l'insufficienza del tentativo di riassumere in poche righe e per sommi capi testi tanto ricchi. Il Concilio supera qualsiasi sintesi e qualsivoglia commento, perciò è necessario ribadire anche in questa sede l'importanza di una sua lettura integrale e non superficiale. Ma occorre ancora che ci soffermiamo brevemente sul *III capitolo*, laddove, dopo aver descritto ciò che è comune a tutti, vale a dire la più grande dignità di essere figli di Dio, battezzati e partecipi del Dono di Cristo, si comincia ad esporre «*De constitutione hierarchica ecclesiae et in specie de episcopatu*» (*LG* 18-29).

«Sulle orme del Concilio Vaticano I e in accordo con esso, questo sacrosanto sinodo insegna e dichiara che Gesù Cristo pastore eterno [...] ha voluto che i loro successori i Vescovi siano i pastori della Chiesa fino alla fine dei tempi» (*LG* 18). L'episcopato è «sacramento», totalità e pienezza del sacro ministero: «con l'imposizione delle mani e le parole di consacrazione viene conferita la grazia dello Spirito Santo e impresso il carattere sacro; cosicché in modo eminente e visibile, i Vescovi svolgono la parte dello stesso Cristo maestro, pastore e sacerdote, e agiscono in sua persona» (*LG* 21). Ai singoli Vescovi, pertanto, competono gli uffici di insegnare (*LG* 25), santificare (*LG* 26) e governare (*LG* 27) le chiese locali, assistiti dai sacerdoti[147] e dai diaconi[148]. Condizione per esercitare la potestà sacramentale del ministero episcopale e del ministero presbiterale è la «comunione gerarchica»[149].

Un altro tema di capitale importanza è senza dubbio quello della *collegialità* episcopale[150], espressione della comunione delle

---

[147] Presentati come «cooperatori dei Vescovi», «costituiscono insieme con il loro vescovo un unico presbiterio»: cfr. LG 28; PO 2; 4; 8; 12. Essi nelle singole comunità rendono presente il vescovo, e fra loro, in forza della sacra ordinazione, «sono legati da intima fraternità»: cfr. LG 28.

[148] «*In gradu inferiori hierarchiae sistunt Diaconi, quibus "non ad sacerdotium, sed ad ministerium" manus imponuntur*». Essi sono «a servizio del popolo di Dio nella diaconia della liturgia, della parola e della carità»: cfr. LG 29. Diaconia propria già del ministero dei Vescovi su modello di Cristo servo: cfr. LG 24.

[149] LG 21; 22; cfr. CD 4; 5; per i presbiteri cfr. PO 7; 15.

[150] «Il Concilio non usa il termine "collegio" in ordine al rapporto Papa-Vescovi, ma una frase descrittiva, per indicare che tra collegio apostolico e collegio episcopale non c'è

chiese «nelle quali e a partire dalle quali (*in quibus et ex quibus*) esiste l'una e unica Chiesa cattolica», «salvo restando il primato della cattedra di Pietro che presiede alla comunione universale della carità» (*LG* 13)[151].

Segue quindi il *capitolo IV* di *Lumen gentium*, dal n. 30 al n. 38, sotto il titolo «*De laicis*». Per riaffermare «l'uguaglianza e la pari dignità di tutti i credenti» nella Chiesa (*LG* 32) si precisa che «ciò che è stato detto circa il popolo di Dio è rivolto tanto ai laici quanto ai religiosi e ai chierici» (*LG* 30). La "condizione" di laico, caratterizzato dalla sua «indole secolare propria» (*LG* 31; cfr. *AA*) è tale che si ritiene necessario analizzarne più accuratamente la natura, la missione (*LG* 31; 33), la dignità (*LG* 32), le funzioni (*LG* 34-36) e le relazioni con la gerarchia (*LG* 37).

Realmente nella Chiesa «tutti sono chiamati alla santità», come si afferma nel *V capitolo*[152], ma i frutti dello Spirito si esprimono in forme diverse, come albero ramificato in molteplici modi meravigliosi (*LG* 43). La «condizione di vita» specifica della vita religiosa (*LG* cap. VI)[153], allora, normalmente palesata con il *votum* di osservare i *consigli* evangelici della castità, povertà e obbedienza, è descritta così dalla *Lumen gentium*: «non è

---

identità assoluta, ma solo giusta proporzionalità»: A. GARUTI, *Il mistero della Chiesa*, 214-215.

[151] Per la questione della *comunione gerarchica* e del *collegio*, intervenne la «*Nota explicativa praevia*» (*AAS* 57 [1965] 72-75 = *EV* 1, 448-456), precisando i rispettivi concetti. «*Collegio* non si intende in senso strettamente giuridico [...], ma di un gruppo stabile la cui struttura e autorità devono essere dedotte dalla rivelazione» (1°). Si è costituiti *membri* del collegio episcopale «in virtù della consacrazione episcopale e mediante la comunione gerarchica». Questa fa partecipare delle sacre *funzioni* ontologicamente, ma la *potestà* necessita della *determinazione canonica* (2°). «Il collegio necessariamente e sempre cointende il suo capo, *il quale nel collegio conserva integro l'incarico di vicario di Cristo e pastore della Chiesa universale*», per cui può porre da solo alcuni atti che non competono ai Vescovi (3°). «Il collegio, pur esistendo sempre, non per questo permanentemente agisce con azione *strettamente* collegiale, come appare dalla tradizione della Chiesa» (4°). Lo stesso Paolo VI affermò a chiare lettere che il tema della collegialità era certamente tra i più importanti da trattare. «La discussione – e Dio sa quanto fu calda! – non fu centrata innanzitutto sulla collegialità delle Chiese, ma sulla collegialità dei Vescovi in quanto tali, senza la loro connessione vitale e permanente con il loro presbiterio o il loro popolo»: L.-J SUENENS, «Discorso ufficiale di apertura. Alcuni compiti della teologia, oggi», in AA.Vv., *L'avvenire della Chiesa*, 47. A Cinque anni dal Concilio, il Congresso mondiale (i cui contributi sono raccolti ne *L'avvenire della Chiesa* appena citato) volge lo sguardo all'"avvenire" con l'ausilio di personalità del calibro di A. van den Boogaard, P. Brand, Y. Congar, H. Küng, K. Rahner, J.R. Gimenèz, E. Schillebeeckx, ed altri ancora.

[152] Il cui titolo è, appunto, «*De universali vocatione ad sanctitatem in Ecclesia*»: LG 39-42.

[153] «*De religiosis*»: LG 43-47.

l'intermediario tra la condizione dei chierici e quella dei laici, ma da entrambe le parti Dio chiama alcuni fedeli a godere di questo dono» (*LG* 43; cfr. *PC*).

Non meno importante e significativamente bello il contenuto del *VII capitolo*: «*De indole eschatologica Ecclesiae peregrinantis eiusque unione cum ecclesia celesti*» (*LG* 48-51), dove i Padri offrono l'immagine di una Chiesa «pellegrina» (*LG* 48; 49)[154] tra le persecuzioni del mondo e le consolazioni di Dio, che comprende nel suo seno i peccatori, che è santa e insieme bisognosa di purificazione[155], distinta, ma non separata, dal Regno di Cristo e dalla Chiesa dei santi nel cielo.

L'ecclesiologia *cristocentrica* di questa Costituzione dogmatica ha il pregio di ripresentare la Chiesa in una luce nuova e attraente, di porla di nuovo in stato di *esodo*: è una Chiesa ri-*centrata* sul Cristo, che affretta il cammino missionario nella storia del genere umano, che si mostra sempre e di nuovo *in ascolto* della Parola "generatrice" e "ri-creatrice", che attinge dalla comunione *trinitaria* l'intima unione con Dio, unica fonte della pace e dell'unione degli uomini tra loro.

Certo l'opera redentrice è tutta fondata su Cristo, unico Mediatore tra Dio e gli uomini, ma la Vergine che ha dato Cristo al mondo si mostra a noi davvero come «Madre che continua ad intercedere» (*LG* 62). «Associata del Redentore» (*LG* 61) e «figura della Chiesa» (*LG* 63; 65)[156], rimane con essa «intimamente congiunta», dal momento che «nel mistero della Chiesa [...] la beata vergine Maria ci ha preceduto, fornendo un modello eminente e singolare di vergine e di madre» (*LG* 63)[157].

---

[154] Già proposta in LG 6; 8; 9.

[155] Questa parte rimanda in modo circolare a LG 8. Per gli stessi motivi è anche «chiamata da Cristo ad una continua riforma»: UR 6.

[156] In questo cap. VIII viene ricevuta la ricchissima dottrina patristica di Maria «tipo della Chiesa». Se si tralasciasse questo aspetto la conseguenza sarebbe «un impoverimento della Chiesa, che viene privata di una sua immagine concreta e altamente evocativa, e una mutilazione della mariologia che, depauperata della dimensione ecclesiale, rischia di essere ridotta a un capitolo marginale e disorganico»: cfr. S. De Fiores, «Maria nella teologia postconciliare», in R. Latourelle, ed., *Vaticano II. Bilancio e prospettive*, I, 426.

[157] «Essa è la prima ad essere stata incorporata fisicamente, moralmente e soprannaturalmente in Cristo, la prima a vivere in conformità alla grazia della nuova alleanza. E conserva questa sua posizione privilegiata nella comunione dei santi»: R. Laurentin, «Maria come prototipo e modello della Chiesa», in *Mysterium salutis*, VIII, 390.

Con Maria siamo entrati finalmente nell'"epilogo"[158] della *Lumen gentium*, quel *capitolo VIII* "guadagnato" all'interno della trattazione sulla Chiesa, di cui Giovanni Paolo II ebbe a parlare come «la "magna charta" della mariologia della nostra epoca»[159]. La Chiesa diventa essa pure *madre* per mezzo della parola di Dio accolta con fede, con la predicazione e il battesimo; ad imitazione della Madre del suo Signore e Sposo, e con la forza dello Spirito Santo, è essa pure *vergine*, conservando verginalmente intatta la fede, solida la speranza e sincera la carità (cfr. *LG* 64). Sotto il «segno di speranza» mariano, si conclude la *Lumen gentium* con l'orante auspicio che tutte le famiglie dei popoli «vengano felicemente riunite in pace e concordia nell'unico popolo di Dio, a gloria della santissima e indivisa Trinità» (*LG* 69).

2.3 «Dei Verbum religiose audiens et fidenter proclamans»

Siamo ormai edotti sul fatto che l'*incipit* di un documento magisteriale indichi di norma l'orientamento di tutto il testo. Esattamente da questo proviene la nostra scelta di titolare queste brevi panoramiche rimettendo a fuoco le prime parole. «In religioso ascolto della Parola di Dio e proclamandola con fiducia» costituiscono, per l'appunto, la chiave di lettura di tutta intera la costituzione *Dei Verbum*, e non c'è dubbio che ora siamo di fronte ad un testo di fondamentale importanza, che conobbe un lungo e travagliato percorso, ed infiammò forse più di ogni altro dibattito gli animi dell'aula conciliare[160]. La Chiesa si definisce qui essenzialmente come Chiesa *in ascolto*, che solo come tale può essere e vivere anche come Chiesa che *proclama* il Vangelo,

---

[158] Cfr. S. Pié-Ninot, *Ecclesiologia*, 88.

[159] Udienza generale, 2 maggio 1979, n. 3, 1034. In effetti, questo che va sotto il titolo «De Beata Maria Virgine deipara in mysterio Christi et Ecclesiae» consta di ben 17 numeri (52-69), densi di citazioni scritturistiche, magisteriali e patristiche, che richiederebbero tutto uno studio dedicato.

[160] Numerosi gli schemi preparati prima dell'inizio dei lavori dell'assemblea. Lo schema «De fontibus Revelationis», giunto in aula il 14 novembre 1962, condusse ad un'*empasse* che solo Giovanni XXIII poté sbloccare facendolo ritirare. L'approvazione pressoché unanime della *Dei Verbum*, 2344 voti a favore e 6 contro, arrivò soltanto il 18 novembre 1965. Tra le cose più rilevanti va notato subito il superamento della concezione della "duplice fonte". Influisce in questo dibattito il concetto stesso di *revelatio*, che ha subito uno slittamento terminologico nella modernità. La costituzione *Dei Filius* del Vaticano I, aveva ad esempio sostituito il tridentino «Evangelium» con «Revelatio supernaturalis».

una dinamica perfettamente descritta dalla testimonianza dell'apostolo Giovanni (1Gv 1,2-3) e collocata programmaticamente nel *proemio*.

Mentre qua e là si potrebbe avere l'impressione che il Concilio tenda ad un'immagine ecclesiologica di mero riflesso, in cui la Chiesa gira intorno a se stessa e fa di se stessa l'oggetto centrale dell'annuncio evangelico, nella formulazione dell'*incipit* di *Dei Verbum* si schiude verso l'alto l'intera esistenza della Chiesa[161].

Abbiamo a che fare con un testo molto breve, in realtà, composto di 26 articoli e suddiviso in 6 capitoli. Il *I capitolo* si apre così: «Piacque a Dio nella sua bontà e sapienza rivelare se stesso» (*DV* 2)[162]. Nel suo grande amore Dio rivela *personalmente* e *trinitariamanente se stesso*, per rendere *partecipe* l'uomo della sua stessa natura divina: «parla agli uomini come ad amici e si intrattiene con essi per invitarli e ammetterli alla comunione con sé». La rivelazione ha in sé un carattere *storico* e *sacramentale*, poiché consiste non solo nella *locutio Dei*, bensì nell'agire stesso di Dio nella storia, «*gestis verbisque*» (*DV* 2; 4).

Lo stesso creato è perenne testimonianza di Dio e preparazione evangelica (*DV* 3; 6); ma è nell'evento pasquale di Cristo, «mediatore e pienezza», alleanza nuova e definitiva, che l'opera della Rivelazione è portata a compimento[163]. La Rivelazione rende accessibile «tutto ciò che nelle cose divine non è di per sé inaccessibile alla umana ragione» (*DV* 6).

Il *capitolo II* tratta quindi della «Trasmissione della divina rivelazione» (*DV* 7-10). L'attenzione si sposta qui sul concetto di *Tradizione*, che viene fatta risalire a Cristo stesso, alla predicazione orale degli apostoli e ai loro successori, i Vescovi: essa è espressa in modo speciale nei libri ispirati, ma consiste soprattutto nella vita globale della Chiesa stessa, che «nella sua vita e nel suo culto, perpetua e trasmette tutto ciò che essa è,

---

[161] Cfr. W. Kasper, «Dei Verbum audiens et proclamans», Conferenza tenuta al Congresso "La Sacra Scrittura nella vita della Chiesa" a 40 anni dalla *Dei Verbum*, 14-18 settembre 2005, consultabile integralmente sul web: [accesso: 17.01.2010], http://www.deiverbum2005.org/Paper, 1-2. È interessante approfondire storia e preistoria del testo, così come le posizioni del gesuita S. Tromp riguardo alla «non sintonia» del n. 10 di DV (la questione era questa: il Papa è *sotto* o *sopra* la Scrittura?) con l'insegnamento della Chiesa. Cfr. O.H. Pesch, *Il Concilio Vaticano secondo*, soprattutto il par. «Questo schema non mi piace» (283-306).

[162] Cfr. DV 1; 4; 7; 8; 14; 17; cfr. LG 1-8; GS 22; 58; AG 9.

[163] DV 2; 4; 7; 17; cfr. LG 5; GS 10; 22.

tutto ciò che crede» (*DV* 8)[164]. La sacra Scrittura e la sacra Tradizione scaturiscono ambedue «dalla stessa divina sorgente» (*DV* 9), sono tra loro strettamente congiunte e comunicanti, costituendo un *unico* sacro deposito affidato alla Chiesa. Proprio per questo «l'ufficio di interpretare autenticamente la parola di Dio [...] è stato affidato al solo magistero vivo della Chiesa [...] che non è al di sopra della parola di Dio, ma la serve, insegnando soltanto ciò che è stato trasmesso» (*DV* 10; cfr. *LG* 25).

Nel *capitolo III* ci si concentra quindi su «L'ispirazione divina e l'interpretazione della Sacra Scrittura» (*DV* 11-13). Questa va «letta e interpretata alla luce dello stesso Spirito mediante il quale è stata scritta» (*DV* 12), badando al contenuto e all'unità del tutto. Pur restando sempre intatta in essa l'alterità e la santità di Dio, vi si manifesta «l'ammirabile condiscendenza della eterna Sapienza [...]. Le parole di Dio infatti, espresse con lingue umane, si son fatte simili al parlare dell'uomo, come già il Verbo dell'eterno Padre, avendo assunto le debolezze dell'umana natura, si fece simile all'uomo» (*DV* 13).

Il *capitolo IV* (*DV* 14-16) e il *capitolo V* (*DV* 17-20) rendono conto dell'importanza e dell'*unità* tra Antico e Nuovo Testamento: «coi *týpoi* veterotestamentari è Cristo stesso che è annunciato mediante "una vera pedagogia divina", ben illustrata nel detto agostiniano, comune a molti Padri, "*Novum Testamentum in Vetere latet, Vetus in Novo patet*"»[165]. La parola di Dio, tuttavia, si presenta e manifesta la sua forza in modo eminente negli scritti neotestamentari, tra i quali godono di una meritata superiorità i Vangeli «in quanto sono la principale testimonianza sulla vita e sulla dottrina del Verbo incarnato, nostro Salvatore»[166].

Il primato della Parola di Dio è recuperato anche sul piano teologico-liturgico[167]: il *VI capitolo* (*DV* 21-25) ha un'importanza fondamentale là dove raccomanda a «tutti i fedeli cristiani» di accostarsi volentieri al testo sacro, per mezzo della liturgia, e con

---

[164] Per mezzo dello Spirito Santo «la viva voce del Vangelo risuona nella Chiesa e attraverso di essa nel mondo»: DV 8.

[165] C. DELPERO, *La Chiesa del Concilio*, 190.

[166] «[...] gli scritti, che sono il fondamento della fede, cioè il Vangelo quadriforme, secondo Matteo, Marco, Luca e Giovanni»: DV 18; sono testimoni «fedeli», perché «ci riferiscono su Gesù cose vere e sincere (*vera et sincera de Jesu*)»: DV 19; cfr. DV 11; 12.

[167] DV 1; 10; 24; cfr. la *duplice mensa* Scrittura/Eucarestia: DV 21; SC 48; 51; PO 18; PC 6; OT 16.

la lettura orante della Parola (*DV* 25)[168]. In *conclusione*: «come dall'assidua frequenza al mistero eucaristico prende vigore la vita della Chiesa, così è lecito sperare nuovo impulso di vita spirituale dall'accresciuta venerazione della parola di Dio che "rimane in eterno"» (*DV* 26).

2.4 «Gaudium et spes, luctus et angor hominum»

Documento "nuovo" nel *tema* e nello *stile*, la costituzione pastorale *Gaudium et spes* viene finalmente a descrivere la Chiesa *ad extra*, nei suoi rapporti con il mondo contemporaneo[169], recuperandone una sostanziale *positività* e ritrovandone il punto di *incontro* nella verità evangelica dell'uomo[170]. La "tensione" pastorale propria del Vaticano II, infatti, ha favorito una grandiosa rilettura dei *fondamenti* del cristianesimo, allo scopo di evidenziarne il significato proprio per l'uomo contemporaneo[171]. Tentiamo di richiamare alcune delle componenti più rilevanti sfogliando velocemente il documento[172].

Innanzitutto «la Chiesa si sente solidale con il genere umano e con la sua storia» e «nulla vi è di genuinamente umano, dei poveri soprattutto e di tutti coloro che soffrono», che non trovi eco nel suo cuore: gioie e speranze, lutti e angosce. La comunità (*communitas*) dei discepoli di Cristo è composta di uomini (*ex*

---

[168] «[...] cosa che fino a quel tempo non si era ancora quasi mai sentita nella Chiesa. [...] Ritengo che un cristiano non possa resistere al lento avvelenamento di ateismo pratico o di agnosticismo, di messa da parte del mistero di Dio [...] che gli soffoca la coscienza, senza una lettura e meditazione della Sacra Scrittura»: C.M. MARTINI, «La Parola di Dio nella vita della Chiesa», in B. FORTE, ed., *Fedeltà e rinnovamento*, 77-78.

[169] Cfr. B. MONDIN, *Storia della Teologia*, IV, 607. Va sottolineato il carattere esplicitamente pastorale come dichiarato nella nota al titolo della Costituzione: si veda la nota n. 104 di questo capitolo.

[170] Cfr. A. ACERBI, «La recezione del Concilio Vaticano II», 984 e 985-989.

[171] Cfr. l'*editoriale* «Parliamo ancora del Concilio», *RCI* 90 (2/2009) 83.

[172] Innanzitutto va premesso il valore ecclesiologico della Costituzione, a cominciare dalla particolare "intimità" con la *Lumen gentium*, la quale contiene alcuni dei motivi che rappresentano come la filigrana della *Gaudium et spes*: documento che l'assemblea è giunta a formulare «avendo penetrato più a fondo il mistero della Chiesa» (GS 2). «L'ambito dottrinale entro il quale la tematica della costituzione si pone è quello della concezione della Chiesa. Sin dal primo momento uno dei punti di vista comuni a tutto il Concilio è stato appunto quello che la trattazione dei problemi relativi alla natura della Chiesa dovesse avere anche una simmetrica corrispondenza nell'approfondimento dell'impegno cristiano nel mondo»: G. ALBERIGO, «La Costituzione nel magistero globale del Concilio», in G. BARAÚNA, ed., *La Chiesa nel mondo di oggi*, 185.

hominibus coalescit)[173], e agli uomini, a tutti indistintamente (*GS* 1-2), desidera offrire il messaggio di salvezza. Essa non può dare dimostrazione più eloquente della solidarietà e dell'amore verso la famiglia umana che instaurando un *dialogo* sui vari problemi e sulle domande che spesso l'attanagliano.

Le risorse di salvezza che offre, continuamente le riceve da Cristo, e in questo intende *servire* «l'uomo integrale (*unus ac totus*)», unità di corpo e anima, intelletto e volontà: proclamando la grandezza somma della sua *vocazione* e cooperando per stabilire quella fraternità universale che le corrisponda (*GS* 3).

Un'ampia premessa sulla «condizione dell'uomo contemporaneo»[174] fa da introduzione alle due *parti* di cui si compone il documento: «*De Ecclesia et vocatione hominis*»[175] e «*De quibusdam problematibus urgentioribus*»[176], rispettivamente composti di quattro e cinque capitoli.

Permeata dal dichiarato desiderio di un dialogo cordiale con il mondo e preoccupata di scrutare i «segni dei tempi»[177], in una cosa subito si distigue la *Gaudium et spes*: nell'interrogare

---

[173] Molto interessante il parallelismo che viene a crearsi con l'altro passo in cui si utilizza «*coalescit*» (cresce insieme) in LG 8: cfr. la nostra sintesi di *Lumen gentium*. Giova osservare che tutto il documento utilizza frequentemente, e spesso con accezione equivalente, i termini 'comunità', 'comunione' e 'società'. Il discorso *sociale* del Concilio non si limita solo a questioni "istituzionali", ma nemmeno intende la vita comune degli uomini in modo puramente globale come parlando di un'unica comunità "generale". C'è una "comunità civile", luogo di produzione di beni e di scambi (cfr. GS 74), ma la «comunità più ampia» di cui si coglie la necessità è la «comunità politica» propriamente detta che è la *società* "perfetta": intesa non nel senso morale, ma come gruppo che realizza il bene di tutti e le richieste di ciascuno. L'*autorità* ha esattamente la finalità di servizio a questo bene. *Gaudium et spes* non usa però 'società perfetta', per non creare equivoco con la comunità ecclesiale, spesso designata in questo modo nel passato: cfr. B.D. DE LA SOUJEOLE, *Il sacramento della comunione*, soprattutto alle pp. 103-112.

[174] Con le sue «speranze e angosce» (GS 4); con i «mutamenti» sociali, psicologici, morali e religiosi (GS 5-7); con gli «squilibri del mondo contemporaneo» (GS 8), e le «aspirazioni più diffuse dell'umanità» (GS 9), insieme agli «interrogativi più profondi dell'uomo»: GS 10.

[175] La prima parte, di carattere generale, affronta quattro temi principali: «la persona umana» (cap. I: GS 12-22), «la comunità degli uomini» (cap. II: GS 23-32), «l'attività umana nell'universo» (cap. III: GS 33-39), «la missione della Chiesa nel mondo contemporaneo» (cap. IV: GS 40-45).

[176] Dopo il *proemio* (GS 46) il I capitolo si sofferma su «la dignità del matrimonio e della famiglia e sua valorizzazione» (GS 47-52); il II capitolo tocca il tema della «retta promozione del progresso della cultura» (GS 53-62); il III capitolo è sulla «vita economico sociale» (GS 63-72); il IV guarda alla «vita della comunità politica» (GS 73-76); l'ultimo affronta «la promozione della pace e la comunità dei popoli» (GS 77-90); infine i nn. 91-93 costituiscono la *conclusione*.

[177] Cfr. GS 4-10; 33; 41; 46.

innanzitutto la Rivelazione. Certamente il Concilio vuole approfondire il mistero dell'uomo, ma è proprio «attraverso la Rivelazione» che esso «chiaro si rivela agli occhi dei credenti» (*GS* 22)[178]. Il primo "faro" della Costituzione si trova infatti già al n. 12: certamente si è tutti concordi nel sostenere l'uomo come centro e vertice della terra, «ma che cos'è l'uomo?». La Chiesa sente di dover illuminare con la divina Rivelazione questo interrogativo: la sacra Scrittura, infatti, insegna che «l'uomo è stato creato "ad immagine di Dio", capace di conoscere e di amare il proprio Creatore». L'uomo è *imago Dei*.

La Chiesa *in dialogo* della *Gaudium et spes* è, innazitutto, una Chiesa che *evangelizza* l'uomo. È l'uomo che «ha ragione di ritenersi superiore a tutto l'universo», ma che può errare con il peccato (*GS* 13), gli eccessi nella comprensione di sé[179], il buio di un ateismo che lo mortifica (*GS* 19-21).

In realtà solamente in Cristo, l'Uomo Nuovo, e cioè nel mistero del Verbo incarnato, trova vera luce il mistero dell'uomo (cfr. *GS* 22)[180]. In lui soltanto si riscopre il senso pieno dell'amore, della fondamentale uguaglianza di tutti gli uomini, del rispetto anche per gli avversari.

Quest'uomo, ancora, è profondamente legato al prossimo dalla sua indole *comunitaria* propria (cfr. *GS* 24). Nella convivenza è implicata quindi l'osservanza degli «obblighi sociali», la «responsabilità» dei singoli e la «partecipazione» di tutti all'edificazione del «bene comune», «cosicché sorgano uomini veramente nuovi, artefici di una umanità nuova, con il necessario aiuto della grazia divina»[181]. Notevole la conclusione del *capitolo II* con il n. 32, che espone il mistero della Chiesa secondo una sorta di "dialettica ascendente": tale indole

---

[178] Cfr. S. LYONNET, «I fondamenti biblici della costituzione», in G. BARAÚNA, ed., *La Chiesa nel mondo di oggi*, 197. L'autore fa il confronto con la *Mater et Magistra*, che contiene solo 22 citazioni scritturistiche, e la *Pacem in Terris* che ne conta 12. In entrambi i casi quasi tutte nella prima pagina per poi tornarvi solo alla fine; nel terzo periodo del Concilio fu chiara volontà della maggioranza che «si dovesse porre tutto chiaramente nella luce del Vangelo»: cfr. B. HÄRING, «In luogo di conclusione: vie e prospettive nuove per il futuro», in *ivi*, 611.

[179] GS 1: «spesso o si esalta così da fare di sé una regola assoluta, o si abbassa fino alla disperazione, finendo in tal modo nel dubbio e nell'angoscia».

[180] «Lo Spirito Santo dà a tutti la possibilità di venire a contatto, nel modo che Dio conosce, col mistero pasquale»: GS 22; cfr. GS 10; 45; AG 5; 10; 16.

[181] Cfr. cap. II. La *positività* di questa esposizione si evince anche nella distinzione tra il peccato e l'uomo che lo commette; «la coscienza è il nucleo più segreto e il sacrario dell'uomo»: GS 16; 19; 26; 43; 52; 76; 87; cfr. LG 16; 36; DH 1; 2; 3; 11.

comunitaria, visibile sin dall'inizio della storia della salvezza, è perfezionata e compiuta dal Verbo incarnato, partecipe della convivenza umana e autore, attraverso il dono dello Spirito, di «una nuova comunione fraterna in quel suo corpo che è la Chiesa»[182].

Ebbene, a questo punto il Concilio volge lo sguardo verso l'agire umano nell'universo: *norma* di ogni suo lavoro e del suo ingegno, di ogni sua *attività*, è questa, «che secondo il disegno di Dio e la sua volontà essa corrisponda al vero bene della umanità» (*GS* 35).

Tutto ciò è il «fondamento del rapporto tra Chiesa e mondo» (*GS* 40). La Chiesa ha una finalità di salvezza ed escatologica, cammina insieme con *questa* umanità, della quale un giorno dovrà rendere conto. Essa «crede di poter contribuire molto a rendere più umana la famiglia degli uomini» (*GS* 40), per questo promuove i diritti umani, collabora con le istituzioni e con le altre Chiese e Comunità cristiane. Si sforza di vivere come «fermento» nel mondo, non dimenticando il grande aiuto che dal mondo essa stessa ha ricevuto e riceve (*GS* 44).

L'arricchimento reciproco Chiesa-mondo si esplicita pure nel fecondo rapporto tra fede e *cultura*, di cui *Gaudium et spes* tratta nel *capitolo II* della *II parte*: «fedele alla propria tradizione e nello stesso tempo cosciente della sua missione universale, può entrare in comunione con le diverse forme di cultura; tale comunione arricchisce tanto la Chiesa stessa quanto le varie culture» (*GS* 58).

La *Gaudium et spes* è un testo stupendo a detta di molti, ricco di insegnamenti e guida preziosa nelle mani del laicato cattolico: ai fedeli laici, infatti, spetta «la santificazione delle attività e delle strutture del mondo»[183]. Molte altre questioni sono affrontate nel

---

[182] Così *Gaudium et spes* unisce insieme la saggezza *naturale* che scruta l'ordine della creazione, e la saggezza *soprannaturale* che penetra l'ordine della redenzione. In tal modo è sottolineato bene che la *natura sociale dell'uomo* è ripresa ed elevata per dare *nella grazia una nuova comunità* che è la Chiesa: cfr. B.D. DE LA SOUJEOLE, *Il sacramento della comunione*, 113.

[183] B. MONDIN, *Storia della Teologia*, IV, 613. Mondin fa risuonare correttamente certi rimproveri di eccessivo ottimismo mossi al documento. Erano gli anni Sessanta, e probabilmente si ignoravano i gravi problemi che sarebbero presto sorti da un forsennato uso del progresso tecnico: ecologia, squilibri tra paesi ricchi e poveri, la disoccupazione, e i problemi morali ad essi connessi. «Ma questo è il pedaggio che deve necessariamente

documento: la dignità e la valorizzazione del matrimonio e della famiglia[184], ad esempio; la vita della comunità politica e la comunità delle nazioni; la corsa agli armamenti e la pace; il dialogo fra tutti gli uomini. Non tutto, certo, si poteva dire *allora*, e non tutto ciò che *oggi* ci interroga, poteva costituire «*Gaudium et spes, luctus et angor*» di *quel* mondo contemporaneo. L'invito, però, a costruire *questo* mondo, quello in cui si vive e si opera, e l'invito a servirlo secondo il mandato, l'esempio, e la forza di Cristo, quello resta sempre valido e attuale: «ora il Padre vuole che noi riconosciamo ed efficacemente amiamo Cristo fratello in tutti gli uomini, con la parola e con l'azione, rendendo così testimonianza alla Verità, e comunichiamo agli altri il mistero dell'amore del Padre celeste» (*GS* 93).

Da ultimo, in questa breve carrellata sul documento, poniamo ad esso una domanda: il *servizio* di *bene* che il popolo di Dio può offrire all'umana famiglia, affinché venga il Regno di Dio, da cosa scaturisce? Risponde il n. 45 proponendo per l'ennesima volta il tema di *Cristo, alfa ed omega* della storia umana: «scaturisce dal fatto che la Chiesa è "l'universale sacramento della salvezza" che svela e insieme realizza il mistero dell'amore di Dio verso l'uomo». Nello Spirito del Cristo Risorto, infatti, che è l'uomo perfetto, salvezza, fine, centro del genere umano, gioia d'ogni cuore e pienezza di ogni umana aspirazione, la Chiesa è «vivificata e coadunata», pellegrina «incontro alla finale perfezione della storia umana»[185].

---

pagare un documento che vuole essere "contemporaneo", specialmente in un'epoca di continui, rapidissimi cambiamenti come la nostra»: *ivi*, 614.

[184] «Perciò la famiglia cristiana, poiché nasce dal matrimonio, che è l'immagine e la partecipazione del patto d'amore del Cristo e della Chiesa, renderà manifesta a tutti la viva presenza del Salvatore nel mondo e la genuina natura della Chiesa»: GS 48.

[185] Non conosciamo una tale concentrazione del tema Chiesa-*sacramento di salvezza* come in questo capitolo: GS 42 cita LG 1. GS 43 afferma che l'efficacia sacramentale della Chiesa non è annullata dall'umana debolezza dei suoi figli, poiché rimane *sposa* fedele e *segno di salvezza*. Questo numero 45 di *Gaudium et spes* cita, tra l'altro, LG 48 con richiamo esplicito a LG 8 (che fa risalire questa sacramentalità al mistero divino-umano del Cristo, Verbo incarnato). La Chiesa di ogni tempo è «consapevole di possedere un messaggio che è sintesi feconda dell'attesa di ogni uomo e della risposta che Dio gli rivolge»: Giovanni Paolo II, Discorso *Ai partecipanti*, 27 febbraio 2000, n. 8, 277.

3. La Chiesa del Vaticano II: "una" ecclesiologia?

Non ci lascia indifferenti la complessa densità delle 4 Costituzioni del Vaticano II, tanto più se ricordiamo che l'opzione per un approccio sintetico, postulava sin dall'inizio la necessità di avere sempre sotto gli occhi il testo nella sua integralità. Una lettura attenta, di esse come di tutto intero il dettato conciliare – comprendendo anche le 3 Dichiarazioni[186] e i 9 Decreti[187] –, lascia emergere un tratto distintivo del Concilio, nel modo in cui lo ha ben evidenziato J. Ratzinger in una nota relazione: «il Concilio Vaticano II non fu solo un concilio ecclesiologico, ma prima e soprattutto esso ha parlato di Dio»[188]. Secondo questa «tesi di fondo» il Concilio *de Ecclesia* «voleva proporre una ecclesiologia nel senso propriamente teo-logico, ma la recezione del Concilio ha finora trascurato questa caratteristica qualificante in favore di singole affermazioni ecclesiologiche, si è gettata su singole parole di facile richiamo e così è restata indietro rispetto alle grandi prospettive dei Padri conciliari»[189]. È noto, per altri versi, che la recezione di un Concilio si realizza nei lunghi periodi, si attua per gradi e secondo complessi processi.

---

[186] Dichiarazione sull'educazione cristiana *Gravissimum educationis* (28 ottobre 1965); dichiarazione sulle relazioni della Chiesa con le religioni non cristiane *Nostra aetate* (28 ottobre 1965); dichiarazione sulla libertà religiosa *Dignitatis humanae* (7 dicembre 1965).

[187] Decreto sugli strumenti della comunicazione sociale *Inter mirifica* (4 dicembre 1963); decreto sull'ecumenismo *Unitatis redintegratio* (21 novembre 1964); decreto sulle chiese orientali cattoliche *Orientalium Ecclesiarum* (21 novembre 1964); decreto sulla formazione sacerdotale *Optatam totius* (28 ottobre 1965); decreto sul rinnovamento della vita religiosa *Perfectae caritatis* (28 ottobre 1965); decreto sull'apostolato dei laici *Apostolicam actuositatem* (18 novembre 1965); decreto sull'ufficio pastorale dei Vescovi nella Chiesa *Christus Dominus* (28 ottobre 1965); decreto sull'attività missionaria della Chiesa *Ad Gentes* (7 dicembre 1965); decreto sul ministero e la vita dei presbiteri *Presbyterorum Ordinis* (7 dicembre 1965).

[188] J. RATZINGER, «L'ecclesiologia della costituzione *"Lumen gentium"*», in R. FISICHELLA, ed., *Il Concilio Vaticano II*, 66.

[189] J. RATZINGER, «L'ecclesiologia della costituzione *"Lumen gentium"*», in R. FISICHELLA, ed., *Il Concilio Vaticano II*, 66. Qui Ratzinger legge nella chiave di un'ecclesiologia propriamente teo-logica l'intera "architettura" del Concilio. Il primo testo è la *Sacrosanctum Concilium* perché «all'inizio sta l'adorazione. E quindi Dio»; *Lumen gentium*, il secondo testo pubblicato, «la si dovrebbe considerare ad essa interiormente collegata. La Chiesa si lascia guidare dalla preghiera [...]. L'ecclesiologia ha a che fare per sua natura con la liturgia»; la terza costituzione è *Dei Verbum*, sulla «parola di Dio, che convoca la Chiesa e la rinnova in ogni tempo»; *Gaudium et spes*, infine, «mostra come la glorificazione di Dio si propone nella vita attiva, come la luce ricevuta da Dio viene portata nel mondo»: *ivi*, 67-68. Cfr. W. KASPER, *Teologia e Chiesa*, I, 289.

Sappiamo che vi sono in gioco, nella dinamica di *offrire* e *ricevere*, un "bene spirituale", e un soggetto ecclesiale.

Eppure non di rado accade che «quando si parla della recezione del Vaticano II, si dà generalmente per acquisito il fatto che ci si intenda sul contenuto del bene spirituale proposto alla recezione delle Chiese»[190]. Stando così le cose, allora, una domanda si impone con decisione: quale ecclesiologia? C'è *un* modello, *una* prospettiva, *una* teo-logia della Chiesa sulla quale i Padri conciliari si trovarono concordi a proporre al popolo cristiano?

Se volessimo liquidare il quesito parlando al singolare di ecclesiologia conciliare, navigheremmo di certo in una colpevole approssimazione e snatureremmo la ricchezza del Concilio[191]. Nei testi, difatti, si ravvisano almeno due ecclesiologie al dire di Acerbi: una ecclesiologia giuridica e una ecclesiologia – cosiddetta – di comunione[192]. È stato osservato da molti autori che i documenti del Concilio sono spesso ambigui, contraddittori, un «mosaico di incisi» funzionali alle diverse "correnti"[193].

---

[190] G. ROUTHIER, «La recezione dell'ecclesiologia conciliare: problemi aperti», in M. VERGOTTINI, ed., *La Chiesa e il Vaticano II*, 3-4.

[191] L'opzione metodologica di porci "di fronte" al Concilio nella sua globalità porta con sé la scelta di subordinare ad esso le prospettive ecclesiologiche sottese ai documenti decennali dei Vescovi italiani, così come sembrano apparire nella scelta – come vedremo nel *II volume* di quest'opera – di termini e di concetti chiave come quelli di «evangelizzazione», «sacramenti», «comunione», «comunità», «carità», «comunicare», «testimonianza», ecc.

[192] Cfr. A. ACERBI, *Due ecclesiologie. Ecclesiologia giuridica ed ecclesiologia di comunione nella "Lumen gentium"*, Bologna 1975.

[193] «Noi riconosciamo che il Vaticano II è imperfetto in molti ambiti. Molti dei suoi punti di vista sono, se non dei compromessi, almeno degli abbozzi e rimangono in qualche modo a metà strada»: Y.M.-J.CONGAR, «Implicazioni cristologiche e pneumatologiche», 109. Appaiono certamente – e in molti testi – i riflessi di teologie "diverse", dovute al desiderio di giungere in Concilio ad un consenso il più possibile ampio. «Anche la costituzione *Lumen gentium* è stata elaborata attraverso un lungo percorso di mediazione tra diversi orientamenti ecclesiologici, che restano coesistenti e in tensione anche nella redazione ultima del testo»: C. SCANZILLO, «La recezione dell'ecclesiologia», 325. *Lumen gentium* è stata definita un «documento di frontiera [...], che si affaccia su nuovi orizzonti, senza poterli esplorare a fondo»: A. ACERBI, *Due ecclesiologie*, 551. Ad ogni modo, per qualsiasi documento «si può prospettare una interpretazione talmudica, in cui il rispetto per la lettera del testo, di qualsiasi testo, frantuma l'unità ideale, in cui questi testi ricevono vita e che permette di superare i loro stessi limiti»: A. ACERBI, «La recezione del Concilio Vaticano II», 984. Sicuramente va recuperata l'intenzione genuina dei Padri «superando interpretazioni prevenute e parziali che hanno impedito di cogliere al meglio la novità del Magistero conciliare»: GIOVANNI PAOLO II, Discorso *Ai partecipanti*, 27 febbraio 2000, n. 4, 275.

Ma quando qualcuno o qualcosa conta davvero per la vita di una persona, non basta un modo solo per "dirlo": lo si esprime, e magari lo si canta, in forme diverse, varie e complementari[194]. Avviene così per Dio e per le immagini di Lui nella Scrittura, è così per i "nomi" di Gesù, ed avviene similmente per le figure della Chiesa, da sempre.

Ci piace tornare a tal proposito alle pagine del padre Y. Congar, pubblicate quasi in contemporanea con l'apertura dell'Assise, laddove affermava che non si può parlare della Tradizione se non «dialetticamente, affermando di essa, al tempo stesso, cose antinomiche, che tuttavia sono egualmente vere»[195]. Non si può sostenerlo parimenti della Chiesa, ove si ravvisano tensioni e contraddizioni? Forse è davvero più corretto parlare di *prospettive* o *nuclei* ecclesiologici[196], anziché di *una* ecclesiologia.

È pur vero che attualmente il dibattito verte molto più sull'ermeneutica del Concilio che sulla sua recezione, ma non aver chiaro questo e sceglersi *una* immagine di Chiesa, quella più consona ai propri gusti, alle *sole* proprie aspettative[197], anche le più genuine, significherebbe adulterare, *tradire* piuttosto che *tradurre*, il *dato* rivelato e trasmesso, e le stesse conclusioni del XXI Concilio ecumenico.

La Chiesa non è "nostra", e il primo grande servizio che le si può offrire è quello di rispettarne la pluralità di colori, provenienti certo dalla medesima *Luce*. Le pagine che seguono vogliono offrire alcuni spunti di approfondimento sulle principali prospettive offerte dal Vaticano II sulla Chiesa.

[194] Cfr. R. PENNA, *Il DNA del cristianesimo*, 276ss.

[195] Y.M.-J. CONGAR, *La Tradizione*, 158.

[196] Cfr. G. ROUTHIER, «La recezione dell'ecclesiologia conciliare: problemi aperti», in M. VERGOTTINI, ed., *La Chiesa e il Vaticano II*, 4.

[197] Si può convenire con il rilievo di G. Routhier quando afferma che «la recezione comporta un *orizzonte di attesa*, particolari *rappresentazioni* del Concilio, e tutto ciò non viene dai testi o dalla storia dei testi, ma dal *contesto* di recezione»: G. ROUTHIER, *Il Concilio Vaticano II*, soprattutto 52-65. Relativamente a questo bisognerebbe prendere in seria considerazione nella Chiesa la problematica dell'ascolto, della consultazione e del coinvolgimento di laici e religiosi, e della società civile. È in gioco la ricerca di quel *feedback* necessario al rinnovamento delle forme di annuncio e alla sempre nuova comprensione della realtà. Crediamo che una tale riflessione vada ben al di là di una strategia comunicativa finalizzata alla necessità di «stare al passo con i tempi»: lo Spirito Santo «unico e identico nel capo e nelle membra, vivifica, unifica e dinamizza il corpo intero»: LG 7. A questo livello la *gerarchia* può essere essa stessa *ricettiva* e, per questo, tanto più efficacemente comunicativa e comunionale, quanto più tale atteggiamento diviene "strutturale-ordinario", anziché episodico-eventuale.

3.1 *La Chiesa, mistero e sacramento universale della salvezza*

I termini 'mistero' e 'sacramento', utilizzati tanto al singolare quanto al plurale, appartengono al comune linguaggio di fede del cristiano, ed evocano suggestioni a noi in un certo senso familiari, sebbene i loro significati non si corrispondano esattamente. Il *mysterium fidei*, per esempio, non è solo un asserto confessato, una verità inaccessibile data a conoscere mediante la fede, ma è anche un evento ritualmente celebrato[198]. D'altra parte è soprattutto il termine 'sacramento' a rimandare immediatamente ad una realtà cultuale, ad uno particolare dei sacramenti del *settenario* e alla sua celebrazione.

Non risulta di così immediata comprensione l'utilizzo di questi concetti in riferimento alla Chiesa, quando si dice – come fa il Concilio, anche se in termini che occorre spiegare –: «la Chiesa è mistero» o «la Chiesa è sacramento».

Certo è che «la comprensione della Chiesa come sacramento è considerata dagli esegeti del Vaticano II una delle più grandi novità dell'ecclesiologia conciliare»[199]. Riteniamo utile, per questo, indugiare qui più che per le altre prospettive. La fedeltà ai documenti ci invita a rileggerli, evitando da una parte giudizi aprioristici o l'uso strumentale dei testi per avallare "proprie" teologie, ma neppure escludendo a priori la possibilità di espandere legittimamente questi modelli, esplicitarli, per una più profonda comprensione della stessa realtà che descrivono[200].

La parola 'sacramento/i' ricorre ben 126 volte nei 16 documenti conciliari, e di queste solamente 9 con riferimento esplicito alla Chiesa. Stando alle date di pubblicazione, la prima ricorrenza del termine la incontriamo in *SC* 5. Qui si sta parlando dell'azione salvifica di Cristo, la cui *umanità* è detta

---

[198] Cfr. C. MILITELLO, *La Chiesa, «il corpo crismato»*, 53.

[199] D. VITALI, «Universalità della salvezza e mediazione sacramentale: il punto di vista ecclesiologico», in M. FLORIO – F. GIACCHETTA, ed., *Universalità della salvezza*, 262.

[200] Alludiamo alla "critica" di chi, come Giacomo Canobbio, riconosce il fatto che «la divulgazione dell'uso [della categoria "sacramento"] è venuta in buona parte da teologi presenti al concilio, che già negli anni precedenti avevano introdotto la descrizione della Chiesa come sacramento»: G. CANOBBIO, «La Chiesa come sacramento di salvezza: una categoria dimenticata?», in M. VERGOTTINI, ed., *La Chiesa e il Vaticano II*, 121. Alcuni autori ritengono che questa categoria serva ad illuminare tutte le altre immagini quando, ad esempio, *sacramento* non viene considerato come un semplice nome della stessa Chiesa, bensì come una categoria epistemologica fondamentale dell'ecclesiologia: cfr. S. PIÉ-NINOT, *Ecclesiologia*, qui in particolare 80.

«strumento della nostra salvezza», e si ricorda come essa si compia «specialmente per mezzo del mistero pasquale»: «infatti dal costato di Cristo morente sulla croce è scaturito il mirabile sacramento di tutta la Chiesa»[201].

In *SC* 26 si dice della Chiesa, stavolta citando san Cipriano, che è «*unitatis sacramentum*», e cioè «popolo santo radunato e ordinato sotto la guida dei Vescovi». Ma il primo passaggio dogmaticamente rilevante lo avevamo già incontrato in *SC* 2, dove il Concilio presenta per la prima volta in assoluto l'analogia con il mistero dell'incarnazione, affermando che la Chiesa «ha la caratteristica di essere nello stesso tempo umana e divina, visibile ma dotata di realtà invisibili». Tenendo conto dei due precedenti passaggi, più concretamente si potrebbe dire che nella Chiesa ciò che è visibile e umano è *sacramento-strumento* di una realtà divina e invisibile[202], di esso si serve lo Spirito per la santificazione.

L'avvenuta pubblicazione di *Sacrosanctum Concilium* prima di *Lumen gentium* ci fa presumere una implicita sua ricezione, ma anche una sorta di sviluppo di suggestioni, idee e intuizioni[203]. Bello l'immediato rimando a Cristo, Luce delle genti: la Chiesa può essere *luce*, *segno* e *vessillo* solo in un senso secondario e derivato da Cristo, «siccome la Chiesa è in Cristo come un sacramento (*veluti sacramentum*) o segno e strumento dell'intima unione con Dio e dell'unità di tutto il genere umano» (*LG* 1).

La Chiesa, quindi, è come l'*espressione*, la *manifestazione* storica, il *segno* dell'unione degli uomini con Dio e tra di loro; al tempo stesso è il *mezzo*, lo *strumento* attraverso cui Dio realizza il suo piano di bene e di salvezza verso gli uomini. Proprio da questo nasce l'intenzione di illustrare al mondo la sua *natura* e la sua *missione*, l'essere e l'agire nel mondo.

---

[201] Il testo di Agostino cui si fa riferimento parlava di «sacramenti» al plurale. Infatti in nota viene posto il «cfr.». L'altra citazione è sull'orazione dopo la seconda lezione del Sabato santo nel Messale Romano (prima della riforma della settimana santa). Unendo questi due testi il Concilio sembra dire semplicemente che la Chiesa è l'*espressione*, il *frutto*, il *risultato* dell'azione salvifica di Cristo, che ha nel mistero pasquale il momento culminante.

[202] Nelle annotazioni al testo preparatorio della *Sacrosanctum Concilium* (datato 19 agosto 1961) si precisava anche che «la sacramentalità della Chiesa si esprime e si verifica nei sacramenti e in particolare nell'eucarestia»: cfr. G. CANOBBIO, «La Chiesa come sacramento di salvezza: una categoria dimenticata?», in M. VERGOTTINI, ed., *La Chiesa e il Vaticano II*, 124.

[203] Cfr. C. MILITELLO, *La Chiesa, «il corpo crismato»*, 71.

In *LG* 9 la Chiesa è «*Sacramentum visibile salutiferae unitatis*», con accezione che non si discosta molto neanche da *LG* 48, che la definisce «*universalis salutis sacramentum*».

Ripercorrendo tutti gli altri documenti del Concilio, la denominazione della Chiesa come sacramento si incontra ancora in *GS* 42 e 45 con citazioni esplicite di *LG* 1 e 48[204], e ancora nel proemio di *AG* e in *AG* 5, dove è più chiaro il richiamo della sacramentalità in funzione della missione affidata da Cristo di annunciare la Parola di Dio e stabilire il suo Regno sulla terra.

Nei documenti del Concilio troviamo adoperate, come sembra, senza particolari distinzioni, almeno tre qualificazioni sulla Chiesa-*sacramento*[205]. Cerchiamo di fugare dubbi e ambiguità, domandandoci in primo luogo a che cosa si riferisca questa *sacramentalità* della Chiesa. Il punto fondamentale dell'antropologia cristiana è il fatto che solo in Dio l'uomo trova la sua perfetta completezza, il suo "fine ultimo", il "termine" di un *processus* di grazia, il cui punto di partenza è lo stato di peccato, cioè la "rottura" con Dio. Che cos'è infatti la salvezza, se non l'unione dell'uomo con Dio? Ma *Cristo* è il Salvatore, e *Cristo* è questa salvezza, perché in lui l'uomo si unisce alla Trinità, in lui è stato abbattuto ogni muro di separazione (cfr. Ef). Evidentemente le "definizioni" di Chiesa-*sacramento* esprimono la preoccupazione del Concilio «di mostrare la funzione della Chiesa nei confronti dell'umanità, a partire dal suo legame

---

[204] In GS 42 si fa riferimento al dinamismo sociale «odierno» in ordine alla promozione dell'unità, e al «processo di una sana socializzazione e consociazione civile ed economica». E si aggiunge, citando LG 1: «Promuovere l'unità corrisponde infatti alla intima missione della Chiesa, la quale è appunto "in Cristo come un sacramento, ossia segno e strumento di intima unione con Dio e di unità di tutto il genere umano"». Occorre fare attenzione anche a GS 45 nel suo complesso, poiché facilmente si arriva a sezionare e analizzare il testo, perdendo il gusto e il senso complessivo delle espressioni utilizzate. La citazione esplicita di LG 48 ha la funzione di suffragare le affermazioni circa il bene e l'aiuto che la Chiesa può offrire al mondo, nel suo *tendere* («*ad hoc unum tendit*») e lavorare affinché «venga il Regno di Dio e si realizzi la salvezza dell'intera umanità». Non si tratta di una assurda presunzione, perché «tutto ciò che di bene il popolo di Dio può offrire all'umana famiglia, nel tempo del suo pellegrinaggio terreno, scaturisce dal fatto che la Chiesa è "l'universale sacramento della salvezza", che svela e insieme realizza il mistero dell'amore di Dio verso l'uomo».

[205] «*Sacramentum seu signum et instrumentum unionis cum Deo*»: LG 1; GS 42; «*Sacramentum visibile salutiferae unitatis*»: LG 9; GS 42; SC 26; «*Universalis salutis sacramentum*»: LG 48; 59; GS 45; AG 45.

privilegiato con Cristo»[206]: «sembra del tutto chiaro che queste diverse espressioni possano e debbano ridursi ad una sola: la Chiesa è il sacramento di Cristo»[207].

A fare più problema è il significato da dare al termine stesso di 'sacramento'. È vero che *LG* 1 ne chiarifica l'accezione come *segno e strumento*; e neppure sembra bastare l'aggiunta di note esplicative ai testi, che si premurarono di evitare il rischio, addirittura, di pensare la Chiesa come un *ottavo* sacramento accanto ai sette. Tuttavia non si può ignorare quanto questa categoria sia ancora troppo legata alla problematica propria dei riti sacramentali[208], mentre il Concilio mira ad una comprensione del sacramento quale «disegno di Dio»[209], o *oikonomia* del Dio per-con-in noi.

Che cosa sono i sacramenti in rapporto alla Chiesa? I sacramenti sono segni efficaci, *segni e strumenti* della grazia[210]. Ed è vero che l'attività per cui la Chiesa è strumento di grazia è

---

[206] G. Canobbio, «La Chiesa come sacramento di salvezza: una categoria dimenticata?», in M. Vergottini, ed., *La Chiesa e il Vaticano II*, 129.

[207] J.-H. Nicolas, *Sintesi dogmatica*, II, 16. «In breve: si può e si deve dire che la Chiesa è il sacramento di Cristo salvatore, di Cristo che contiene in sé e unisce in sé tutta l'umanità alla Trinità [...] man mano che le generazioni arrivano all'esistenza e in queste generazioni quelli che vogliono aderire a Cristo si uniscono a lui, testimoniando con la fede e i sacramenti di appartenergli»: *ivi*, 17. In questo senso lo recepisce pure il *Catechismo della Chiesa Cattolica*: «in quanto sacramento, la Chiesa è strumento di Cristo»: CCC 776. Questa definizione viene ripresa in diversi articoli del Catechismo, ma è da notare la scelta di specificare tra parentesi il significato di 'sacramento': «L'opera di Cristo nella liturgia è sacramentale perché il suo mistero di salvezza vi è reso presente mediante la potenza del suo Santo Spirito; perché il suo corpo, che è la Chiesa, è come il sacramento (segno e strumento) nel quale lo Spirito Santo dispensa il mistero della salvezza; perché attraverso le sue azioni liturgiche, la Chiesa pellegrina nel tempo partecipa già, pregustandola, alla liturgia celeste»: CCC 1111.

[208] All'articolo 774 del CCC viene posta la stretta correlazione tra la Chiesa-sacramento e il settenario sacramentale, e viene fatta come l'esegesi dell'espressione Chiesa-*sacramento* usata al Concilio: «I sette sacramenti sono i segni e gli strumenti mediante i quali lo Spirito Santo diffonde la grazia di Cristo, che è il Capo, nella Chiesa, che è il suo corpo. La Chiesa, dunque, contiene e comunica la grazia invisibile che essa significa. È in questo senso analogico che viene chiamata "sacramento"»: CCC 774.

[209] S. Pié-Ninot, *Ecclesiologia*, 192.

[210] Il *Catechismo* riprende la definizione tridentina: «Degnamente celebrati nella fede, i sacramenti conferiscono la grazia che significano»: CCC 1127. Cfr. il Concilio di Trento alla 7ª sessione (DS 1605-1606), cioè i canoni 5 e 6 all'interno dei *Canones de sacramentiis in genere*; ancor più completo è l'art. 1130, che cita S.Tommaso d'Aquino (*Summa Theologiae*, III, q. 60, a. 3) sulle diverse dimensioni del segno sacramentale: «commemorativo» (del passato), «dimostrativo» (del presente, della grazia prodotta), «profetico» (preannunciante la gloria futura); «i sacramenti sono segni efficaci della grazia, istituiti da Cristo e affidati alla Chiesa, attraverso i quali ci viene elargita la vita divina»: CCC 1131.

per eccellenza l'attività sacramentale[211]: la Chiesa rimane "seconda" in rapporto tanto alla Parola, quanto ai sacramenti. Ma l'attività rituale-celebrativa è la *sola* attività ad essere segno e strumento di grazia e sacramento di salvezza? La Chiesa insegna, governa, si dedica alle opere di misericordia e alle missioni; vive la diaconia verso i diseredati e i malati, e più in profondità, vive con Dio e lo serve per mezzo del culto. La Chiesa prega e intercede, testimonia con la vita religiosa, con la vita delle famiglie e della comunità[212].

Non si può non riconoscere che all'interno dei documenti del Vaticano II «la nozione di Chiesa-sacramento è una delle tante e neppure la più sviluppata»[213], di sicuro non una invenzione dei Padri. Da uno sguardo ai precedenti remoti e prossimi dell'uso di questo modello, si apprende il suo radicarsi in una teologia che volendo superare le secche della ecclesiologia controriformista, lo assumeva per indicare l'aspetto visibile-invisibile della Chiesa, in conformità a Cristo[214]. Comune a tutti gli esponenti di questa

[211] «I sacramenti sono "della Chiesa" in un duplice significato: sono "da essa" e "per essa". Sono "dalla Chiesa" per il fatto che questa è il sacramento dell'azione di Cristo che opera in lei grazie alla missione dello Spirito Santo. E sono "per la Chiesa", sono cioè "sacramenti [...] che fanno la Chiesa", in quanto manifestano e comunicano agli uomini, soprattutto nell'Eucarestia, il mistero della comunione del Dio amore, uno in tre Persone»: CCC 1118. Assai più delicata è la questione se il modello Chiesa-*sacramento* non finisca per collocarla "sopra" i sacramenti. La sacramentalità della Chiesa intesa in questo senso contraddice il suo stare "sotto" anche ai sacramenti, parallelamente e inseparabilmente dal suo stare «*sub Verbo Dei*». Qui si inserisce prepotentemente anche la problematica ecumenica.

[212] Cfr. Y.M.-J. CONGAR, *Un popolo messianico*, 73; cfr. J.-H. NICOLAS, *Sintesi dogmatica*, II, 16.

[213] G. CANOBBIO, «La Chiesa come sacramento di salvezza: una categoria dimenticata?», in M. VERGOTTINI, ed., *La Chiesa e il Vaticano II*, 123. «Se si guarda, infatti, alla storia dei testi, si riscontra una diminuzione dell'uso della categoria, man mano ci si avvicina alla redazione finale dei documenti, in particolare alla LG»: *ivi*, 124. Lo stesso autore afferma che «non si interpreta l'unione del visibile e invisibile con il modello del sacramento, sì da affermare che Cristo e la Chiesa sono sacramento. Si lasciano perdere anche tutte le aggettivazioni del termine sacramento, tipiche dello schema tedesco, che almeno in parte erano passate nel secondo schema ufficiale»: *ivi*, 126.

[214] Cfr. G. CANOBBIO, «La Chiesa come sacramento di salvezza: una categoria dimenticata?», in M. VERGOTTINI, ed., *La Chiesa e il Vaticano II*, 131-132. Canobbio espone sinteticamente (cfr. 130-138) i 3 percorsi fondamentali dell'ecclesiologia dagli anni '50-'60 (prima del Concilio): 1- La Chiesa *corpo di Cristo*. Ne fu capofila O. Semmelroth con l'opera *La Chiesa sacramento di salvezza* (1953), il quale interpretava il mistero di Cristo, della Chiesa e dei sacramenti con la nozione scolastica tridentina di «sacramento»: la distinzione con il settenario era posta aggiungendo a 'Cristo' o a 'Chiesa' l'aggettivo '*originario/fondamentale/radicale*'. Il «corpo» (la Chiesa) esprime Cristo, e a sua volta si esprime nei sacramenti. Così la Chiesa risulterebbe qualcosa di intermediario tra Cristo e

teologia è la visione della Chiesa come "prolungamento" del mistero dell'incarnazione e della continua funzione dell'*umanità* di Cristo. Un modo per dire: la Chiesa che vediamo e che viviamo come società gerarchicamente organizzata, è strumento che rimanda ad una realtà invisibile, misterica, spirituale, da essa non separata, ed anzi da essa animata. È lo strumento di cui si serve il Signore per rendere presente sempre e di nuovo la sua salvezza (cfr. *LG* 8).

Eppure per fare questo non sembra così necessario ricorrere al 'sacramento', visto che nella ecclesiologia da J.A. Möhler fino a *LG* 8 si è proposta la medesima analogia senza fare ricorso a tale categoria. Se il Concilio può essere ritenuto innovatore, allora, lo è piuttosto per la scelta di mostrare la funzione della Chiesa come *mistero*, nel senso di disegno salvifico di Dio che si rende presente nella storia e che, *in quanto tale* diventa il *segno*, il germe e lo *strumento* dell'umanità nuova. Annunciare Gesù Cristo a tutte le genti è «rivelazione del mistero, avvolto nel silenzio per secoli eterni» (cfr. Rm 16,25-27). Di più: Cristo stesso è *il Mistero*, che si compie (cfr. Col 1,25-28; Ap 10,7) e si dà a conoscere (cfr. Ef 1,8-10; 3,2-6).

La categoria di *sacramento* compare al numero 1 di *Lumen gentium*, offrendo indubbiamente una valida chiave di lettura di questa Chiesa sul cui volto – come luna – risplende la luce di Cristo. Ma ci troviamo all'interno del *I capitolo*, che reca il titolo «*De Ecclesiae Mysterio*». Esso contiene in sé moltissime altre immagini – tra cui quella altrettanto importante di *Corpo di Cristo* –, e culmina con il numero 8, dove è detto che per una *non debole analogia* la Chiesa è paragonata al mistero del Verbo

---

i sacramenti. Chi sostiene questa linea troverebbe la sua legittimazione nella enciclica *Mystici Corporis*. 2- La "riflessione trascendentale" attuata prevalentemente da K. Rahner, che sembra adatta a descrivere la *missione* della Chiesa piuttosto che la sua *ontologia*: l'uomo è essere storico, quindi la rivelazione-autocomunicazione di Dio dovrà attuarsi storicamente come *simbolo-sacramento* nella Chiesa: cfr. K. Rahner, *Chiesa e sacramenti*. 3- La "fenomenologia della religione", assunta da Schillebeeckx, che arriverà a parlare della Chiesa come «*sacramentum mundi*»: «La Chiesa è tra noi la presenza visibile della grazia trionfante del Cristo. Ovunque questa grazia si manifesti, in una maniera o nell'altra, noi siamo in presenza di una autentica "ecclesialità"»: E. Schillebeeckx, *Il mondo e la Chiesa*, 307. L'atto religioso, e cioè l'incontro tra il movimento *discendente* di Dio e quello *ascendente* dell'uomo, ha "bisogno" del sacramento: la grazia di Dio si manifesta e si rende visibile in "forma sacramentale", vale dire corrispondente alla condizione umana.

incarnato[215]. Ed è proprio qui che finalmente si risolvono e sintetizzano le tensioni tra il visibile e l'invisibile, tra l'umano e il divino, tra la Chiesa istituzione e la Chiesa realtà spirituale[216].

'*Mystérion*' e '*sacramentum*' – ci auguriamo di averlo sufficientemente mostrato –, non sono affatto in competizione: la rispettiva reciprocità rivela invece il chiaro intento dei Padri conciliari di recuperare a quest'ultimo la globalità biblica, antropologica, teologica, cristologica, pneumatologica, ecclesiologica, come si vede eccedenti, del primo[217].

Parlando di *Ecclesiae Mysterio*, titolo che fa un «tutt'uno con l'articolazione trinitaria e storico-salvifica degli otto paragrafi»[218], il Concilio ha di fatto superato la visuale ecclesiologica esclusivamente storica e giuridico-societaria tipica dei manuali, ed ha voluto andare «molto, molto oltre, cioè risalendo fino alle sorgenti stesse del piano della salvezza e della creazione, scoprendo che qui si trovava anche la vera ecclesiogenesi»[219].

---

[215] «Infatti, come la natura assunta serve al Verbo divino da vivo organo di salvezza, a lui indissolubilmente unito, così in modo non dissimile l'organismo sociale della Chiesa serve allo Spirito di Cristo che la vivifica, per la crescita del corpo»: LG 8. La nota "analogia" viene collocata come *conclusione* riassuntiva del capitolo: è da essa, perciò, che tutte le altre espressioni della Costituzione vengono illuminate e complete: cfr. H. MÜHLEN, *Una Mystica Persona*, 440; cfr. D. VITALI, «Universalità della salvezza e mediazione sacramentale: il punto di vista ecclesiologico», in M. FLORIO – F. GIACCHETTA, ed., *Universalità della salvezza*, specialmente 265-269.

[216] «La società costituita di organi gerarchici e il corpo mistico di Cristo, l'assemblea visibile e la comunità spirituale, la Chiesa della terra e la Chiesa ormai in possesso dei beni celesti, non si devono considerare come due realtà, ma formano una sola complessa realtà risultante (*coalescit*) di un elemento umano e di un elemento divino»: LG 8.

[217] Cfr. C. MILITELLO, *La Chiesa, «il corpo crismato»*, 68. Una certa riduzione di tale globalità si riflette nell'uso ecclesiologico della categoria, anche quando si opera la distinzione – come fanno gli scolastici – tra *sacramentum tantum* (il segno esterno, visibile, storico), *res tantum* (la grazia propria presente nel sacramento) e *res et sacramentum* (la congiunzione di entrambi). Altre distinzioni possono favorire la sua comprensione in ecclesiologia: "sacramento in senso lato" equivale al *mystérion* paolino e patristico; il "sacramento in senso stretto" è quello definito dalla Scolastica e ufficializzato dal concilio di Trento; il "sacramento in senso pregnante" è espresso dal termine greco *sýmbolon* (*syn-bállo* = con-pongo, con-netto), che consisteva anticamente nel rimettere insieme e in perfetta corrispondenza i due pezzi di un coccio. Quest'ultima accezione rimette in gioco tutta una dinamica di *segno-simbolo* essenziale per comprendere e vivere la dimensione sacramentale, tanto nella prospettiva sacramentaria, tanto in quella ecclesiologica: cfr. K. RAHNER, «Che cos'è un sacramento?», 73-81.

[218] C. MILITELLO, *La Chiesa, «il corpo crismato»*, 71.

[219] S.T. STANCATI, *Ecclesiologia*, 163. «Indubbiamente l'ecclesiologia che la Chiesa cattolica sostenne in senso anti-protestante nei documenti del concilio di Trento (il periodo della controriforma) ha corso il serio rischio di presentare la Chiesa come dotata di un'unica natura, quella istituzionale e divina che metteva in secondo piano la dimensione attiva dello Spirito Santo nella Chiesa, come anche la dimensione umana, la

Il Concilio ha voluto anche mostrare che la Chiesa è molto più di un segno *efficace della grazia*: «è mezzo e segno della salvezza, perché ne è già una caparra»[220], il che non nega l'affermazione per la quale lo Spirito di Cristo si serve anche delle altre Chiese non cattoliche come strumenti di salvezza (cfr. *UR* 3)[221].

Se consideriamo, poi, che Chiesa-*sacramento* siamo noi, popolo santo di Dio, tutti i suoi membri, Vescovi e sacerdoti, religiosi e laici, e che la realizzazione dell'essere segno – umano e comunitario – si compie in tutte le attività visibili della vita ecclesiale, è chiaramente manifesta la *responsabilità* di ciascuno affinché il *segno* non venga diminuito e offuscato, sia sempre più visibile e trasparenza della luce che è Cristo. Qui si gioca,

quale veniva come assorbita dalla dimensione divina e giuridico-istituzionale»: *ivi*, 161. Il parallelismo tra il mistero dell'incarnazione e il mistero della Chiesa, per quanto suggestivo e per certi aspetti anche valido e fecondo, non può in nessun caso essere considerato in senso strettamente ontologico. Come per la categoria di sacramento («*veluti*»: LG 1), siamo di fronte ad una analogia. Cristo è la persona (divina) del Verbo incarnato, nato dal Padre dall'eternità (natura divina) e nato da Maria nel tempo (natura umana). Nella Chiesa non c'è propriamente parlando una *natura divina*, ma una partecipazione agli atti di Dio e alla grazia del Verbo attraverso la fede e i sacramenti: di essa si può affermare una *unione* con Dio che non è ipostatica, ma *di alleanza e di virtù dinamica*. Non c'è neanche propriamente una *personalità divina* – visto che si parla di *Corpo mistico* di Cristo – poiché in Lui c'è un rapporto, una *unione* tra le due nature unica e irripetibile. Nella Chiesa, invece, l'unione è tra lo Spirito Santo e una *molteplicità di persone*. Su questa digressione cfr. Y.M.-J. CONGAR, «Dogme christologique et Ecclésiologie: Vérité et limites d'un paralléle», in A. GRILLMEIER – H. BACHT, *Das Konzil von Chalkedon*, III, 239-268; H. MÜHLEN, *Una Mystica Persona* 1968 (Paderborn 1967²); R. BAGLIONI, *La Chiesa «continua incarnazione»*, Napoli 2013. «La comprensione sacramentale impedisce una coincidenza mistica tra Cristo e la Chiesa, allo stesso modo in cui nel sacramento si differenziano la grazia interiore e il segno esteriore»: L. SCHEFFCZYK, *La Chiesa*, 38. Assume notevole importanza il progresso raggiunto dall'ultimo Concilio anche quando afferma la *sacramentalità dell'episcopato*. La sua natura "strumentale" gli impedisce di mettere al centro la persona del vescovo. La consacrazione episcopale fa accedere alla «*plenitudinem*» del sacramento dell'Ordine, «cosicché i Vescovi, in modo eminente e visibile, svolgono la parte dello stesso Cristo maestro, pastore e sacerdote, e agiscono in sua persona»: LG 21. Cfr. B. MONSEGÙ, «Sacramentalità dell'episcopato e collegialità», 167-184.

[220] P. SMULDERS, «La Chiesa sacramento della salvezza», in G. BARAÚNA, ed., *La Chiesa del Vaticano II*, 381. È la salvezza già in qualche modo realizzata e anticipata (cfr. LG 48). Non c'è mistica confusione con il Verbo incarnato, ma vi è una presenza tale che «pregustando partecipiamo» (LG 51; cfr. SC). Essa è «germe e inizio» del Regno definitivo di Dio: LG 5.

[221] LG 16 si occupa della *mediazione* della Chiesa per i non cristiani: «Dio offre gli aiuti necessari alla salvezza sia a coloro che ignorano l'evangelo di Cristo e la sua Chiesa senza colpa, sia a coloro che senza colpa personale non sono ancora arrivati ad una conoscenza esplicita di Dio». Per approfondire il tema della *necessità* della Chiesa per la salvezza o, meglio, della unicità e universalità salvifica di Gesù Cristo e della Chiesa, si veda anche la dichiarazione della Congregazione per la Dottrina della fede *Dominus Iesus*, del 6 agosto 2000, soprattutto i nn. 20 e 22 (*EV* 19, 1191-1192; 1195-1196). Il Concilio si dedica all'approfondimento di questo aspetto nella dichiarazione *Nostra aetate*.

parimenti, la possibilità di perfezionamento di questo come *strumento*, divenendo ciascuno e tutti portatori della grazia, via di accesso alla comunione con Dio, per l'uomo di ogni tempo e fino ai confini della terra.

3.2 La Chiesa, corpo di Cristo e tempio dello Spirito

Se diciamo «Corpo Mistico di Cristo», la nostra memoria corre immediatamente all'enciclica *Mystici Corporis*, pubblicata da Pio XII nel 1943, ed è certamente lì che dobbiamo rintracciare i prodromi della Chiesa-*Corpo di Cristo* recepita dal Vaticano II[222].

[222] La *Mystici Corporis* aveva optato per la nozione di *Corpo Mistico* a fondamento dell'insegnamento sulla Chiesa, assumendo l'"equazione" tra la concezione primaziale-gerarcologica del 1870, e l'ecclesiologia del romanticismo tedesco. Questa prospettiva aveva il limite di presentare la Chiesa come una sorta di *altro* Cristo. Anche se essa «ha emesso una condanna motivata contro ogni teologia del Corpo mistico che suppone un'identità nell'essere fra Cristo e le sue membra [...]. Un'unione secondo l'essere e nell'essere porta a un'unità o un'identità fisiche, che non impedisce di fare in modo indebito della Chiesa una realtà rigorosamente divina e quindi impeccabile»: Y.M.-J. CONGAR, «Dogme christologique et Ecclésiologie: Vérité et limites d'un parallèle», in A. GRILLMEIER – H. BACHT, *Das Konzil von Chalkedon*, III, 264. Pio XII aveva in conto come lo stesso san Paolo, «sebbene congiunga tra loro con mirabile fusione Cristo e il Corpo mistico, tuttavia oppone l'uno all'altro come lo Sposo alla Sposa»: PIO XII, Lett. Enc. *Mystici Corporis*, parte III («Falso "misticismo"»: *AAS* 35 [1943], 234). Sebbene questa enciclica rivelasse ancora un'approccio «esitante sulle prospettive più teologiche e misteriche» (D. VITALI, *De Ecclesia Christi*, 66), ebbe comunque il grande merito di aver recuperato le radici bibliche della Chiesa, come pure il valore spirituale della comunità, nella prospettiva cristologica e pneumatologica. Essa segna «una nuova e fondamentale tappa nella storia delle idee ecclesiologiche»: M. SEMERARO, *Mistero, comunione e missione*, 76. Proprio nella riscoperta della dimensione di *mistero* operata da Pio XII, con forza elementare si era prodotto uno sfondamento di muri di secoli e si ebbe giustamente la sensazione di un grande avvenimento. Vi si poté vedere una «approvazione ufficiale di tutto il nuovo, che era cresciuto dal tempo delle intuizioni di Möhler, e si costruirono le premesse per una più profonda comprensione della Chiesa»: J. RATZINGER, *Il nuovo popolo di Dio*, 103. Il teologo di Tubinga, le cui suggestioni si ravvisano ancora chiaramente nella «non debole analogia» con il mistero del Verbo incarnato (LG 8), aveva parlato della Chiesa come «continua incarnazione del Verbo», continua presenza di Cristo, continuazione della sua unzione per mezzo dello Spirito Santo, istituzione in cui Cristo «continua a vivere, in cui il suo Spirito continua a operare e la parola da lui pronunciata risuona eternamente»: J.A. MÖHLER, *Simbolica*, § 36, 280; R. BAGLIONI, *La Chiesa «continua incarnazione»*, Napoli 2013. La dottrina conciliare uscì anzitutto «dalla strettoia della ricerca della definizione esaustiva della Chiesa mediante un concetto o un'immagine, che aveva animato i decenni precedenti [...]. Il rigetto dello *Schema compendiosum constitutionis de Ecclesia*, preparato prima del Concilio dall'apposita commissione dottrinale, suscitò l'impressione e realmente fu un forte atto di discontinuità col passato. Lo stesso padre Gagnebet aveva presentato lo *Schema* ai Padri dando all'approvazione del Concilio il valore di una dichiarazione di fedeltà al magistero pontificio antecedente, ma ciò che in quel frangente poteva apparire, o si voleva far apparire, come novità in contrapposizione al passato, in realtà raccoglieva positivamente

Questa dottrina entra in *Lumen gentium* a titolo speciale nel numero 7, secondo un piano rigoroso che costituisce una buona sintesi dei dati acquisiti dalla teologia biblica[223].

Nel primo paragrafo le teorie tradizionali dell'*assunzione* e dell'*inclusione* vengono interpretate in modo pneumatologico[224]:

> Il Figlio di Dio ha redento gli uomini assumendo (*Sibi unita*) la loro natura e vincendo la loro morte con la sua morte e resurrezione, e li ha trasformati in creature nuove (cfr. Gal 6,15; 2Cor 5,17). Ha convocato i suoi fratelli da tutte le parti (*ex omnibus gentibus*) e ne ha fatto il suo mistico corpo, comunicando loro il suo Spirito (*tamquam corpus suum mystice constituit*) (*LG* 7).

Già in questo brano si osserva il tentativo di fondere le due figure di *Popolo di Dio* e *Corpo di Cristo*. Il «nuovo popolo» è formato dai fratelli di Cristo «*ex omnibus gentibus convocatos*», i quali per la elargizione del *suo* Spirito sono costituiti nel suo Corpo: «la Chiesa è perciò il nuovo popolo di Dio che esiste come corpo di Cristo»[225].

il rinnovamento contenuto nella stessa *Mystici Corporis*, soprattutto nella sua decisa sottolineatura cristocentrica del mistero della Chiesa [...]. L'accoglienza della successiva "redazione Philips", accolta come base di ristesura del *De Ecclesia*, permise di confermare la continuità della centralità data al "*mysterium Ecclesiae*", ma nello stesso tempo indirizzò la novità a svilupparsi come approfondimento trinitario dello stesso mistero. È probabilmente questa prospettiva trinitaria, cui si diede fin dal principio un'evidente connotazione storico-salvifica, ad evitare che il cristocentrismo ecclesiologico, ribadito da Montini e di fatto scelto dal Concilio, ritornasse sui passi del giuridismo o su quelli dell'identificazione esclusiva tra corpo mistico di Cristo e Chiesa cattolico-romana (*Mystici Corporis*)»: G. ZIVIANI – V. MARALDI, «Ecclesiologia», in G. CANOBBIO – P. CODA, ed., *La Teologia del XX secolo*, II, 314.

[223] Cfr. B.D. DE LA SOUJEOLE, *Il sacramento della comunione*, 89.

[224] Cfr. H. MÜHLEN, *Una Mystica Persona*, 471. La cosiddetta teoria "*assunzionistica*" propone che il *Lógos*, nella sua incarnazione, abbia *assunto* anche tutta l'umanità, cioè ogni individuo umano. Questa idea fu ripresa anche dal magistero nel concilio di Quiercy (853), ma là si voleva soprattutto affermare la universale volontà salvifica di Dio, e sottolineare che Cristo ha sofferto per *tutti* gli uomini: cfr. G. PHILIPS, *La Chiesa e il suo mistero*, 223. In Ilario di Poitiers e in Cirillo di Alessandria è chiaramente formulata l'immagine del Corpo, per la quale il Verbo incarnato integra in sé tutta l'umanità per salvarla. Per essi il punto di partenza per l'incorporazione dell'umanità a Cristo sarebbe l'Incarnazione del Figlio di Dio. Ma l'Uomo-Dio Gesù Cristo non opera il riscatto dei suoi membri prima di essere passato attraverso i misteri della sua passione, morte e resurrezione. Perché, come dice san Paolo, è con l'evento pasquale che Gesù trionfa della morte e rinnova la vita o, meglio – con un'espressione più generale e più profonda – rinnova la creatura, l'«uomo», e in definitiva tutti gli uomini. «Un'espressione ancora più forte s'impone: Cristo è letteralmente questa creazione nuova nel suo proprio corpo glorificato, nel quale raduna e unisce i fedeli per virtù del suo Spirito»: *ibidem*.

[225] H. MÜHLEN, *Una Mystica Persona*, 471.

È bene fare una precisazione su ciò che si debba intendere con l'espressione «corpo di Cristo» quando ci riferiamo agli scritti di san Paolo. Nelle grandi epistole, soprattutto ai Corinti e ai Romani, l'Apostolo tratta della *solidarietà* tra i membri della Chiesa, i quali conservano l'unità nella diversità costituendo tutti insieme l'unico corpo di Cristo. Nelle cosiddette epistole della prigionia, invece, soprattutto quelle ai Colossesi e agli Efesini, Paolo "oppone" Cristo come *Testa* (o *Capo*) del Corpo, di cui egli è il Signore e il principio vivificatore[226].

«Benché una certa parentela unisca i due aspetti dell'allegoria paolina riguardo al "corpo", sarebbe piuttosto artificiale e creerebbe pericolose confusioni il farli coincidere»[227]. Non è un caso che *Lumen gentium*, pur richiamando ancora una volta la funzione dello Spirito Santo, dichiari che il Signore risorto «*tamquam corpus suum mystice constituit*», vale a dire «*in modo mistico* fa dei suoi fratelli il suo proprio corpo», e non «*corpus suum mysticum constituit*: ne ha fatto il suo corpo mistico»[228]. Neanche san Paolo parla mai di *Corpo mistico*. Occorre tener presente questa distinzione che anche il Concilio fa propria, e che nei paragrafi successivi viene esplicitata.

Nel primo aspetto, che potremmo impropriamente chiamare *orizzontale*, la comunità è veramente generata *in modo misterioso* da Cristo e dal suo Spirito, attraverso i sacramenti del Battesimo e dell'Eucarestia (*LG* 7/b), e attraverso la diversità dei servizi («*dona*»: *LG* 7/c), tra i quali «eccelle la grazia degli Apostoli, alla cui autorità lo stesso Spirito sottomette anche i carismatici (cfr. 1Cor 14)». Diverse sono le membra e diversi sono gli uffici, ma «come tutte le membra del corpo umano, pur essendo molte, formano tuttavia un solo corpo, così i fedeli in Cristo» (*LG* 7/c)[229]. L'*unità* del corpo ecclesiale viene dall'unico Spirito, la sua *virtus*, la sua forza, produce e stimola la carità tra i fedeli, tra loro così intimamente connessi, che se un membro soffre o gioisce, ne soffrono o ne gioiscono tutte le membra. Ben più che un legame di "corporazione" c'è qui, ben più a fondo trovano vita le radici di questa nostra Chiesa, poiché nel corpo è *realmente* presente il

---

[226] Cfr. G. Philips, *La Chiesa e il suo mistero*, 100.

[227] G. Philips, *La Chiesa e il suo mistero*, 100.

[228] Cfr. G. Philips, *La Chiesa e il suo mistero*, 101.

[229] Si osservi che nel terzo paragrafo (LG 7/c) la citazione di *1Cor* 12,12 – «così anche il Cristo (οὕτως καὶ ὁ Χριστός)» – è parafrasata in «così i fedeli *in* Cristo».

Signore, «*arcano ac reali modo*» e «*per sacramenta*». In tal modo «*vita Christi in credentes diffunditur*».

Si sviluppa da qui tutto un filone interessante di *ecclesiologia eucaristica* che si colloca in continuità con le affermazioni della costituzione sulla Liturgia, e che porta alla luce l'intima reciprocità poco fa richiamata tra i modelli di *popolo* e di *corpo*. Il nuovo popolo di Dio, i cui membri sono fatti conformi a Cristo (*LG* 7/b), *immersi* con lui nella sua morte e resurrezione e perciò resi *figli*, «viene poi più precisamente determinato dal fatto che vive del corpo di Cristo e della Parola di Cristo, dal fatto che diventa così esso stesso corpo di Cristo»[230]. Ciò che si è compiuto una volta per sempre nell'evento pasquale del Signore, continua a rendersi presente (*re-praesentatio*) nell'*anamnesi*-memoriale, finché egli venga. «La Chiesa vive dell'eucarestia»: verità ed esperienza quotidiana di fede che «racchiude in sintesi il nucleo del Mistero della Chiesa» (*EdE* 1)[231].

---

[230] J. Ratzinger, *Il nuovo popolo di Dio*, 105. «Il fatto di essere popolo di Dio, è cosa che ha in comune con il popolo dell'Antica Alleanza; ma il suo esserlo nel corpo di Cristo, questa è per così dire la sua differenza specifica quale nuovo popolo, questo caratterizza il suo modo particolare di esistenza e di unità. [Gesù] ha fondato definitivamente la Chiesa, consumando la cena con questi dodici e dando così loro il nuovo, che li distingueva dall'antico Israele. [...] I Padri non hanno avuto timore, in questo senso, di definire la Chiesa come corpo vero del Signore (*corpus verum*), mentre almeno saltuariamente l'eucarestia fu detta *corpus mysticum* (*mysticum* = sacramentale)»: *ivi*, 106-108. In questo senso può essere proficua la lettura di H. De Lubac, *Corpus Mysticum. Opera omnia*, XV, *L'Eucharestie et l'Eglise au Moyen Age*, Paris 1949. «L'ecclesiologia del Vaticano II è essenzialmente caratterizzata dal mistero eucaristico»: M. Kunzler, ed., *La liturgia della Chiesa*, 274; cfr. B. Forte, *La Chiesa nell'eucaristia*, Napoli 1975; cfr. K. Rahner, «Episcopato e primato», in K. Rahner – J. Ratzinger, *Episcopato e primato*, 17-44 (si vedano specialmente le pp. 31-32); cfr. G.J. Bekès, *Eucarestia e Chiesa*, Casale Monferrato (AL) 1985.

[231] Nell'enciclica pubblicata in occasione del 25° di pontificato (*Ecclesia de Eucharistia*, 17 aprile 2003), Giovanni Paolo II richiama gli insegnamenti del Concilio, e mostra il legame di carità che sussiste tra i fedeli del corpo ecclesiale, e tra questi e il Signore, in virtù del memoriale eucaristico: «[L'eucarestia] porta indelebilmente inscritto l'evento della passione e della morte del Signore. Non ne è solo l'evocazione, ma la ri-presentazione sacramentale. È il sacrificio della Croce che si perpetua nei secoli. Bene esprimono questa verità le parole con cui il popolo, nel rito latino, risponde alla proclamazione del "mistero della fede" fatta dal sacerdote: "*Annunziamo la tua morte, Signore!*". La Chiesa ha ricevuto l'Eucaristia da Cristo suo Signore non come un dono, pur prezioso fra tanti altri, ma come *il dono per eccellenza*, perché dono di se stesso, della sua persona nella sua santa umanità, nonché della sua opera di salvezza. Questa non rimane confinata nel passato [...]. Quando la Chiesa celebra l'Eucaristia, memoriale della morte e risurrezione del suo Signore, questo evento centrale di salvezza è reso realmente presente e "si effettua l'opera della nostra redenzione". Questo sacrificio è talmente decisivo per la salvezza del genere umano che Gesù Cristo l'ha compiuto ed è tornato al Padre soltanto *dopo averci lasciato il mezzo per parteciparvi* come se vi fossimo stati presenti. [...] Mistero grande, Mistero di misericordia. Che cosa Gesù poteva fare di più

Se è vero questo, allora, una Chiesa veramente eucaristica
annuncia e vive il Vangelo *per-con-in* Cristo, e *come* lui si edifica
come *tempio* vivo di cristiani sospinti dalla carità (cfr. 2Cor 5,14).
Citava *Gaudium et spes* Giovanni Paolo II, quando nell'enciclica
Ecclesia de Eucharistia (2003), ammoniva i cristiani affinché «si
sentano più che mai impegnati a non trascurare i doveri della
loro cittadinanza terrena»[232], dal momento che l'eucarestia
significa (segno) e realizza (strumento) il più grande dei
comandamenti[233].

Torniamo alla distinzione concettuale paolina nell'immagine
del *corpo* in riferimento a Cristo, che stavamo vedendo presente
in *LG* 7. Per ciò che riguarda il secondo aspetto, potremmo dire
quello *verticale*, è messa in evidenza la *dipendenza* da Cristo
Capo, il quale «con la sua sovrana perfezione e operazione
riempie tutto il corpo delle ricchezze della sua gloria» (*LG* 7/d). In
altre parole: *da Lui* proviene ogni grazia che è nella Chiesa. È il
Signore a riempire la compagine ecclesiale dei tesori della vita
divina. «Tutte le membra devono essere conformate a lui, fino a
quando in esse sia formato Cristo (cfr. Gal 4,19)» (*LG* 7/e). È
Cristo a possedere la *pienezza* della divinità[234], e la *comunica* ad
una Chiesa in continua *crescita verso* di Lui (*LG* 7/e). Tale
dinamismo *teandrico*[235] è reso possibile per mezzo del suo Spirito

per noi? Davvero, nell'Eucaristia, ci mostra un amore che va fino "all'estremo" (cfr. *Gv*
13,1), un amore che non conosce misura»: *ivi*, n. 11, 440 (*EV* 22, 227-228). La *lex orandi*
dei nuovi messali mostra lo stretto legame tra la crescita del Corpo di Cristo e la
comunione all'unico Corpo eucaristico: si veda la dinamica delle doppie epiclesi nelle
preghiere eucaristiche.

[232] L'eucarestia contiene in sé quella tensione escatologica che dà impulso al nostro
cammino storico e stimola il nostro senso di *responsabilità* verso la terra presente: cfr.
EdE 20 (*EV* 22, 240); cfr. GS 39.

[233] Cfr. Giovanni Paolo II, Lett. *Dominicae Cenae*, 24 febbraio 1980, nn. 5-7 (121-127
[*EV* 7, 169-182]), che mostrano il nesso tra eucarestia e *carità, prossimo* e *vita*. Ciò deriva
dall'eucarestia riconosciuta e vissuta come «*culmen et fons*» (LG 11; SC 10; PO 5; CD 30;
AG 9). «Nella comunione eucaristica riceviamo quindi Cristo, Cristo stesso; e la nostra
unione con lui, che è dono e grazia per ognuno, fa sì che in lui siamo anche associati
all'unità del suo corpo che è la Chiesa»: *ivi*, n. 4, 120 (*EV* 7, 167).

[234] Qui entra il tema del *pleroma*, con riferimento anche a *Col* 2,9; cfr. LG 7/e.

[235] Pensiamo, ad esempio, all'opera di Charles Journet, il quale esprime ad un tempo
l'*unione* «*di grazia e di carità*» tra Cristo e la Chiesa, e il «dislivello radicale» esistente tra i
due, parlando di una «*tensione asintotica*», che costringe la Chiesa «a dirigere i suoi sforzi
verso Cristo, e ad avvicinarsi sempre di più a lui come una curva alla sua asintote, cioè
senza mai farsi a lui identica». «Cristo è Dio, la Chiesa è creatura. La vita del Capo passa
nel corpo ma con un dislivello radicale. Cristo si pone sul piano dell'unione *ipostatica*, e
questa unione resta incomunicabile [...]. La Chiesa invece si colloca senz'altro sul piano
dell'unione *di grazia e di carità* e dei doni creati che le vengono da Cristo e che lo Spirito
Santo fa riversare su essa nel giorno della Pentecoste»: cfr. C. Journet, «Il carattere

che «unico e identico nel capo e nelle membra, vivifica, unifica e dinamizza il corpo intero» (*LG* 7/f).

L'ultimo paragrafo di *LG* 7, infine, integra le due prospettive, "orizzontale" e "verticale", e, se vogliamo, dell'"unione" e della "distinzione" tra Cristo e la Chiesa, inserendo il paragone della *Sposa*: cosa che ci mostra senza dubbio l'intenzione di escludere positivamente ogni interpretazione misticistica della metafora del Corpo di Cristo[236]. «Cristo ama la Chiesa come sua sposa, e ha voluto farsi modello del marito che ama la moglie come il suo stesso corpo». Per mezzo della figura della sposa si insiste così sull'intima *unione* a Cristo. La Chiesa, tuttavia, resta *distinta* dal suo sposo, e gli è fedelmente ubbidiente, «affinché sia protesa e pervenga a tutta la pienezza di Dio»[237].

---

teandrico della Chiesa fonte di tensione permanente», in G. Baraúna, ed., *La Chiesa del Vaticano II*, 352-353; cfr. R. Baglioni, *La Chiesa «continua incarnazione»*, soprattutto il cap. IV.

[236] Cfr. H. Mühlen, *Una Mystica Persona*, 473.

[237] LG 7 richiama numerosi altri documenti conciliari che ne esplicitano e chiarificano la portata. Innanzitutto abbiamo già evocato *Sacrosanctum Concilium*: la liturgia è azione di Cristo e della Chiesa e per mezzo di essa viene esercitato il «culto pubblico integrale» del capo e delle membra (SC 6). «Cristo è sempre presente nella sua Chiesa, specialmente nelle azioni liturgiche» (SC 7) e «le azioni liturgiche appartengono all'intero corpo della Chiesa»: SC 22. Anche «i sacramenti sono ordinati alla [...] edificazione del corpo di Cristo»: SC 107. «[SC 7 e 22] ricompongono la secolare disunione del corpo di Cristo, contrapposto proprio a partire dalla diversa soggettualità ministeriale, di cui è evidente manifesto la celebrazione liturgica»: C. Militello, *La Chiesa, «il corpo crismato»*, 186. In secondo luogo dobbiamo considerare la *Lumen gentium*: al n. 13 il riferimento a Cristo «capo» fa avvertire la transitività tra le categorie di *popolo* e di *corpo*; i *laici* appartengono al *corpo* di cui Cristo è il *capo* (LG 30; 33). Il ruolo della *gerarchia* (degli Apostoli) è quello di adempiere il comando di evangelizzare; spinta dallo Spirito Santo «la Chiesa attira gli uditori alla fede e alla professione della fede, li dispone al battesimo [...] e li incorpora a Cristo»: LG 17. Sulla missione di evangelizzare il decreto *Ad Gentes* approfondisce quanto viene abbozzato in LG 17, mentre *Christus Dominus* articola e traduce gran parte del terzo capitolo di *Lumen gentium*: cfr. CD 18-27. «Nella persona dei Vescovi, assistiti dai presbiteri [il Signore Gesù Cristo...] aggrega nuove membra al suo Corpo con la rigenerazione spirituale»: LG 21. Questi, uniti a loro volta collegialmente al Papa – «perpetuo e visibile principio e fondamento dell'unità» – devono «insegnare ai fedeli l'amore di tutto il Corpo mistico di Cristo, specialmente dei membri poveri, sofferenti e perseguitati»: LG 23. I *presbiteri*, «agendo in persona di Cristo e proclamando il suo mistero, uniscono le preghiere dei fedeli al sacrificio del loro Capo»: LG 28 (saranno i decreti *Presbyterorum Ordinis* e *Optatam totius* a riprendere i contenuti esposti in questo numero, anche in chiave spirituale e formativa). I *religiosi* collaborano all'edificazione del corpo (cfr. LG 43; 44; CD 33; sul loro ruolo e sul rinnovamento della vita religiosa si veda anche il decreto *Perfectae caritatis*, soprattutto ai nn. 1; 7; 14). I *laici* sono incorporati nel battesimo, e i presbiteri "servono" alla crescita del Corpo di Cristo (cfr. LG cap. IV e AA).

3.3 La Chiesa, popolo di Dio

Parlammo di "rivoluzione" in merito alla scelta di far precedere al capitolo sulla costituzione gerarchica della Chiesa in *Lumen gentium*, un intero capitolo sulla *comune* vocazione di essere *popolo*, e popolo *di Dio*[238].

Più che di rivoluzione, si tratta di una riscoperta, attinta dalla testimonianza delle Scritture. Per l'esatta comprensione del mistero della Chiesa, infatti, è straordinariamente importante osservare che la comunità di fede, speranza e carità voluta e fondata da Cristo, unica e complessa realtà mistica, è una comunità immersa *nella storia* e *pellegrina* verso la sua ultima meta[239]: quanto si è detto della Chiesa *mistero-sacramento*, si traduce ora necessariamente sul piano storico.

Poche espressioni esprimono meglio l'identità ecclesiale, poche manifestano così tanto, come quella di «popolo di Dio», la complessità diacronica dei credenti, raccogliendoli, e non solo idealmente, «di generazione in generazione»[240]. D'altronde non è la stessa denominazione di εκκλησία a mostrare questo suo radicamento storico-salvifico, a cominciare dall'adunanza del popolo israelitico intorno al Sinai fino ad arrivare al popolo della *nuova* ed eterna Alleanza, fondato sui dodici apostoli, e radunato dallo Spirito a Pentecoste?[241]. Era il pensiero già consegnato da

---

[238] La rifusione dello schema «comportava il definitivo superamento, in Concilio, dell'immagine clericale della Chiesa»: cfr. O. H. PESCH, *Il Concilio Vaticano secondo*, 50.

[239] Cfr. O. SEMMELROTH, «La Chiesa, nuovo popolo di Dio», in G. BARAÚNA, ed., *La Chiesa del Vaticano II*, 448. La Chiesa, dinamicamente presentata nel I capitolo di LG come "opera" della Trinità e frutto del disegno del Padre, «è mirabilmente preparata nella storia del popolo d'Israele e nell'Antica Alleanza»: LG 2. Proprio a conclusione dell'esposizione trinitaria – alla fine del n. 4 – si dice: «così la Chiesa universale si presenta come un popolo che deriva la sua unità dall'unità del Padre, del Figlio e dello Spirito Santo». Significativa la conclusione della trattazione del *mistero* (cap. I) – giusto prima del capitolo dedicato al *popolo di Dio* – con il riferimento a questa Chiesa santa e *semper purificanda*, che «prosegue il suo pellegrinaggio fra le persecuzioni del mondo e le consolazioni di Dio», senza altro fine che «svelare al mondo con fedeltà, anche se in immagine, il mistero di lui, fin quando alla fine sarà manifestato in piena luce»: LG 8.

[240] Cfr. C. MILITELLO, *La Chiesa, «il corpo crismato»*, 91; D. VITALI, *Popolo di Dio*, 7.

[241] Cfr. LG 9/c. «Definendosi *ecclesia*, la comunità di coloro che credono in Cristo [...] si interpreta come l'adunanza, l'assemblea dell'Israele definitivo, nella quale Dio convoca il suo popolo da tutti i confini della terra. L'uso della prima cristianità divide concretamente il termine in un triplice spettro di significati: esso definisce l'assemblea del culto [es.: *1Cor* 11,18; 14,19.28.34.35], la comunità locale [es.: *1Cor* 1,2; 16,1] e la Chiesa universale [es.: *1Cor* 15,9; *Gal* 1,13; *Fil* 3,6]»: J. RATZINGER, *Il nuovo popolo di Dio*, 105-106. «Anche se si designa con il nome *qahal* (assemblea), tuttavia nel nuovo Testamento risulta chiaramente che essa è popolo di Dio costituito in modo nuovo per

san Pietro alle prime comunità cristiane: «Voi, che un tempo eravate non-popolo, ora invece siete popolo di Dio» (1Pt 2,10)[242].

Nell'ecclesiologia orante di *Sacrosanctum Concilium*, lo ricordiamo, «la principale (*praecipua*) manifestazione della Chiesa» si ha nella «partecipazione piena e attiva di tutto il popolo (*plebis*) santo di Dio alle medesime celebrazioni liturgiche» attorno al vescovo (*SC* 41). Ma è soprattutto a partire dalla *Lumen gentium* che questa "nuova" prospettiva si impone con grande forza[243].

Essa mostra evidentemente un carattere programmatico in primo luogo nella opzione di "precedenza" del *capitolo II* (*LG* 9-17). Inoltre l'analisi letteraria del testo – via maestra per rendere manifesti i punti nodali, al di là di proiezioni e apriori teologici – conduce a concludere che questa figura sia stata oggetto di una manifesta preferenza dell'Assemblea: questa «non si aggiunge, dunque, semplicemente alle altre e la sua irruzione nel testo conciliare si presenta con una forza letteraria incomparabile»[244].

---

opera di Cristo e in virtù dello Spirito Santo»: GIOVANNI PAOLO II, Catechesi su "La Chiesa Popolo di Dio" durante l'udienza generale, 6 novembre 1991, n. 2, 1075. È interessante osservare che il termine '*ekklēsía*' compare nei Vangeli solo in *Mt* 16,18 e 18,17, mentre più frequentemente ritorna '*basiléia toû Theoû*'. «Tuttavia, proprio, l'annuncio, il "bando" del regno di Dio, chiama in causa una delle immagini costitutive del *laós* e dell'*ekklēsía*, quella del "raduno". Il nuovo Testamento mostra Gesù come banditore della nuova novella del regno di Dio [...]. Non è possibile guardare a Gesù e poi alla Chiesa senza evocare questa dinamica di raccolta, di congregazione, di cui sono segno i "dodici"»: C. MILITELLO, *La Chiesa, «il corpo crismato»*, 109-110.

[242] Cfr. *2Cor* 6,16; *At* 15,9.14; 18,9-10; *Ap* 21,3.

[243] Ci siamo intrattenuti nella ricerca di tutti i passaggi in cui compare la parola 'popolo'. Senza elencarli singolarmente – in tutto il Concilio si contano 231 ricorrenze – la quasi totalità è riferita alla Chiesa. Quando si tratta del popolo d'Israele è per mostrare il legame e la continuità con essa. La presenza più significativa (73 volte escludendo i titoli) si riscontra nella *Lumen gentium*, poi segue il decreto *Ad Gentes* (29x), *Presbyterorum Ordinis* (28x), *Sacrosanctum Concilium* (27x), *Gaudium et spes* (25x), e via via tutti gli altri. In *Dei Verbum* le 8 ricorrenze vanno considerate anche in proporzione della brevità della costituzione.

[244] G. ROUTHIER, «La recezione dell'ecclesiologia del Vaticano II: problemi aperti», in M. VERGOTTINI, ed., *La Chiesa e il Vaticano II*, 8. Una riflessione teologica ci porta a riconoscere nella prospettiva del popolo di Dio una categoria "essenziale", nel senso che indica l'essenza, e non una immagine o metafora qualsiasi: cfr. G. PHILIPS, *La Chiesa e il suo mistero*, 99. Non abbiamo a che fare semplicemente con «uno dei diversi modi» con i quali il Concilio ha descritto la Chiesa: cfr. ASSEMBLEA GENERALE STRAORDINARIA DEL 1985, Relazione finale *Ecclesia sub verbo Dei*, 7 dicembre 1985, n. 3 (*EV* 9, 1790). «Rispetto ad altre, l'espressione "popolo di Dio" aveva il vantaggio di meglio significare la realtà sacramentale comune»: COMMISSIONE TEOLOGICA INTERNAZIONALE, *Temi scelti di ecclesiologia*, 7 ottobre 1985, n. 2.1 (*EV* 9, 1684). La Chiesa è infatti un *popolo*, dato che è una aggregazione di persone. La dissomiglianza rispetto agli altri popoli consiste nel *fondamento* che nella Chiesa rende le persone un popolo: cfr. M.D. KOSTER, *Ekklesiologie im Werden*, Paderborn 1940; cfr. O. H. PESCH, *Il Concilio Vaticano secondo*, 175.

Dal testo non si ravvisa la pretesa di confinare la salvezza e la misericordia di Dio solo ed *esclusivamente* all'interno dei confini cristiani o cattolici, poiché «è gradito a Dio chiunque lo teme e pratica la giustizia (cfr. At 10,35), a qualunque tempo e nazione egli appartenga. Tuttavia (*tamen*) è piaciuto a Dio di santificare e salvare gli uomini non separatamente e senza alcun legame fra di loro, ma ha voluto costituirli in un popolo» (*LG* 9)[245].

Di questa nuova alleanza l'istitutore è Cristo, che chiama tutti gli uomini, giudei e pagani, «per formare di essi un'unità che non è più secondo la carne ma nello Spirito, cioè il nuovo popolo di Dio»: stirpe eletta, regale sacerdozio e nazione santa (1Pt 2,9). La Chiesa è quindi il *nuovo Israele* – così leggiamo in *LG* 9 –, il popolo della *nuova Alleanza*, *nuovo popolo di Dio* e *popolo messianico*, il quale «anche se di fatto non comprende ancora la totalità degli uomini e ha spesso l'apparenza di un piccolo gregge, è però per l'intera umanità germe sicurissimo di unità, di speranza e di salvezza». Assunto da Cristo come «strumento di redenzione per tutti», è «inviato a tutti gli uomini come luce del mondo e sale della terra (cfr. Mt 5,13-16)».

Questo numero 9 di *Lumen gentium* – alla cui redazione ha contribuito in maniera determinante il padre Congar – addensa in una sintesi formidabile le caratteristiche della Chiesa-*popolo di Dio*[246], e contiene una verità di grande portata teologica, che si riversa poi su tutti i successivi articoli della Costituzione. Domandiamoci dunque: da quale punto di vista "riscoprire" la Chiesa come popolo di Dio ci fa vedere la bellezza di questa realtà senza scadere in derive demagogiche e idelogiche?[247] Dire *popolo*, poi, equivale a massificare la Chiesa? Questo popolo ha

---

[245] Tutta la storia della salvezza, a cominciare dal «nostro padre Abramo» (cfr. *Rm* 4,18-25; cfr. *Gen* 12,1-9), è la narrazione delle gesta di Dio con gli uomini, costituiti da subito come un popolo. Le vocazioni personali sono sempre *per* il popolo. Via via la sua azione si restringe fino al Battista, Maria, Giuseppe, giungendo alla «pienezza del tempo» (*Gal* 4,4) con la nascita da donna del «λόγος-σάρξ» (*Gv* 1,14). Ma poi di nuovo l'alleanza torna ad estendersi, dai Dodici, verso un *popolo* messianico che ha per capo Cristo (cfr. LG 9) per giungere finalmente a tutti gli uomini.

[246] Cfr. CCC 782. È popolo *di Dio*, poiché acquistato da Lui.

[247] Una certa diffidenza verso questa figura era, e forse è ancora oggi, dovuta al timore di una sua contaminazione con le ideologie nazionaliste, con il populismo e il marxismo: cfr. S. Dianich – S. Noceti, *Trattato sulla Chiesa*, 216-217. Soprattutto in una prima fase della recezione questo tema domina accanto a quello della collegialità. Il concetto di *popolo di Dio* fu compreso nel senso della *sovranità del popolo* e anche come «*democratizzazione*» (nel senso occidentale delle democrazie popolari) applicati alla Chiesa: cfr. J. Ratzinger, «L'ecclesiologia della costituzione "Lumen gentium"», in R. Fisichella, ed., *Il Concilio Vaticano II*, 68.

per capo Cristo – si dice –, e come condizione «la libertà e la dignità dei figli di Dio, nel cuore dei quali, come in un tempio, inabita lo Spirito di Dio». E qui il Concilio parla di *tutti*, della dignità di tutti i battezzati di essere *filii in Filio*, amati nel Figlio e abitati dal suo Spirito. Il dono di grazia che li "accomuna", ma che fa di ciascuno egli stesso un dono inestimabile, prima ancora del suo posto, del ruolo o del "grado" nella gerarchia, è precisamente lo Spirito Santo. Costoro sono i rinati dal *seme* incorruttibile della parola del Dio vivente, rinati non dalla carne, ma dall'acqua e dallo Spirito Santo (cfr. *LG* 9) per mezzo del sacramento del battesimo: «esso è un evento trinitario, cioè totalmente teologico, molto più che una socializzazione legata alla Chiesa locale»[248].

Altro che populismo o demagogia. Troppo e purtroppo diffusa, in mezzo proprio al popolo di Dio, la visione o la percezione che la Chiesa si guardi e si realizzi "a cominciare" dal Papa! Quanti appartengono alla comunità, al popolo (*laós*) di Dio, Gesù Cristo li ha redenti con il suo sangue, e li ha radunati da ogni tribù, lingua, popolo e nazione (Ap 1,6; 5,9). Egli li rende *laici*, cioè membra del suo popolo sacerdotale, profetico e regale: questo comune essere parte del *laós toû Theû* precede qualsiasi differenza gerarchica di "stato", soprattutto mostra la grandezza primaria e sorgiva di questa fondamentale uguaglianza e dignità[249].

Non sembra esserci posto nemmeno per una contrapposizione tra laici e gerarchia, perché, appunto, il popolo di Dio non è una massa informe, ma una *comunione*[250] strutturata e organizzata.

---

[248] J. RATZINGER, «L'ecclesiologia della costituzione "Lumen gentium"», in R. FISICHELLA, ed., *Il Concilio Vaticano II*, 75.

[249] Cfr. J. WERBICK, *La Chiesa*, qui soprattutto 54-57: «Il Vaticano II ha preso sul serio il fatto che "*laós*" di Dio nella Bibbia indica sempre la comunità nel suo insieme e mai solo la gente semplice in confronto ai preti e alle guide, alle persone istruite». Il Concilio ha distinto con estrema accuratezza tra *battezzato* e *laico*: "prima" si è tutti battezzati, rigenerati in Cristo, "poi" viene la distinzione del laico rispetto alle altre condizioni di vita nella Chiesa.

[250] Cfr. la *Nota Explicativa Praevia* alla *Lumen gentium*. Ritorneremo poco oltre su questo concetto di *communio*. Riportiamo il paradosso rilevato da Mazzillo nel processo storico dell'ecclesiologia precedente al Concilio: «dalla storicizzazione ancora corretta perché teologicamente informata del popolo di Dio, si è passati, dopo la prima spiritualizzazione dei Padri successivi al IV secolo, a una storicizzazione ben più pesante e comunque teologicamente scorretta: quella della *societas*, lontana sia dalla *koinonia* attestata dagli Atti degli apostoli, sia dalla teologia dell'alleanza e della convocazione del popolo di Dio»: G. MAZZILLO, «Chiesa come "popolo di Dio" o Chiesa "comunione"?», in M. VERGOTTINI, ed., *La Chiesa e il Vaticano II*, 57.

Esso «è formato di persone, ciascuna delle quali ha i suoi doni, la sua vocazione, il suo posto nell'insieme, che Dio ben conosce»[251]. È la «*congregatio fidelium*», la comunità cristiana, composta nel suo duplice aspetto di *ecclesia congregans* ed *ecclesia congregata*, pastori e fedeli, volendo usare la distinzione espressa dal p. De Lubac[252]. Questo popolo ha per *legge* il nuovo precetto dell'amore e come *fine* il regno di Dio (cfr. *LG* 9). Ciò significa che è in cammino, è in crescita e si edifica mediante la carità, anche attraverso la vita, la testimonianza e l'apostolato dei laici[253].

Una riflessione sulla natura dei ministeri ordinati meriterebbe di essere approfondita: il Vaticano II concepisce il ministero sacerdotale proprio *al servizio* della realizzazione della regalità, del profetismo e del sacerdozio che compete a tutto il popolo di Dio[254]: «Cristo Signore, Sacerdote preso fra gli uomini (cfr. Eb 5,1-5), fece del nuovo popolo "un regno di sacerdoti per il suo Dio e Padre" (Ap 1,6; cfr. 5,9-10)» (*LG* 10). E all'interno di questo discorso la prima identificazione forte del sacerdozio ordinato sta nel suo *agere in persona Christi*.

Forse oggi lo si dà per scontato e assodato, ma solo i nuovi schemi sui ministeri ordinati sono ripensati in modo da presentare la vita dei preti nella prospettiva del loro ministero *nella Chiesa*, nel loro rapporto con l'apostolato e il popolo di Dio.

---

[251] Y.M.-J. CONGAR, *Un popolo messianico*, 71. L'autore mostra come nella Chiesa lo Spirito vivifica il tutto. All'origine bisogna evidentemente porre l'elezione e la convocazione di Dio, poi la sua Parola e i doni con i quali egli si è costituito il suo popolo: la testimonianza delle Scritture, i ministeri profetici, regali e sacerdotali; le strutture e le leggi dell'alleanza; i sacramenti, e tra questi prima di tutto quello del battesimo e quello del pane eucaristico; il tutto vivificato dallo Spirito donato dopo il «passaggio di Gesù al Padre» (*Gv* 7, 39; 19, 30; 20, 22): cfr. *ivi*, 70.

[252] Cfr. H. DE LUBAC, *Meditazione sulla Chiesa*, Milano 1965 (Paris 1953).

[253] Il decreto *Apostolicam actuositatem* traduce anche operativamente i contenuti del IV capitolo di *Lumen gentium* dedicato, appunto, ai laici (30-38).

[254] Cfr. O. SEMMELROTH, «La Chiesa, nuovo popolo di Dio», in G. BARAÚNA, ed., *La Chiesa del Vaticano II*, 450. Come accade per tutti i documenti conciliari, le parti vanno viste nel tutto. Occorre quindi tener conto dei successivi sviluppi del capitolo II: i nn. 10 e 11 illustreranno la *dignità sacerdotale* di tale nuovo popolo, come risultante della partecipazione all'unico sacerdozio di Cristo attraverso la vita sacramentale. Il n. 12 indicherà la straordinaria *dignità profetica* di tutto il popolo di Dio, derivante dall'unzione dello Spirito che tutti i membri della Chiesa ricevono, e chiarirà che cosa sono e che ruolo svolgono nella Chiesa i cosiddetti "carismi". Il n. 13 illustrerà l'universalità e la varietà e multiformità della Chiesa come popolo di Dio, composta da comunità particolari che hanno, però, un profondo legame con l'universalità o cattolicità della Chiesa. I nn. 14-16 si soffermeranno a constatare le diverse modalità di appartenenza alla Chiesa, fino a raggiungere coloro che non sono ancora cristiani. Infine il n. 17: la Chiesa scopre l'urgenza della missionarietà e dell'itinerario di riunificazione fra le Chiese cristiane in vista del suo termine escatologico, che è l'unità del corpo di Cristo.

Il presbiterato (*Presbyterorum Ordinis*) è affrontato a partire dal suo collocarsi *nella* missione della Chiesa, e non più in modo individualistico, incentrato sulla persona del ministro e sulle sue funzioni sacre. Analoga evoluzione avvenne per la riflessione sulla figura del vescovo (*Christus Dominus*) e del suo rapporto con le comunità loro affidate, che portò alla elaborazione di una vera e propria teologia della Chiesa locale[255]: la «*portio populi Dei*» si realizza in un luogo e in uno spazio umano, intorno al vescovo (cfr. *LG* 23)[256].

Uno dei maggiori frutti del Concilio in questo senso è stato l'abbandono della prospettiva *De personis* o *De membris* per adottare un comune sentire e vivere la missione della Chiesa *populo Dei*. «Così, i presbiteri e i Vescovi, allo stesso modo che i laici, sono chiaramente situati "nella Chiesa"»[257].

Risulta quanto mai emblematica a questo punto la conclusione del capitolo sul popolo di Dio, in cui ravvisiamo la sintesi delle principali figure ecclesiologiche, nella riproposizione dei nomi trinitari della Chiesa: «la Chiesa prega e insieme lavora perché la totalità del mondo divenga Popolo di Dio, Corpo del Signore e Tempio dello Spirito Santo, e in Cristo, Capo di tutti, sia reso ogni onore e gloria al Creatore e Padre dell'universo» (*LG* 17).

---

[255] Cfr. soprattutto LG 23; 27; CD 11: quest'ultimo sarà recepito integralmente dal *CIC* (can. 369) dove è manifesta la preferenza per l'espressione «Chiesa particolare» (LG 23) in riferimento alla diocesi.

[256] Ciò è garanzia di *cattolicità* della Chiesa, nel senso della sua natura di «convocazione», come chiamata alla fede di ogni tribù, lingua, popolo e nazione. In questo modo la Chiesa "territoriale" e cattolica sfugge alla tentazione del "club" riunito da legami di ordine sociale, politico, culturale, ecc. Nella diocesi la Chiesa «una, santa, cattolica e apostolica» è *radunata* dal Vangelo (cfr. LG 19) e dalla partecipazione all'eucarestia sotto «il ministero sacro del vescovo» (cfr. LG 26). Inoltre «il ministero episcopale non è solo personale ma pure sinodale» in quanto si avvale della necessaria collaborazione e del consiglio dei presbiteri: cfr. M. SEMERARO, *Mistero, comunione e missione*, 109; cfr. ID., «Unum presbyterium cum suo episcopo constituunt», 29-67. Va fatta una precisazione, tenendo conto del testo di LG 28, riguardo a ciò che "distingue" il vescovo dal presbitero. Dal punto di vista cristologico non c'è nessuna differenza: come abbiamo detto la capacità di *agere in persona Christi* è propria tanto del presbitero quanto del vescovo. La differenza si scopre proprio dal punto di vista ecclesiologico perché il vescovo è principio e fondamento del popolo di Dio, della *portio populi Dei*, che è la diocesi (cfr. CD 11). Riguardo al vescovo, poi, il Concilio non utilizza più la distinzione tra *potestas ordinis* e *potestas iurisdictionis*. L'episcopato è un ministero con tre funzioni: *munus docendi, sanctificandi* e *regendi*: cfr. LG 21.

[257] G. ROUTHIER, «La recezione dell'ecclesiologia del Vaticano II: problemi aperti», in M. VERGOTTINI, ed., *La Chiesa e il Vaticano II*, 10-12.

3.4 Ulteriori prospettive e l'ecclesiologia di comunione

Uno sguardo retrospettivo sui primi due capitoli di questa esposizione ci fa "rileggere" diverse decine di volte il termine 'comunione-*koinonía-communio*', non sempre con lo stesso significato, e raramente come attributo proprio della Chiesa o dell'ecclesiologia. Questo non fa altro che riflettere l'ampia gamma di significati che lo caratterizza, in generale e, particolarmente, all'interno dei testi conciliari[258]. Per non parlare dei diversi usi e contesti di κοινωνία nel Nuovo Testamento[259]. Soprattutto a partire dall'"85, con la celebrazione del *Sinodo straordinario dei Vescovi*, si è tentato di "riassumere" l'ecclesiologia del Vaticano II sotto questa categoria, usando espressioni come «ecclesiologia "di" *comunione*», oppure «Chiesa "come" *comunione*». L'ambigua interpretazione-recezione – come si sa – è sempre dietro l'angolo, ragion per cui dobbiamo domandarci anche in questo caso: dove e in che misura ne parlano i documenti?

'Comunione' è presente ben 113 volte: tra queste rileviamo 40 ricorrenze nella *Lumen gentium*, 24 nel decreto *Unitatis*

---

[258] Trascurando i singoli riferimenti ai testi conciliari, scorriamo una carrellata di usi e accezioni di '*communio*': Dio è in comunione con l'uomo sin dalla *creazione*. Egli stabilisce un cammino verso una più piena comunione attraverso la *rivelazione* biblica. L'evento pasquale della *redenzione* ci mette in una comunione privilegiata con il mistero di Dio in Cristo: tutte espressioni di una comunione *teo*-logica. All'interno della Chiesa, poi, i membri del Corpo sono in comunione tra loro e con il Capo Cristo: la Chiesa stessa è sacramento di questa comunione, o «intima unione». Il cristiano entra in comunione con il Signore attraverso i sacramenti, in special modo l'Eucarestia, che è la *comunione* per eccellenza. C'è la *Communio Sanctorum*, l'unione spirituale tra gli uomini in pellegrinaggio sulla terra e i fratelli che ci hanno preceduto in cielo. Si può parlare di *comunione gerarchica*, come nel caso del collegio dei Vescovi, in comunione tra loro e con il Papa. È comunione, poi, quella che il Concilio intende favorire tra tutti i membri della Chiesa, laici e ministri, con vari "strumenti" (di comunione: consigli presbiterali, consigli pastorali, ecc.). Anche tra i Vescovi si percepisce l'importanza di una più piena collaborazione e comunione nel governo "ordinario" della Chiesa (conferenze episcopali regionali, nazionali, ecc.): la stessa collegialità, il concilio e il sinodo, sono espressioni della comunione tra le Chiese. L'ecumenismo è ricerca della comunione tra tutti i cristiani "separati". La Chiesa entra in comunione con il mondo intero quando ascolta le istanze dell'uomo e dialoga con le culture; quando esercita la sua *diakonia* e quando evangelizza; quando favorisce la pace, la concordia, ecc. Tutto il capitolo sulla recezione ha nel concetto di *koinonía* uno dei suoi fuochi principali.

[259] Significa condivisione di beni (*2Cor* 8,4; 9,13); partecipazione di vita con il Figlio (*1Cor* 1,9; *Fil* 3,10); solidarietà con l'opera di evangelizzazione degli apostoli (*Fil* 1,5); comunione fraterna (*At* 2,42); comunione eucaristica (*1Cor* 10,16ss.); comunione nello Spirito Santo (*2Cor* 13,13).

redintegratio, 14 nella *Gaudium et spes* e 10 in *Ad Gentes*[260]. Il peso proporzionalmente più rilevante si riscontra proprio nel decreto sull'ecumenismo – non contando che 24 articoli rispetto ai 69 della costituzione sulla Chiesa –: qui e in *Ad Gentes* il suo utilizzo rimanda il più delle volte alla comunione delle "Chiese" e delle Comunità ecclesiali con la Chiesa cattolica[261].

Un'altra osservazione può derivare dal fatto che una tale terminologia è più frequente in *Lumen gentium* al capitolo II. Da questo ricaviamo che la nozione di «popolo di Dio» è stata il quadro nel quale si è sviluppata maggiormente l'ecclesiologia di comunione, e in una relazione forte con il ruolo dello Spirito Santo, cosicché «la Chiesa considerata nella sua totalità, la *communio*, è il popolo di Dio radunato, luogo della diversità, della espressione dei carismi e dell'azione dello Spirito Santo»[262].

Anche in questo caso, come accadde per il concetto di popolo di Dio, si nota spesso nel post-Concilio un progressivo movimento in senso orizzontale e l'abbandono del riferimento a

---

[260] I significati in italiano non si discostano molto dal testo latino ufficiale: basti pensare che talvolta l'idea della comunione è resa dal latino '*societas*' (ad es. in LG 23: «*in universali caritatis societate*» è tradotto «nella universale comunione della carità»). Nel conteggio relativo a *Lumen gentium* abbiamo considerato anche le 8 volte in cui il termine ricorre nella *Nota Explicativa Praevia*, importante proprio a riguardo di questo tema. Lo troviamo 5 volte in *Sacrosanctum Concilium*, 4 volte in *Dei Verbum*, *Christus Dominus*, *Presbyterorum Ordinis* e *Orientalium Ecclesiarum*. In *Apostolicam actuositatem* 2 volte, e 1 sola in *Optatam totius* e *Perfectae caritatis*. «Anche se il Vaticano II usa la parola concreta 'comunione' più di cento volte [...], questa non serve mai – e meno ancora come "comunione dei santi" (LG 69, né l'equivalente "solidarietà con i santi": LG 50) – per qualificare direttamente la Chiesa, fatta eccezione per AG 38, dove si parla della "comunione [...] delle Chiese" (*communio Ecclesiarum*) che ha la sua espressione sinonima nella formula parallela "un corpo fatto di Chiese" (*corpus ecclesiarum*) in un testo tanto decisivo per la ecclesiologia di comunione qual è LG 23»: S. PIÉ-NINOT, *Ecclesiologia*, 174. Il Concilio utilizza anche concetti analoghi: si vedano soprattutto LG 8; 13; 15; 22-25; 43; 47-48; UR 1-4; 13-14; 22; GS 32; 89; AG 19. È bene ricordare che i decreti *Unitatis redintegratio* e *Orientalium Ecclesiarum* sono come l'espansione di LG 15, «La Chiesa e i cristiani non cattolici»: con costoro «la Chiesa si sa congiunta per molteplici ragioni».

[261] Tutto un capitolo a parte si apre con la questione dell'*ecumenismo*, altro caposaldo del Vaticano II. Con le Chiese "separate" si tratta di una comunione «imperfetta», in cammino verso la «piena comunione»: UR 3. La Chiesa di Cristo è unica, e «sussiste nella (*subsistit in*) Chiesa cattolica (cfr. LG 8b)», poiché *è presente* (*adest*) in essa, e vi si trova – sebbene in cammino di crescita – con tutte le "proprietà essenziali": una, santa, cattolica e apostolica. «Solo per mezzo della cattolica Chiesa di Cristo, che è lo strumento (*auxilium*) generale della salvezza, si può ottenere tutta la pienezza dei mezzi di salvezza». Ma in pari tempo si afferma che «lo Spirito di Cristo non ricusa di servirsi di esse [le chiese e comunità separate] come di strumenti (*mediis*) di salvezza, il cui valore deriva dalla stessa pienezza della grazia e della verità che è stata affidata alla Chiesa cattolica»: UR 3; cfr. LG 8; 15; UR 4; 13-23.

[262] G. ROUTHIER, «La recezione dell'ecclesiologia conciliare: problemi aperti», in M. VERGOTTINI, ed., *La Chiesa e il Vaticano II*, 14; cfr. P.C. BORI, *Koinonía*, 56.

Dio, che costituisce poi la *res fondante* della *communio*. L'ecclesiologia di comunione cominciò a ridursi alla tematica della relazione fra Chiesa locale e Chiesa universale, che a sua volta ricadde sempre più nel problema della divisione di competenze, finendo per ridursi ad una specie di discussione sul primato (cfr. Mc 9,33-37)[263].

Allargando sensibilmente gli orizzonti di riflessione, non si può non riconoscere con W. Kasper quale grande problema stia attraversando oggi il mondo occidentale: «l'ateismo di intere masse, il tentativo di motivare la felicità umana e la comunione tra gli uomini a prescindere da Dio (*GS* 19)»[264]. Il che è, sì, un problema, ma anche una sfida e un'occasione per l'ecclesiologia e per la Chiesa, in quanto essa sa di veicolare *come* sacramento la sorgente della "vera" comunione. Senza questa relazione alla rivelazione di Dio non è possibile evitare la drammatica tentazione di recepire in una prospettiva neo-sociologica la Chiesa, sostituendo una visione unilaterale puramente gerarchica, con una nuova concezione sociologica anch'essa unilaterale[265]. E questo ancor prima di entrare nel merito del rapporto tra Chiese locali e Chiesa universale, pur avendo esso un posto di prim'ordine nel rinnovamento conciliare.

La Chiesa del Concilio, infatti, è *mistero di comunione*, prima di tutto in quanto riflesso del mistero del Dio *Uni-Trino*, il quale

---

[263] Cfr. J. Ratzinger, «L'ecclesiologia della costituzione "Lumen gentium"», in R. Fisichella, ed., *Il Concilio Vaticano II*, 71. Sebbene questa ecclesiologia abbia sollevato diversi problemi a partire dal valore da attribuire al genitivo "di", l'espressione compare frequentemente e soddisfa abbastanza gli ecclesiologi contemporanei: «questi vanno dall'insistenza sull'origine e la natura teologale della comunione (Kehl), alla sottolineatura sul valore della comunicazione e della missione (Dianich-Noceti). [G. Lohfink ha ribadito] che l'assemblea è riunita di volta in volta dall'azione dello Spirito Santo e questo suo agire ininterrotto è la base della comunione [...]. In tutte queste proposte la comunione non manca: né come principio e fondamento né come modalità esistenziale e comunicativa. Ciò che manca è ricondurla sistematicamente al popolo di Dio in quanto tale»: G. Mazzillo, «Chiesa come "popolo di Dio" o Chiesa "comunione"?», in M. Vergottini, ed., *La Chiesa e il Vaticano II*, 59-60. Una volta escluse le derive ideologiche della Chiesa-*comunione*, si deve riconoscere che il Concilio recupera in qualche modo all'ecclesiologia quel concetto di «*communio Ecclesiarum*» ormai confinata al primo millennio, a fronte della prevalenza di una ecclesiologia universalistica soprattutto a partire dallo scisma del 1054. «La Chiesa particolare è, dunque, strutturalmente rinviata alla comunione con le altre Chiese ed è proprio la comunione di tutte le Chiese particolari [...] che assume il nome di Chiesa universale»: M. Semeraro, *Mistero, comunione e missione*, 117. Cfr. la recente opera S. Dianich – C. Torcivia, *Forme del popolo di Dio*, Cinisello Balsamo (MI) 2012.

[264] W. Kasper, *Teologia e Chiesa*, I, 289.

[265] Cfr. Assemblea generale straordinaria del 1985, Relazione finale *Ecclesia sub Verbo Dei*, 7 dicembre 1985, n. 3 (*EV* 9, 1790).

desidera comunicare agli uomini la comunione d'amore che egli è *in se stesso*[266].

Il *punto di partenza* e di accesso a questa comunione è l'*incontro* con la persona del Cristo; l'incontro con Cristo crea comunione con lui stesso e quindi con il Padre nello Spirito Santo, e la missione di evangelizzare della Chiesa non è che l'invito continuo a prendere parte a questa gioia. «Vi annunziamo ciò che abbiamo veduto e udito, affinché anche voi siate in comunione con noi, e la nostra comunione sia col Padre e col Figlio suo Gesù Cristo [...], affinché per l'annunzio della salvezza il mondo intero ascoltando creda, credendo speri, sperando ami» (*DV* 1; cfr. 1Gv 1,3). L'apostolo evangelista aggiungeva: «Queste cose vi scriviamo perché la vostra gioia sia piena» (1Gv 1,4).

Pur non risultando "canonizzata" come definizione esplicita della Chiesa – forse esattamente a motivo della sua ambiguità semantica –, la *communio* costituisce evidentemente il punto attorno a cui convergono le linee di rinnovamento, sia ecclesiale, sia ecclesiologico del Concilio[267]. E una volta chiarito, come abbiamo fatto, qual è il *fondamento teologico* della comunione, possono seguire tranquillamente tutte le sue possibili declinazioni nella *realtà* ecclesiale, nelle sue molteplici sfaccettature e nella sua duplice dimensione "verticale" e "orizzontale".

Si esplicita meglio a questo punto anche il concetto di «comunione gerarchica», sulla quale ritornò nel 1985 la *Commissione Teologica Internazionale*:

---

[266] Riassumiamo in 3 punti il mistero della Chiesa come mistero della *communio* secondo il Concilio: 1- L'eterno Padre ci ha creati chiamandoci alla partecipazione alla vita divina (LG 2); 2- La *communio* si realizza nella storia in modo del tutto singolare in Gesù Cristo (LG 2), il quale incarnandosi si è unito in certo modo ad ogni essere umano (GS 22); 3- Ciò che in Cristo si è compiuto una volta per tutte è continuato dallo Spirito Santo (LG 48), il quale abita nella Chiesa e nel cuore dei fedeli (LG 4). Egli unifica la Chiesa «*in communione et ministratione*» (LG 4; AG 4). La teologia trinitaria ci insegna che il mistero cristiano per eccellenza è quello rivelato nel Dio *amore*, uno e trino, Padre, Figlio e Spirito Santo. Cfr. anche G. CERETI, «Comunione», in G. BARBAGLIO – G. BOF – S. DIANICH, ed., *Teologia*, 256-276; cfr. BENEDETTO XVI, Lett. enc. *Deus caritas est*, 25 dicembre 2005 (*AAS* 98 [2006] 217-252 = *EV* 23, 1538-1605).

[267] Cfr. R. MARANGONI, *La Chiesa mistero di comunione*, 19. «[Il Concilio] rimane fedele alla sua posizione di partenza secondo cui la Chiesa è un mistero che non è possibile comprendere con un singolo concetto; per questo motivo esso utilizza il concetto di *communio* completandolo con altri aspetti della fede cui bisogna ricorrere per la comprensione dell'intero mistero»: L. SCHEFFCZYK, *La Chiesa*, 73.

Sin dal suo apparire nella storia, il nuovo popolo di Dio appare strutturato attorno ai pastori che Gesù Cristo stesso gli ha scelto, costituendoli suoi apostoli (Mt 10,1-42), e ponendo a loro guida Pietro (Gv 21,15-17) [...]. Non è possibile quindi dissociare il popolo di Dio che è la Chiesa dai ministeri che la strutturano e specialmente dall'episcopato. Questo, alla morte degli apostoli, diventa il vero «*ministero della comunità*» che i Vescovi esercitano con l'ausilio dei sacerdoti e dei diaconi (*LG* 20) [...]. La comunione che definisce il nuovo popolo di Dio è dunque una comunione sociale gerarchicamente ordinata. Come precisa la *Nota esplicativa previa* del 16 novembre 1964, se «*la comunione è un concetto tenuto in grande onore nell'antica Chiesa (e anche oggi, specialmente in oriente), per essa non s'intende un certo vago "affetto", ma una "realtà organica", che richiede forma giuridica e insieme è animata dalla carità*»[268].

Il cardinal Ratzinger ha sempre sottolineato come l'ecclesiologia di comunione sia fin nel suo intimo una *ecclesiologia eucaristica*, poiché il suo uso, così importante soprattutto in san Paolo, porta con sé anche la dimensione sacramentale, all'interno della quale la teologia della Chiesa diviene più concreta, rimanendo al tempo stesso spirituale, trascendente ed escatologica[269]. Lui come diversi altri teologi prolungano in questo modo le espressioni del magistero conciliare, approfondendo un approccio alla Chiesa certamente proficuo da più punti di vista, sia per una ecclesiologia cattolica della comunione, sia per il dialogo ecumenico[270].

---

[268] Commissione Teologica Internazionale, *Temi scelti di ecclesiologia*, 7 dicembre 1985, n. 6.1 (*EV* 9, 1720-1722). Acerbi ritiene di individuare nel Vaticano II due ecclesiologie giustapposte: una giuridico-gerarcologica (Chiesa *istituzione* e *societas*) e una incentrata sul concetto di Chiesa-*comunione*: cfr. A. Acerbi, *Due ecclesiologie*, Bologna 1975. In realtà le due tendenze furono presenti in entrambi i concili del Vaticano. Con il Vaticano II giunge ad una più chiara formulazione la tendenza comunionale, mantenendo necessariamente la struttura gerarchica (cfr. LG capitolo III).

[269] «Nell'eucarestia Cristo, presente nel pane e nel vino e donandosi sempre nuovamente, edifica la Chiesa come suo corpo e per mezzo del suo corpo di risurrezione ci unisce al Dio uno e trino e fra di noi. L'eucarestia si celebra nei diversi luoghi e tuttavia è allo stesso tempo sempre universale, perché esiste un solo Cristo e un solo Corpo di Cristo. L'eucarestia include il servizio sacerdotale della *repraesentatio Christi* e quindi la rete del servizio, la sintesi di unità e molteplicità, che si palesa già nella parola *communio*»: J. Ratzinger, «L'ecclesiologia della costituzione "Lumen gentium"», in R. Fisichella, ed., *Il Concilio Vaticano II*, 70. Cfr. *1Cor* 10,16ss.: «Il calice della benedizione che noi benediciamo, non è forse comunione con il sangue di Cristo? E il pane che noi spezziamo, non è forse comunione con il corpo di Cristo? Poiché c'è un solo pane, noi, pur essendo molti, siamo un corpo solo: tutti infatti partecipiamo dell'unico pane».

[270] A partire dall'eucarestia la comunione di Chiese si può così concepire come una "Comunione di comunioni". Una Chiesa locale si riconosce nella celebrazione eucaristica dell'altra, e si fa promotrice per la propria parte di unità e di comunione. Contro alcuni

Compresa rettamente, l'ecclesiologia di comunione può servire come *sintesi* per gli elementi essenziali della Chiesa del Vaticano II, ma va certamente raccordata, armonizzata, e completata con le altre prospettive offerte[271]. Dopo la lettura dei documenti siamo in grado di riaffermare con forza come non si possa parlare di *una* ecclesiologia in Concilio, o di *un* modello di Chiesa, né tantomeno li si può desumere dalla sola *Lumen gentium*, pur costituendo essa la testimonianza più ricca e organica sulla materia.

Se è possibile rivediamoli in sintesi: la Chiesa del Concilio è innanzitutto *cristocentrica*, perché ricentrata su Cristo; ed è *sacramentale*, visto che per mezzo di essa il mistero trinitario "diventa" storia[272].

---

modi sbagliati di intendere la comunione si pronuncia, negli anni successivi al Sinodo dell'"85, il documento della Congregazione per la Dottrina della Fede, *Communionis notio*, del 28 maggio 1992. Le *Chiese particolari* hanno con il «tutto» della *Chiesa universale* un rapporto di «mutua interiorità», sì da non potersi considerare soggetti "completi" in se stesse. «La Chiesa universale non può essere concepita come la somma delle chiese particolari né come una federazione di chiese particolari. Essa non è il risultato della loro comunione, ma, nel suo essenziale mistero, è una realtà ontologicamente previa ad ogni singola Chiesa particolare»: nn. 8-9 (*EV 13*, 1785-1789). Per il commento rimandiamo alla relazione del card. Ratzinger più volte citata.

[271] Cfr. J. RATZINGER, «L'ecclesiologia della costituzione "Lumen gentium"», in R. FISICHELLA, ed., *Il Concilio Vaticano II*, 69; cfr. G. ROUTHIER, «La recezione dell'ecclesiologia conciliare: problemi aperti», in M. VERGOTTINI, ed., *La Chiesa e il Vaticano II*, 12-14. Naturalmente lo sviluppo dell'ecclesiologia di comunione, nella prospettiva della recezione del Concilio, ha suscitato numerose altre questioni ecclesiologiche che noi non abbiamo approfondito, anch'esse essenziali per la vita e la missione della Chiesa nel mondo contemporaneo: cfr. G. CALABRESE, «Chiesa come "popolo di Dio" o Chiesa "comunione"?», in M. VERGOTTINI, ed., *La Chiesa e il Vaticano II*, 76. Ci è impossibile, almeno per ora, esaminarle tutte, salvo riservarci di volta in volta, nello sviluppo analitico del secondo volume, la possibilità di espanderne i contenuti laddove necessario. Mutuiamo dall'autore un breve *excursus* con i relativi riferimenti bibliografici, quale sintesi di temi in parte già affrontati. Per il rapporto tra la Chiesa universale e le Chiese particolari cfr. Salamanca 1991. Riguardo la comunione tra la Chiesa cattolica e le altre Chiese e comunità cristiane cfr. G. CERETI, *Per una ecclesiologia ecumenica*, 67-96 e 183-259. Sul fondamento e la natura della collegialità dei Vescovi nella Chiesa cfr. G. MAZZONI, *La collegialità episcopale*, Bologna 1986. Sullo statuto teologico e giuridico del Sinodo e delle Conferenze Episcopali nazionali e regionali cfr. Salamanca 1988. Per la sinodalità dell'intera Chiesa cfr. S. DIANICH, «Sinodalità», in G. BARBAGLIO – G. BOF – S. DIANICH, ed., *Teologia*, 1522-1531. Sul ruolo del laicato nella Chiesa-comunione cfr. G. ZAMBON, *Laicato e tipologie ecclesiali*, Roma 1996. Sul movimento ecumenico cfr. R. SGARBOSSA, *La Chiesa mistero di comunione*, Padova 1994; G. BRUNI, *Quale ecclesiologia?*, Milano 1999; H. FRIES – K. RAHNER, *Unione delle Chiese*, Brescia 1986; Y. SPITERIS, *Ecclesiologia ortodossa*, Bologna 2003.

[272] Per il "binomio" Chiesa cristocentrica e sacramentale si veda soprattutto SC, LG, DV, GS e AG. Per questa sintesi di prospettive traiamo spunto anche da C. DELPERO, *La Chiesa del Concilio*, soprattutto il capitolo XII, 225ss.

È una Chiesa *comunionale*, dal momento che nella sua dimensione storica si configura come comunità battesimale, come popolo animato da legami di intima comunione; ed è pure *gerarchica*, strutturata e ordinata fin dai tempi apostolici: il sacerdozio ministeriale le assicura la comunione e la rinascita dall'alto, e la liturgia – soprattutto quella eucaristica – costituisce nello Spirito la sorgente e il culmine di tutta la sua vita[273].

La Chiesa del Vaticano II è poi costitutivamente *biblico-evangelica*, poiché la fede viene dall'ascolto: dalla Parola di Dio, infatti, si lascia guidare e tras-formare. Ed in forza della Parola, che è fondamentalmente una «parola della Croce» (1Cor 1,18), si fa evangelizzatrice e «serva», Chiesa *secolare-dialogica*, *missionaria* nel mondo e interlocutrice delle culture dell'uomo[274].

Pellegrina di mezzo al secolo, nondimeno la Chiesa vive la sua dimensione *escatologica*, testimone di «cieli nuovi e una nuova terra» (2Pt 3,13; Ap 21,1ss.), segno di speranza contro ogni materialismo che ottunde gli orizzonti della santità. La «prima» nella *Sanctorum Communio* è la Madre del Signore. In lei vediamo la figura anticipatrice e il modello della Chiesa, e ne riscopriamo la dimensione *mariana*: ciò che è dell'uomo e del tempo viene assunto dallo Spirito di Dio, affinché "in essa" siano salve tutte le genti[275].

Anche Avery Dulles, l'autore di *Models of Church* – un'opera apprezzata per la precisione analitica e la finezza teologica con cui vengono proposti cinque fondamentali *modelli* di Chiesa –, invitava il lettore a valutare i pregi e i difetti di tutti e di ciascuno, poiché – diceva – come mistero, la Chiesa «trascende tutte le analogie umane e rifiuta di essere ridotta a un singolo paradigma teologico»[276].

---

[273] Per la Chiesa come comunione gerarchica sono rilevanti soprattutto LG, SC, OE, CD, PO, OT e AA.

[274] Sono due dimensioni che emergono dalla lettura di DV, GS, LG, AG, UR, IM, NAe, DH e GE.

[275] Cfr. in particolare LG (cap VIII) e PC. «In tal modo, ognuno dei binomi menzionati si armonizza al suo interno, mentre restano escluse ulteriori e possibili contrapposizioni, come quella fra cristologia e mariologia, fra annuncio della Parola e sacramenti, fra evangelizzazione in contesto di fede e dialogo coi valori secolari, fra gerarchia e santità: a patto che si rispettino i principi della comunione cattolica, che è promozione dell'unità nel rispetto della molteplicità»: C. DELPERO, *La Chiesa del Concilio*, 235.

[276] A. DULLES, *Modelli di Chiesa*, in particolare 241-243. I cinque "modelli" sono sostanzialmente questi: la Chiesa-*istituzione* (istituzionale), la Chiesa-*comunione mistica* (comunionale), la Chiesa-*sacramento* (sacramentale), la Chiesa-*annunciatrice della Parola* (kerygmatico), la Chiesa-*a servizio del mondo* (diaconale).

D'altronde, non avevamo visto proprio in *LG* 8 come il "culmine" di questa Chiesa concepita a partire dal mistero? Come *communio*, infatti, la Chiesa è una realtà "complessa", un insieme ricco di tensioni di diversi elementi, mistero e soggetto storico, Tradizione vivente, frutto del disegno divino-trinitario e in cammino verso il compimento delle promesse: «in questo "frattempo" fra l'origine e la meta, la Chiesa si struttura a immagine della Trinità, una nella diversità, comunione articolata nella reciproca abitazione dei doni, dei servizi e delle Chiese»[277].

---

[277] B. FORTE, La *Chiesa della Trinità*, 203.

Capitolo III

L'Episcopato italiano e il Concilio

1. Dalle diocesi al Concilio: verso una Chiesa d'Italia

«Il 17 novembre 1964 giungeva alla sua provvisoria conclusione uno dei più vivaci dibattiti del Concilio Vaticano II»[1], con la votazione a schiacciante maggioranza – 2099 a favore, e 46 contro – del terzo capitolo della *Lumen gentium*: «*De constitutione hierarchica Ecclesiae et in specie de episcopatu*». Per tre sessioni si era animatamente discusso su come si dovesse intendere il ministero del vescovo nella Chiesa, e molto finì per concentrarsi intorno al concetto di *collegialità*.

La realtà delle Conferenze Episcopali, che troverà una prima codificazione-recezione il 28 ottobre 1965, con l'approvazione del decreto sull'ufficio pastorale dei Vescovi *Christus Dominus*, va collocata esattamente all'interno di questo dibattito.

Si è già osservato come il tema dell'unione collegiale dei Vescovi sia stato favorito dalla stessa convocazione e celebrazione del Concilio. Come si doveva inquadrare, allora, da un punto di vista ecclesiologico, questo raduno dei Vescovi di tutto il mondo, posti in quanto *collegio* di fronte a un compito comune? Non doveva essere piuttosto l'inizio di una prassi collegiale?[2]

Paolo VI si fece subito portavoce di una comune coscienza collegiale, non soltanto perché ad essa si associava una nuova

---

[1] L. Vischer, «La ricezione del dibattito sulla collegialità», in G. Alberigo – J.-P. Jossua, ed., *Il Vaticano II e la Chiesa*, 309. È stato riconosciuto giustamente come «il dibattito centrale del Vaticano II»: H. Legrand, «La sinodalità al Vaticano II e dopo il Vaticano II», in R. Battocchio – S. Noceti, ed., *Chiesa e sinodalità*, 68.

[2] Cfr. L. Vischer, «La ricezione del dibattito sulla collegialità», in G. Alberigo – J.-P. Jossua, ed., *Il Vaticano II e la Chiesa*, 326-327.

visione della Chiesa, ma per le conseguenze che si sarebbero avute sugli stessi processi di recezione.

Nei decenni successivi al Concilio singole conferenze episcopali hanno preso vaste iniziative, attuando in varie forme quell'*affectus collegialis* "riscoperto" in Concilio, e cominciando ad esercitare «una specie di magistero»[3].

E in Italia? Dopo i fondamentali studi di Giuseppe Alberigo[4] e Andrea Riccardi[5], numerosi documenti, diari e fonti stanno vedendo la pubblicazione in questi ultimi anni, contribuendo a formare quel quadro complessivo – tanto auspicato e lungi dall'essere completato – della partecipazione dei nostri Vescovi al Vaticano II. Tale contributo non si potrà mai separare dal "bene" che gli stessi Vescovi hanno *ricevuto* dalla celebrazione del Concilio, insieme alle loro diocesi.

Le pagine che seguono non intendono offrire una cronaca degli avvenimenti, che si suppongono noti. Sono, invece, il tentativo di rintracciare, a partire da essi, il fecondo legame tra la Conferenza episcopale italiana e il Concilio Vaticano II: la sua nascita, la sua "evoluzione" e trasformazione durante i lavori, e l'avvio della fase che la vede coinvolta nella recezione del Concilio, esattamente nell'ottica di quello scambio vitale di doni che, all'interno dei distinguo fatti nel primo capitolo, abbiamo chiamato *recezione*.

Interminabile sarebbe una analisi della recezione al livello delle chiese diocesane. Ma l'Episcopato italiano nel suo insieme, in che modo ha vissuto l'*evento* conciliare e come lo ha recepito?[6] Se fosse possibile: come ne è stato "cambiato"?

---

[3] Più facilmente vengono alla memoria le esperienze dei Vescovi latino-americani, con le conferenze di Medellín (1968), Puebla (1979), Santo Domingo (1992) e Aparecida (2007); la dichiarazione dei Vescovi brasiliani sui diritti dell'uomo; poi ancora la dichiarazione dei Vescovi dello Zaire *La nostra fede in Gesù Cristo* (1975), quella dei Vescovi degli Stati Uniti *The Challenge of Peace. God's Promise and our Response* (1983), solo per citarne alcune: cfr. L. VISCHER, «La ricezione del dibattito sulla collegialità», in G. ALBERIGO – J.-P. JOSSUA, ed., *Il Vaticano II e la Chiesa*, 312.

[4] Cfr. soprattutto G. ALBERIGO, «Santa Sede e Vescovi», 855-879.

[5] Cfr. A. RICCARDI, «La Conferenza Episcopale Italiana negli anni Cinquanta e Sessanta», in G. ALBERIGO, ed., *Chiese italiane e Concilio*, 21-52.

[6] Gli studi e i documenti che via via affiorano, rispetto alla già imponente mole documentaria ufficiale dei singoli Vescovi (*consilia et vota, relationes, animadversiones*, ecc.), lasciano «sospettare che le fonti conciliari conosciute costituiscano appena la sommità di un iceberg con una significativa base sommersa di informazioni»: P. GHEDA, «La CEI durante il Concilio», 11. Accanto ai documenti privati che emergono dai fondi personali dei Vescovi, ciò che riguarda la Conferenza episcopale italiana (=CEI) gode oggi di «una felice e rigorosa sistemazione archivistica» presso l'archivio CEI (fondo CEV). La

Da qui, infine, arriveremo a capire come esso ha inteso avviare il processo di recezione del Concilio, nell'interno del tessuto della Nazione[7].

1.1 *La nascita della CEI: cenni storici e prime tappe*

La Conferenza episcopale italiana, o più semplicemente la CEI, ha avuto inizio di fatto con la *prima riunione dei 19 Presidenti* delle Conferenze Episcopali Regionali[8], che si tenne a Firenze nei giorni 8-10 gennaio 1952[9].

Proprio dall'esperienza delle riunioni regionali era emerso, nei decenni precedenti a questa data storica, un elemento quantomeno significativo: la divaricazione, nell'Italia unita, tra quadro geografico e realtà ecclesiale. Risultava difficile, già da allora, parlare di una *identità nazionale* della Chiesa italiana: «sembra essere mancato per l'Italia religiosa un punto di riferimento unitario, un centro di aggregazione capace di approfondimenti, di proposte, di sintesi e di indirizzi misurati sul contesto della situazione nazionale»[10]. D'altra parte, sebbene si conosca sin dall'antichità una pratica sinodale dei Vescovi di una determinata regione, le origini dell'istituto delle conferenze episcopali sono abbastanza recenti: i primi *conventus episcoporum* risalgono alla metà del 1800, quando la costituzione degli Stati nazionali e le nuove esigenze dell'evangelizzazione suggeriscono l'opportunità di una consultazione sistematica tra i Vescovi di una stessa nazione[11]. Precursori furono soprattutto il

---

documentazione afferisce sostanzialmente alla vita della CEI a Roma durante il Concilio, soprattutto alle riunioni settimanali presso la *Domus Mariae*: ordini del giorno; registri delle presenze; carteggi di convocazione tra il segretario Alberto Castelli e i Vescovi; alcune relazioni; documenti relativi alla produzione "unitaria" della Conferenza, dei singoli Vescovi e dei periti nominati; pubblicazioni ufficiali della CEI negli anni conciliari.

[7] La risposta a quest'ultima domanda ci vedrà impegnati nel *volume II* di quest'opera, allorché prenderemo in esame, uno ad uno, i documenti pastorali nazionali, programmati secondo una logica decennale.

[8] Istituite a loro volta nel 1889 dalla Congregazione per i Vescovi e i Regolari.

[9] La prima riunione di Firenze vede subito riconosciuto il carattere di «Conferenza episcopale italiana», sebbene sia ancora soltanto rappresentata dai Presidenti regionali, e nonostante la grande riservatezza con la quale viene celebrata: si tiene, infatti, in un pensionato universitario al n.19 del Lungarno Serristori, gestito dalle suore francescane dell'Immacolata.

[10] C.D. Fonseca, «Presentazione», in F. Sportelli, *La Conferenza Episcopale Italiana* (1952-1972), V.

[11] Cfr. M. Semeraro, *Mistero, comunione e missione*, 181-182.

Belgio[12] e la Germania[13], cui si aggiunsero presto la Francia e la Spagna[14].

Per quanto concerne l'Italia

l'idea di una conferenza, che avesse a riunire i Presidenti delle conferenze regionali, per uno scambio di idee e di esperienze, risale al 1946 e precisamente alla commissione episcopale nominata dalla Santa Sede per la preparazione dei nuovi statuti dell'ACI. Venne infatti allora presentato un progetto che proponeva la costituzione di una commissione composta dei Presidenti delle conferenze regionali con lo scopo di studiare i problemi della Chiesa in Italia e di indicarne le soluzioni, da sottomettersi alla Santa Sede. Il progetto fu giudicato prematuro e si addivenne alla nomina di una Commissione episcopale per l'alta direzione dell'ACI[15].

Il *secondo incontro dei Presidenti* si tenne a Sestri Levante dal 27 al 29 gennaio 1953. «Dopo questo secondo incontro la S. Sede dispose di far precedere al successivo una vasta indagine in tutte le diocesi italiane sui problemi pastorali e morali più urgenti»[16]. La richiesta al Papa di rendere permanente il beneplacito per incontri periodici di questo genere lascia già intravedere un'evoluzione importante nei rapporti interni all'Episcopato italiano, nonostante si tratti di un insieme numeroso e ancora frastagliato.

Il 6-7 novembre 1953 si svolge a Pompei la *terza riunione dei Presidenti* regionali, presieduta dal Card. Adeodato Giovanni Piazza, successore di Ildefonso Schuster (1952-1953)[17].

---

[12] Malines, nell'anno 1830.

[13] La prima conferenza a Würzburg, nel 1848.

[14] Per la Francia si trattava della *Assemblea dei Cardinali e degli Arcivescovi*, ogni anno a partire dal 1919; in Spagna le prime riunioni della *Conferenza dei Metropoliti* risalgono al 1921.

[15] «Nel 1952 tuttavia il Santo Padre autorizzò il primo incontro dei Presidenti delle conferenze regionali a Firenze, su un argomento fondamentale: esame della situazione religiosa, morale e civica dell'Italia ed opportuni rimedi. L'esperimento incontrò il consenso degli em.mi ed ecc.mi intervenuti e l'approvazione della Santa Sede. [...] la Conferenza, pur essendo formata dai Presidenti delle regioni conciliari, poteva funzionare – e funzionò di fatto – per uno scambio proficuo di idee e di esperienze di ben più vasta provenienza»: G. Urbani, *Prolusione* alla I Assemblea generale, 21 giugno 1966, nn. 7-8 (*ECEI* 1, 670-671).

[16] L. Bianco, *La Conferenza Episcopale Italiana*, 8. Per un primo esame dei risultati dell'indagine i Cardinali Arcivescovi incaricati di preparare il terzo incontro si riunirono a Venegono Inferiore (VA) il 14-15 settembre 1953.

[17] I primi chiamati a svolgere questo ruolo erano cardinali "decani" o responsabili di dicasteri vaticani: dopo Alfredo Ildefonso Schuster e Giovanni Piazza (1953) seguì Maurilio Fossati (1954-1958). Poi furono Presidenti quelli votati dalla CEI e nominati dal

Finalmente il *primo Statuto provvisorio* del 1° agosto 1954 sancisce la nascita formalmente statuita della Conferenza episcopale italiana, mantenendo, tuttavia, ancora un carattere «rappresentativo»[18].

La *prima riunione plenaria* a norma di statuto si tiene a Pompei in data 11-13 gennaio 1955, e d'ora in poi queste riunioni, che generalmente si concludevano con un *comunicato stampa* o con una *dichiarazione finale*[19], si susseguono con ritmo costante, una volta l'anno: la nona e ultima di queste riunioni della CEI "prima maniera", prima cioè della sua ristrutturazione secondo le norme del Concilio Vaticano II, si tiene a Roma nell'agosto del 1963[20].

Non è un segreto per nessuno la particolare predilezione di papa Roncalli per la Conferenza. Sono anche merito suo le novità introdotte con il *secondo Statuto provvisorio* del 1959: soprattutto il nuovo peso dato al Presidente della CEI fa assumere al card.

Papa: Giuseppe Siri (1959-1965), seguito dalla presidenza collettiva temporanea di Giovanni Colombo, Ermenegildo Florit e Giovanni Urbani (1965); e ancora Giovanni Urbani (1966-1969), Antonio Poma (1969-1979), Anastasio Ballestrero (1979-1985), Ugo Poletti (1985-1991), Camillo Ruini (1991-2007), Angelo Bagnasco dal 7 marzo 2007.

[18] La CEI è così definita: «la riunione degli Arcivescovi e Vescovi d'Italia, presidenti delle conferenze episcopali regionali, in rappresentanza degli ordinari delle rispettive regioni»: Statuto 1954, par. I, art. 1 (*ECEI* 1, 77). «Questo primo statuto prevedeva un comitato direttivo, composto dai cardinali Arcivescovi residenziali d'Italia; una segreteria generale, che nel novembre 1954 venne affidata al vescovo Alberto Castelli; e la "Conferenza episcopale italiana" vera e propria, che però comprendeva solo i Presidenti delle conferenze episcopali regionali: sarebbero stati essi, poi, a informare i Vescovi della propria regione sugli argomenti trattati nelle riunioni plenarie ed eventualmente farsi portavoce dei loro desiderata»: «Introduzione», *ECEI* 1, pag. 19. Fanno parte dell'Assemblea CEI, quindi, i cardinali componenti il Comitato direttivo, gli Arcivescovi e Vescovi presidenti delle regioni conciliari, e l'ordinario militare. Particolari circostanze possono richiedere «atti collettivi», ma le risoluzioni non hanno forza di legge. Nella vita della CEI le funzioni del segretario generale sono andate spesso verso funzioni di stimolo e di iniziativa che superavano la stretta fisionomia statutaria. Vale la pena di nominare tutti i segretari: Giovanni Urbani (1952-1953), Alberto Castelli (1954-1966), Andrea Pangrazio (1966-1972), Enrico Bartoletti (1972-1976), Luigi Maverna (1976-1982), Egidio Caporello (1982-1986), Camillo Ruini (1986-1991), Dionigi Tettamanzi (1991-1995), Ennio Antonelli (1995-2001), Giuseppe Betori (2001-2008), Mariano Crociata (2008-2013), Nunzio Galantino, nominato *ad interim* il 28 dicembre 2013, e confermato *ad quinquennium* il 25 marzo 2014, in attesa della modifica dello Statuto richiesta da papa Francesco, affinché i vertici della CEI siano non più nominati dal papa, bensì frutto di un voto dell'Assemblea (modifica approvata nel corso della 66° Assemblea generale [19-22 maggio 2014]: cfr. il *volume II* di quest'opera, in particolare la conclusione).

[19] Il primo documento in assoluto è la *Lettera collettiva* dei Presidenti delle conferenze episcopali regionali sull'anno mariano e i problemi sociali del paese (Pompei, 2 febbraio 1954 [*ECEI* 1, 1-76]). Ma il documento pastorale più importante per questo primo decennio è senza dubbio la lettera sul problema del laicismo: EPISCOPATO ITALIANO, *Lettera al clero sul problema del laicismo*, 25 marzo 1960, 3-21 (*ECEI* 1, 168-249).

[20] Cfr. l'«Introduzione» al volume *ECEI* 1 a pag. 19.

Siri quasi una funzione di sovrintendente della Santa Sede per l'Italia[21], mentre l'integrazione nella CEI della Commissione Episcopale per l'Alta direzione dell'Azione Cattolica Italiana, ha dato alla Conferenza «una funzione di guida del cattolicesimo italiano»[22]. Nonostante il dibattito sembri tutt'altro che concluso[23], e la sua fisionomia appaia evidentemente come un frutto acerbo, agli inizi degli anni Sessanta la CEI si presenta ormai come una istituzione consolidata.

Spartiacque tra un "prima" e un "dopo" della Conferenza fu senza dubbio il Vaticano II. La *Commissione Antepreparatoria*, istituita dalla S. Sede il 17 maggio 1959, aveva tra gli altri compiti quello di prendere contatto con tutto «l'Episcopato

[21] Il *Nuovo Statuto* viene promulgato dalla Sacra Congregazione concistoriale il 30 settembre 1959: cfr. *Dei agricultura. Dei aedificatio*, luglio 1961, 3-11 (*ECEI* 1, 137-154). Con *Dei agricultura. Dei aedificatio* si fa riferimento al bollettino interno della CEI iniziato nel febbraio 1960; l'ultimo numero è del settembre 1966, sostituito in seguito dal *Notiziario CEI* (=*NCEI*). In base al nuovo Statuto, il 12 ottobre 1959 il papa Giovanni XXIII nomina il card. Giuseppe Siri, arcivescovo di Genova, Presidente della CEI. Il Prelato ligure ha in mente un disegno chiaro per il potenziamento dell'organo di rappresentanza dei Vescovi. «Siri vuole che la CEI sia un organismo attivo ed informato, protagonista della Chiesa italiana: di qui la necessità di darle una struttura anche burocraticamente più complessa»: P. GHEDA, «La CEI e la preparazione del Concilio», in P. CHENAUX, *L'Università del Laterano*, 114. Si aggiunge un Segretariato permanente come organo della CEI; ma anche l'Assemblea si allarga: oltre ai cardinali componenti il Comitato direttivo, agli Arcivescovi e Vescovi presidenti delle «regioni conciliari», e all'ordinario militare, si aggiunge il vicegerente di Roma. Parliamo di «regioni conciliari» perché le regioni ecclesiastiche così come si conoscono attualmente non esistevano ancora. Il 24 agosto 1889 con la *Instructio* della S. Congregazione dei Vescovi e Regolari (cfr. *Leonis XIII P.M. Acta*, IX, 184-190), vennero ricostituite le 17 «regioni conciliari», raggruppanti ognuna più province ecclesiastiche appartenenti a due o più regioni civili. Il loro funzionamento fu sostanzialmente confermato dalla S. Congregazione Concistoriale (Lettera circolare all'Episcopato italiano, 22 marzo 1919: *AAS* 11 [1919] 175-177) e dalla S. Congregazione del Concilio (Disposizioni *Circa le conferenze*, 21 giugno 1932: *AAS* 24 [1932] 242-243).

[22] F. SPORTELLI, *La Conferenza Episcopale Italiana* (1952- 1972), 129.

[23] Interessante il dibattito sulla natura giuridica della CEI, stimolato soprattutto dal vescovo di Segni, Luigi Carli, il quale domandava al segretario Castelli quale fosse il reale statuto ecclesiologico della Conferenza, finché non venisse coinvolto l'*intero* Episcopato italiano: se si trattava di un organismo «super-episcopale» dotato di speciali poteri direttamente dalla S. Sede, «sotto» la cui autorità – e le deliberazioni pastorali – stavano i singoli Vescovi, oppure è «la CEI un organo rappresentativo dell'Episcopato italiano? [...] Ma allora, le decisioni dovrebbero essere prese collegialmente: mediante periodiche riunioni di tutti i Vescovi (una volta all'anno non sarebbe una grande scomodità), ovvero mediante la discussione previa degli argomenti in sede di Conferenze Regionali»: *Archivio della Conferenza Episcopale Italiana*, «Carli a Castelli», 6 aprile 1960, prot. CEI 1532, cit. in F. SPORTELLI, *La Conferenza Episcopale Italiana* (1952-1972), 135-136. Lo studio di Sportelli registra la risposta di Siri: la CEI «agisce per suggerimento della Santa Sede», cui si deve obbedienza come a Pietro; «stabilisce una linea»; non costituisce obbligazioni in senso stretto, ma una «robusta autorità magisteriale» che nessuno può sottovalutare: cfr. *ivi*, 136.

cattolico delle varie nazioni per averne consigli e suggerimenti». Con tutto ciò, «*consilia et vota*» furono indirizzati unicamente ai singoli Vescovi[24]. Ragion per cui risulterebbe titanico – quantomeno molto più dettagliato ed ampio di questo nostro *excursus* – lo sforzo di comprendere «insieme» ed esaustivamente il contributo dell'Episcopato italiano negli anni dal '59 al '62. Quanto alle reazioni seguite all'*annuncio* del Concilio, le testimonianze documentali in nostro possesso attestano sentimenti contrastanti[25]. Roberto Morozzo della Rocca rileva l'esiguo numero di coloro che «attendono dal Concilio soluzioni nuove, in spirito di ricerca»[26].

Mentre l'ambiente romano – almeno in prima battuta – si sente poco coinvolto in questa consultazione universale[27], particolarmente attive sono le università ecclesiastiche[28] e diversi ambienti culturali cattolici[29]. Via via anche «esponenti di primo piano della CEI intraprenderanno un'opera divulgativa di conoscenza sul Concilio e le sue tematiche, attraverso la partecipazione a varie conferenze in tutta la Penisola»[30].

---

[24] G. ALBERIGO, *Storia del Concilio*, I, 65, nota 114.

[25] Segnaliamo quanti accolsero positivamente la notizia in particolare tra i membri del Comitato Direttivo della CEI: Giovan Battista Montini, Maurilio Fossati, Giovanni Urbani, Alfonso Castaldo, Ernesto Ruffini. È emblematico che il *Comunicato finale* della sesta riunione della Conferenza dei Presidenti (13-15 ottobre 1959) – trascorsi oltre 8 mesi dalla data dell'annuncio – non faccia alcun riferimento né all'evento, né alla consultazione antepreparatoria: cfr. *ECEI* 1, 155-162.

[26] «I "voti" dei Vescovi italiani per il concilio», in AA.Vv., *La Deuxième concile du Vatican* (1959-1965), 120.

[27] Gli *Acta et documenta Concilio oecumenico Vaticano II apparando* contengono i pareri di ben 245 Vescovi residenziali italiani su 260, con una percentuale di risposta di circa il 93,4 % (oltre a loro c'erano altri 66 interventi di titolari, abati, ecc.). Si tratta, però, di un insieme composto e variegato, che non sembra aver mostrato un atteggiamento caloroso nei confronti dell'imminente Concilio, soprattutto negli ambienti della Curia romana. I cardinali F. Tedeschini e E. Tisserant non fecero pervenire risposta. Non è superfluo rimarcare che solo 3 Vescovi erano stati eletti da Giovanni XXIII: tutti gli altri sotto Pio XII (il 61, 2%) e Pio XI (31%). Dall'*Annuario pontificio* è stato ricavato, poi, che nel 1959 l'età media dei Vescovi era di circa 65 anni, e il 22% di loro superava i 75 anni: cfr. M. VELATI, «I 'consilia et vota' dei Vescovi italiani», 83-84.

[28] «Tra di esse spiccano la Gregoriana, con una notevole attenzione alla questione biblica, ed il Laterano che convoca addirittura una settimana in preparazione del Vaticano»: A. RICCARDI, «I 'vota' Romani», 148. Cfr. P. GHEDA, «La CEI e la preparazione del Concilio», in P. CHENAUX, ed., *L'Università del Laterano*, 99-119.

[29] Al Palazzo Vecchio di Firenze Giorgio La Pira organizza una tre sere in preparazione del Concilio il 27, 28 e 29 settembre 1962, con interventi di Féret, Daniélou e Balducci: cfr. E. BALDUCCI, «Alle soglie di una nuova epoca», 20-24.

[30] P. GHEDA, «La CEI e la preparazione del Concilio», in P. CHENAUX, ed., *L'Università del Laterano*, 116.

Impegnati nell'attività convegnistica e nella stesura di *Lettere Pastorali* sono pure molti Ordinari diocesani.

Sono soprattutto i Vescovi della "periferia" ad impegnarsi nella compilazione dei «*vota*». Tra i Vescovi italiani sembra condivisa in larga parte l'interpretazione delle crisi interne ed esterne alla Chiesa con la categoria del *laicismo*[31]. Il Concilio, pertanto, avrebbe dovuto corrispondere soprattutto a precise e urgenti esigenze di chiarezza, in merito a «problemi» di natura dottrinale, disciplinare e canonica. Anche se a livello molto superficiale, si può cogliere allo stesso tempo un desiderio di rinnovamento: i Vescovi «avanzano qualche proposta in positivo che investe principalmente il campo della mariologia, della ecclesiologia e della dottrina sociale»[32].

In effetti alla vigilia del Vaticano II, molta strada deve fare ancora la CEI – e più ampiamente l'Episcopato italiano –, ma le parole del presidente Siri alla prolusione del *decennale*, segnano il passo di un cammino vigorosamente avviato, certamente propedeutico alla celebrazione del Concilio[33], e premessa per una Chiesa italiana protagonista.

1.2 *I Vescovi italiani "a concilio"*

È vero che una tappa importante nell'*iter* di "formazione" e maturazione della CEI era stata raggiunta con la scelta del card. Siri alla presidenza, e con una prima definizione organizzativa mediante il nuovo Statuto. «Ciononostante mancherà ancora in questi anni presso i prelati italiani un apprezzamento della Conferenza come organismo pienamente rappresentativo»[34]. Di contro, proprio la chiamata al dibattito conciliare provocherà la questione della ricerca di posizioni autorevoli e *unitarie*, a fronte

---

[31] Cfr. A. RICCARDI, «I 'vota' Romani», 151.

[32] M. VELATI, «I 'consilia et vota' dei Vescovi italiani», 94. Un certo desiderio di riforma è indubbiamente presente nelle proposte che riguardano la liturgia, mentre «maggiore diffidenza è riservata alle istanze del movimento biblico o ecumenico»: *ivi*, 97.

[33] «Il suo frutto [del primo decennio] è stato il fatto che i Vescovi si sono conosciuti tra di loro, che la saggezza dei singoli è diventata patrimonio di tutti, che si è rinforzata la mutua edificazione e la vera fraternità, che si è a poco a poco elaborata una comune coscienza dei problemi religiosi dell'Italia e spesso ne sono state avviate le soluzioni comuni, che l'autorità dei pastori riuniti ha potuto esercitare un benefico influsso sulla vita cattolica d'Italia e probabilmente anche nella sua salvezza»: CARD. G. SIRI, Prolusione all'VIII riunione *La Santa Sede*, 5 novembre 1961, 5 (*ECEI* 1, 290)

[34] P. GHEDA, «La CEI durante il Concilio», 10.

di una situazione non certo tra le più favorevoli: l'episcopato nazionale più numeroso[35], per molti versi impreparato all'evento conciliare[36], e per giunta frammentato rispetto ad un esercizio congiunto del ministero che potesse condurre a orientamenti condivisi. Nella fase preparatoria «l'unico esempio di concertazione [...] è quello della provincia ecclesiastica Emilia»[37], promotrice di una proposta comune, accanto ai casi rarissimi nei quali ad essere coinvolti sono anche i sacerdoti[38]. Senza dimenticare che l'unico avvenimento preparato dalla CEI nell'imminenza del Concilio sia stato il pellegrinaggio a Loreto, il 7 ottobre 1962, presenti le rappresentanze di tutte le diocesi italiane[39].

Forse sta proprio in questo svantaggio iniziale il punto di forza e l'originalità del progressivo partecipare-*recepire* il Concilio da parte della neonata Conferenza episcopale italiana.

Durante il *primo periodo*, dall'apertura solenne l'11 ottobre all'8 dicembre 1962, è davvero «difficile intravedere intendimenti collegiali o quantomeno camminamenti suscettibili di coesione»[40]. Della necessità di intese unitarie si resero conto gli episcopati di diverse nazioni, che ben presto si trovarono a collaborare tra loro, e a confrontarsi in un intreccio trasversale di rapporti.

---

[35] Al primo periodo del Vaticano II partecipano 450 Vescovi di nazionalità italiana, 313 hanno responsabilità diocesane, mentre 137 sono cardinali della curia romana, nunzi, delegati apostolici, ecc.: cfr. F. Sportelli, «I Vescovi italiani al Vaticano II», 41.

[36] Cfr. G. Alberigo, *Il cristianesimo in Italia*, 121. I Vescovi sembravano piuttosto orientati a immaginare nuove definizioni e preoccupati di una miriade di provvedimenti amministrativi. L'Episcopato italiano fu colto sostanzialmente di sorpresa anche perché gli fu chiesto in breve «uno sforzo di maturazione superiore a quello di altre conferenze nazionali (come quella tedesca, austriaca ed elvetica), che già da parecchi anni avevano consolidato i propri profili statutari»: P. Gheda, «La CEI durante il Concilio», 9. Aggiungiamo che la prossimità, non solamente geografica, al centro gerarchico della cristianità, condizionò non poco la maturazione di una coscienza collegiale dei Vescovi. Per contro sarà proprio questo uno dei fattori che renderà vincente e «particolarmente significativa» la partecipazione italiana al Vaticano II: cfr. M.T. Fattori, «Per una ricostruzione della partecipazione italiana», 103. Italiani, poi, erano quasi tutti i membri della curia e delle Commissioni preparatorie.

[37] M. Velati, «I 'consilia et vota' dei Vescovi italiani», 85; cfr. *ADCOV* I, II/III, 383-385.

[38] «Sono solo tre i casi in cui i vota sono il frutto di un lavoro collegiale sistematico, esteso oltre la figura del vescovo»: M. Velati, «I 'consilia et vota' dei Vescovi italiani», 85. Gli ordinari di Asti, Torino e Grosseto costituiscono una apposita commissione diocesana composta di sacerdoti: cfr. *ADCOV* I, II/III, 78-84; 313-314; 647-675.

[39] Cfr. F. Sportelli, *La Conferenza Episcopale Italiana*, 171.

[40] F. Sportelli, «I Vescovi italiani al Vaticano II», 41.

Una tra le più evidenti attività è quella rappresentata dal noto *gruppo della Domus Mariae*, una sorta di raggruppamento dei rappresentanti delle Conferenze episcopali, che ebbe un ruolo importante nello sviluppo delle Conferenze stesse. Le sue decisioni, cui si deve aggiungere l'influenza crescente di altri gruppi spontaneamente costituiti[41], «accordavano un ruolo sempre più ufficiale alle conferenze nell'andamento del Concilio»[42], già verso la fine del primo periodo.

Ma basta soffermarsi alla 1ª Congregazione Generale del 13 ottobre, per scorgere una evoluzione che vedrà protagoniste, appunto, le Conferenze episcopali: la *mozione Liénart*[43] – che fece tanto scalpore nella stampa dell'epoca e che ancora oggi fa gridare al ribaltone – ebbe il merito non solo di richiamare l'attenzione sul vescovo, unico "attore" umano del Concilio, ma provocò soprattutto «un contatto più largo e più diretto dei Vescovi tra loro»[44], sul piano tanto nazionale quanto su quello internazionale.

La conoscenza reciproca tra i Padri era effettivamente scarsa, ed uno degli esempi clamorosi degli effetti della mozione fu il

---

[41] Il gruppo della *Domus Mariae*, conosciuto anche come "Interconferenza" o "Conferenza dei ventidue", non è l'unico che vede protagoniste le Conferenze episcopali "fuori" dall'aula vaticana. Ci sono i gruppi "d'opinione", come ad esempio quello della *Chiesa dei poveri* e il *Coetus internationalis patrum*. Più famosi sono i gruppi che riuniscono più conferenze: il CELAM (23 episcopati latino-americani); il *Segretariato d'Africa* (266 Vescovi africani); la *Conferenza di St.Paul* (gli episcopati del *Commonwealth*); quello che riuniva patriarchi, Arcivescovi e Vescovi di rito orientale. Non avevano la pretesa di assurgersi a rappresentanti di qualcuno, ma il loro riunirsi si dimostrò proficuo per il maturare dello stesso spirito collegiale. Dal 25 ottobre 1962 maggiori scambi di informazioni si ebbero con la formazione del *gruppo dei Segretari delle Conferenze episcopali*.

[42] P.C. NOËL, «Gli incontri delle conferenze episcopali durante il Concilio. Il "gruppo della Domus Mariae"», in M.T. FATTORI – A. MELLONI, ed., *L'evento e le decisioni*, 104. La prima riunione del gruppo della *Domus Mariae* risale al 9 novembre 1962 e già segnalava all'ordine del giorno la eccessiva lentezza dei lavori della macchina conciliare: tra le prime azioni vi fu quella di trasmettere ai rappresentanti delle singole Conferenze un *votum* preparato dall'Episcopato francese, con il suggerimento che le altre conferenze si ispirassero a quel *votum*. L'aula conciliare non tardò a recepire il contributo delle Conferenze, con l'introduzione, ad esempio, di un nuovo meccanismo di discussione, a fronte di un inizio lento e macchinoso, e di una miriade di interventi che rischiava di polverizzare l'andamento dei lavori.

[43] Il vescovo francese chiese la sospensione della votazione dei membri delle Commissioni conciliari – accordata dalla Segreteria generale dopo vari intervalli, tra brusii e consultazioni – affinché le Conferenze episcopali delle diverse nazioni si confrontassero: per meglio conoscersi tra di loro, e addivenire a proposte condivise sui candidati da proporre, attraverso la presentazione di «liste uniche».

[44] G. CESTARI, «Le Conferenze episcopali», 4; cfr. G. CAPRILE, *Il Concilio Vaticano II*, II, 20-24.

vedere radunato quasi al completo, e per la prima volta il 14 ottobre 1962, l'Episcopato italiano[45]: l'arcivescovo Montini poté comunque parlare di quella assemblea come di un «avvenimento storico senza precedenti»[46].

Tra i Vescovi italiani è chiaro il bisogno di libertà, di obbedire alla propria coscienza, ma insieme cresce la consapevolezza dell'utilità di direttive e orientamenti comuni. Il 17 ottobre Siri convoca la CEI per il giorno successivo e nell'incontro pone alla discussione dei Vescovi la questione della periodicità di queste Assemblee plenarie: «si doveva lasciare la libertà di decidere a ciascun padre conciliare, dando però una "illuminazione vicendevole", per evitare la formazione di gruppi di pressione»[47]. Già alla fine di ottobre si stabilisce la cadenza settimanale delle *plenarie*, che si svolgeranno presso la *Domus Mariae* di via Aurelia[48].

Gli incontri della prima sessione saranno «fragili e disordinati», e la ricostruzione della collegialità istituzionale italiana particolarmente «difficoltosa»[49]. Tuttavia l'ausilio e l'utilità delle riunioni si fa più evidente con l'incalzare del dibattito all'interno delle assisi conciliari.

Emblematico il caso della *plenaria* del 13 novembre 1962: il tono cupo del cardinale Presidente e l'intervento "drammatico" di Ruffini sugli orientamenti modernistici della nuova esegesi, impressionano l'Assemblea italiana al punto da spingere il cardinale Urbani a suggerire che Siri parli in Basilica a nome di tutto l'Episcopato italiano. Nella 19ª Congregazione Generale, il giorno successivo, si sarebbe discusso, infatti, sullo schema

---

[45] L'adunanza plenaria è indetta da Siri, su suggerimento, tra gli altri, di Ruffini, ma sono presenti circa la metà dei Vescovi perché molti non erano informati della convocazione. Lo schema del discorso preparato dal Presidente della CEI è in M. Valente, «La Conferenza Episcopale Italiana», 118. Mons. Parodi annota nel suo diario che «parecchi non sapevano della convocazione»: P. Gheda, «La CEI durante il Concilio», 14.

[46] Cfr. F. Sportelli, «I Vescovi italiani al Vaticano II», 41. Le Commissioni del Concilio furono poi completate il 29 ottobre 1962, e gli italiani che vi presero parte furono 52, ben oltre quelli che già facevano parte della CEI "rappresentativa" a norma dello Statuto del '59.

[47] M. Valente, «La Conferenza Episcopale Italiana», 120.

[48] F. Sportelli inserisce nel suo studio una ricca serie di riferimenti archivistici sulle riunioni dell'Episcopato italiano, contenente: gli «Ordini del giorno delle riunioni plenarie dell'Episcopato italiano a Roma per il Concilio Vaticano II (1963-1965)»; «Elenchi della documentazione consegnata alla Segreteria CEI durante il Concilio»: cfr. F. Sportelli, «I Vescovi italiani al Vaticano II», 55-90 («Appendice»).

[49] F. Sportelli, «I Vescovi italiani al Vaticano II», 45.

preparatorio «*Constitutio de fontibus Revelationis*»: il presidente Siri interverrà dichiarando di interpretare il desiderio di molti, tra cui moltissimi membri dell'Episcopato italiano[50].

A partire dal successivo periodo del '63 l'attività diviene più ordinata, anche grazie al sussidio e all'intenso lavoro di una *Commissione teologica* della CEI[51]. Anche la comunicazione e l'efficace organizzazione sono strumenti a servizio della comunione: così il 9 ottobre 1963 il segretario Castelli comunica agli Arcivescovi e Vescovi d'Italia che «si farà il possibile perché [...] abbiano a loro disposizione il testo completo degli interventi dei loro confratelli nell'aula conciliare»[52].

A mano a mano che le riunioni plenarie dell'Episcopato italiano si infittiscono, si scaldano i dibattiti nell'aula della Basilica vaticana, e – soprattutto in questo *secondo periodo* – matura tra i Padri italiani una nuova sensibilità verso le posizioni della cosiddetta maggioranza[53]. Ora e per molte Congregazioni Generali lo scoglio più grande da affrontare, in materia di ministero episcopale, sarà proprio quello del fondamento teologico delle Conferenze episcopali[54]. È interessante sapere che la 67ª Congregazione (14 novembre 1963), avente all'ordine del giorno esattamente l'argomento del *fondamento*, registra l'intervento storico del Presidente Siri, il

---

[50] Cfr. P. Gheda, «La CEI durante il Concilio», 16-17; cfr. M. Valente, «La Conferenza Episcopale Italiana», 123. Siri intervenne *a favore* dello schema (e anche Ruffini e lo spagnolo Quiroga y Palacios); *contra* intervennero i cardd. Liénart, Frings, Léger, König, Alfrink, Suenens, Ritter e Bea, ma – come si sa – lo schema fu ritirato: emergeva il contrasto tra una mentalità "dottrinale" e una mentalità "biblica", rappresentate rispettivamente dall'Università del Laterano e dall'Istituto Biblico: cfr. I. Montini, «Ritirato lo schema sulle fonti della Rivelazione», 7-9.

[51] È costituita nell'agosto del 1963, presieduta da mons. Calabria e composta da Carraro, Florit, Carli, Castellano, Compagnone, Fares e Nicodemo: «questi dovranno inviare alla CEI le osservazioni sugli schemi conciliari che ritengono opportune far conoscere a tutto l'Episcopato: cfr. F. Sportelli, «I Vescovi italiani al Vaticano II», 45; cfr. M. Valente, «La Conferenza Episcopale Italiana», 127-128.

[52] M. Valente, «La Conferenza Episcopale Italiana», 130.

[53] Una espressione di questa tendenza è la nomina da parte di Paolo VI, tra i 4 Moderatori del Concilio, del card. arcivescovo di Bologna G. Lercaro, leader riconosciuto dei Vescovi italiani innovatori: cfr. G. Alberigo, *Il cristianesimo in Italia*, 122.

[54] Luigi Carli, ad esempio, nella relazione di presentazione dello schema «*De episcopis*», nega apertamente questo fondamento. Lo stato della questione rimane fondamentalmente invariato fino alla promulgazione del documento sulla liturgia: cfr. P.C. Noël, «Gli incontri delle conferenze episcopali durante il Concilio. Il "gruppo della Domus Mariae"», in M.T. Fattori – A. Melloni, ed., *L'evento e le decisioni*, 115.

quale esordisce con queste testuali parole: «*Venerabiles Patres, nomine Conferentiae episcopalis Italiae fere unanimis peto*»[55].

Certo, questa formula di intervento non sarà mai più usata fino alla conclusione del Vaticano II, eppure vi scorgiamo un indizio inequivocabile che le due "riunioni" di Vescovi, il concilio ecumenico nella Basilica vaticana, e l'Episcopato italiano alla *Domus Mariae*, stavano maturando "insieme" in un mutuo scambio di "ricchezze". Cresceva lo spirito collegiale e la passione dei "pareri" nel «gioco della dialettica umana» nell'una[56], e veniva *recepito*-vissuto all'interno di una crescente coscienza nazionale nell'altra. A sua volta «presente» – questa nella prima – con una originalità sua propria che qualcuno ha chiamato «stile»[57].

Che non ci fosse tra i Vescovi italiani l'ansia di presentarsi in aula con blocchi contrapposti e unanimi, come invece accadeva per diversi altri episcopati, lo si evince dal numero e dal contenuto degli interventi dei singoli Vescovi quanto di coloro che prendevano la parola a nome di "gruppi"[58], come pure dal

---

[55] *AS* II/V, 193. Siri afferma che «il diritto su cui si fondano le Conferenze episcopali è esclusivamente ecclesiastico» e che il Concilio dovrebbe ridurre il testo «a pochi principi generali», perché non si rischi di «opprimere la libertà e la dignità dei Vescovi»: cfr. G. CAPRILE, *Il Concilio Vaticano II*, III, 266-267.

[56] Significativamente L.M. Carli, che «fu la voce "ufficiosa" della minoranza», e che certa scuola di pensiero "progressista" identifica come «la personificazione dell'anti-concilio» (cfr. D. VITALI, «*Nova et vetera*», 92), scrive: «Guai se in un Concilio non si manifestassero pareri differenti! Somiglierebbe più a un cimitero che ad una assemblea di uomini liberi! L'assistenza dello Spirito Santo non dispensa, anzi esige il giuoco della dialettica umana [...], pronto ad intervenire se e nella misura in cui sia necessario per preservare da errori dottrinali l'organo straordinario di magistero ecclesiastico»: L.M. CARLI, «"La Chiesa a concilio": Lettera pastorale al Clero secolare e religioso della diocesi, 8 settembre 1963», in *Bollettino Diocesano di Segni* 4 (9-10/1963) 48-49, cit. in *ivi*, 113. D. Vitali aggiunge a commento: «contro l'idea che i documenti siano frutto di un compromesso, l'incontro delle diverse prospettive ha finito per garantire un equilibrio nelle formulazioni che ha salvaguardato la Chiesa da inutili forme di *status quo* e da avventurose fughe in avanti»: *ivi*, 112. Se vogliamo accennare alla recezione del Concilio da parte dei singoli Vescovi, e di conseguenza delle proprie comunità diocesane, ad esempio attraverso le *Lettere pastorali* in materia liturgica, si vede che esse «rappresentano i primi benèfici echi delle discussioni conciliari» (G. CAPRILE, *Il Concilio Vaticano II*, II, 448-449), e l'impegno ad una recezione fedele, anche laddove il vescovo non era "in linea" con la maggioranza, e le cui posizioni sono state interpretate da molti solo con il registro del pro/anti-Concilio, Tradizione, aggiornamento, ecc.

[57] Cfr. F. SPORTELLI, «I Vescovi italiani al Vaticano II», 49-50.

[58] Dalle cronache di Caprile traiamo alcune spunti importanti. Alla 128ª Congregazione Generale (15 settembre 1965), dove si discute tra l'altro sul «*De libertate religiosa*», il card. G. Urbani (Venezia), interviene «a nome di 32 Vescovi italiani»; alla 129ª (16 settembre 1965) interviene mons. L. Carli (Segni) sullo stesso argomento; alla 130ª (17 settembre 1965) è la volta di E. Florit (Firenze); alla 132ª sono iscritti a parlare, ma

ruolo «leggero» della CEI-istituzione: «le sue strutture collegiali organizzate si configurano snelle, ma presenti»[59]. Lo spirito di coesione italiano non lasciava spazio, quindi, a omologazioni di sorta, né l'esperienza che si andava consolidando di quella «illuminazione vicendevole» auspicata da Siri, poté privare il singolo vescovo del proprio contributo, personale ed originale. Sarà il papa Paolo VI – lo ricordiamo, anche in quanto Primate d'Italia –, a impegnarsi direttamente e in maniera esplicita a dare una sistemazione unitaria ai Vescovi italiani.

La convocazione del 14 aprile 1964, per la preparazione al *terzo periodo* del Concilio, unitamente al *discorso inaugurale* del pontefice che invitava a vivere la collegialità e ad approfondire lo spirito di unità nazionale[60], segnò, *de facto*, l'atto di nascita della CEI «seconda maniera», comprensiva dell'*intero* Episcopato italiano[61].

---

non intervengono per eccesso di interventi, A. Fares (Catanzaro e Squillace) e G. Vairo (Gravina e Irsina): gli interventi entrano anche in *Documentazione CEI*. Tra i carteggi relativi alle votazioni sul *De divina Revelatione* (20-22 settembre 1965) si segnalano 10 pagine di *emendamenti*, tra il materiale distribuito settimanalmente ai Vescovi italiani dalla Segreteria CEI, inviate dai monss. M. Lefebvre, G. de Proença Sigaud e L.M. Carli, insieme alla seguente sollecitazione: valutarli ed eventualmente rinviarli al più presto alla Segreteria Generale giacché «consta per esperienza che, presso le Commissioni Conciliari, i suggerimenti e gli emendamenti non godono di quasi nessun peso se non corroborati dal maggior numero possibile di firme»: cfr. G. Caprile, *Il Concilio Vaticano II*, V, 67. È del 29 settembre 1965 l'intervento alla 138ª Congregazione Generale del card. arcivescovo di Milano, G. Colombo, «a nome di 32 Vescovi italiani» in seno alla discussione su matrimonio e famiglia. Tra i *Documenti CEI* (n. 44) si rileva l'osservazione scritta di mons. S. Quadri (Pinerolo), che propone l'istituzione di commissioni miste (Vescovi, periti e laici) per la stesura di traduzioni corrette dei testi conciliari, e anche uno studio di L. Rossi sul celibato ecclesiastico. E ancora: è intorno al complesso dibattito sul capitolo riguardante il matrimonio dello *Schema XIII* che si vede un'azione in qualche maniera concorde della CEI, quando vengono distribuiti ai Padri italiani 17 *modi* già pronti, da valutare e firmare: cfr. G. Caprile, *Il Concilio Vaticano II*, V, 487.

   [59] F. Sportelli, «I Vescovi italiani al Vaticano II», 50. Quella che può sembrare mera necessità o difficoltà, come il mettere d'accordo oltre 300 Vescovi, diviene metodo e stile, confutando il giudizio «storicamente superficiale e inesatto» di una scarsa e insignificante partecipazione italiana al Concilio (G. Colombo): cfr. *ibidem.*

   [60] Cfr. Paolo VI, Discorso *All'Assemblea plenaria*, 14 aprile 1964, 243-252. Un precedente intervento del Papa si ebbe con la lettera indirizzata al Presidente Siri e inviata riservatamente a tutti i Vescovi italiani: cfr. *Archivio CEI*, «Lettera di Paolo VI a Siri», 22 agosto 1963. Il 27 e 28 agosto 1963 la CEI si riunirà in adunanza straordinaria – nona ed ultima riunione prima della sua ristrutturazione statutaria – presso l'hotel *Residence Palace* di via Archimede, 69, a discutere sullo schema «De Ecclesia» (relazioni di mons. Carli, di Siri, e mons. Jacono).

   [61] Bisognerà attendere che questa "novità" sia formalizzata con la promulgazione del nuovo Statuto, in realtà il *Primo* non provvisorio, il 16 dicembre 1965. Cfr. G. Alberigo, *Storia del Concilio*, V, 38-39.

E così ancora il 7 ottobre 1965 l'ennesimo raduno preparava l'*ultimo periodo* del Concilio, prima dell'incontro conclusivo del 2 dicembre 1965[62]. In questa occasione il co-Presidente card. Giovanni Urbani illustrerà il contributo dei Vescovi italiani al Vaticano II, che «per il contenuto e per la varietà delle opinioni espresse e per le indicazioni accolte» – disse – «farà onore alla Chiesa d'Italia»[63].

In Concilio, dunque, non soltanto scompare la "vecchia" CEI lasciando spazio all'«unione dell'Episcopato italiano», ma insieme «si delinea la fisionomia di una Chiesa "italiana"»[64].

2. Una recezione dell'*affectus collegialis*

2.1 *Le conferenze episcopali nei documenti conciliari*

Su questa «forma di cooperazione sempre più stretta e concorde tra i Vescovi di specifici raggruppamenti di chiese»[65], che sono le conferenze episcopali, si tratta sostanzialmente nei numeri 37 e 38 del decreto sull'ufficio pastorale dei Vescovi *Christus Dominus* (28 ottobre 1965), nell'interno del *III capitolo* intitolato «*De Episcopis in commune plurium Ecclesiarum bonum cooperantibus*». «È noto che la complessità del problema delle conferenze episcopali costrinse i Padri a limitarsi ad alcune vaghe proposizioni sul loro fondamento teologico e sulla loro

---

[62] Il Papa incontra l'Episcopato italiano ancora il 6 dicembre: cfr. PAOLO VI, Discorso *Agli Arcivescovi*, 6 dicembre 1965, 705-711.

[63] Cfr. G. CAPRILE, *Il Concilio Vaticano II*, V, 445, nota 3. Urbani – ora compartecipe di una presidenza collegiale e dal 4 febbraio '66 Presidente della "nuova" CEI – stava formulando «il voto che la futura Presidenza della C.E.I. raccolga in un volume tutto il contributo dato dai Vescovi italiani, a voce e in scritto, in aula o nelle Commissioni, alla buona riuscita del Concilio» (*ibidem*): questo lavoro non è stato ancora realizzato.

[64] F. SPORTELLI, «I Vescovi italiani al Vaticano II», 50. Spesso con il termine 'CEI' si intendono ancora oggi confusamente molte cose: talvolta un suo "organo" come la Presidenza, o il suo Consiglio, ecc., e non sempre, come invece recita lo Statuto 1965, «l'unione dell'Episcopato italiano» (cap. I, art. 1 [*ECEI* 1, 508]). L'*Assemblea generale* (si intende la plenaria di tutti i «membri» di questa «unione») è pure un suo "organo", ma ne rappresenta rispetto agli altri l'espressione «massima» (cap. II, art. 6 [*ECEI* 1, 513]). Evidentemente la distinzione operata fino a questo punto tra 'CEI' (rappresentativa e con accezione fortemente giuridica) ed 'Episcopato italiano' (omnicomprensiva e prevalentemente ecclesiale) diviene inutile, dal momento che da qui in poi i termini sostanzialmente coincidono (anche negli Statuti modificati e approvati nel corso dei decenni successivi), pur continuando la CEI ad avvalersi e distinguersi in una organizzazione interna e di organi operativi "dedicati".

[65] M. SEMERARO, *Mistero, comunione e missione*, 182.

dinamica»[66], ma ciò non squalifica la rilevanza di tale acquisizione.

L'articolo 37 offre una prima "definizione" descrittiva e teologica delle conferenze, «quasi la conclusione tratta dall'esperienza pastorale di diverse nazioni»[67], affermandone innanzitutto l'importanza e la somma utilità «specialmente ai nostri tempi»[68], dal momento che esse, «in molte nazioni già costituite, hanno dato ottime prove di più fecondo apostolato»:

> questo sacrosanto sinodo ritiene sommamente utile che in tutto il mondo i Vescovi di una stessa nazione o regione confluiscano in un unico organismo e si radunino periodicamente tra di loro, affinché da uno scambio di esperienze pratiche e dal confronto di pareri sgorghi una santa collaborazione per il bene comune delle Chiese (*CD* 37).

Più dettagliato nel definire le conferenze, le forme di cooperazione tra esse, la struttura e le competenze, è il successivo art. 38. Seguendo l'ordine dei 6 capoversi, per prima cosa si spiega la *natura* della conferenza episcopale:

> un tipo di assemblea (*veluti coetus*) in cui i sacri pastori di una determinata nazione o territorio esercitano congiuntamente (*coniunctim*) il loro ministero pastorale per l'incremento del bene che la Chiesa offre agli uomini, specialmente per mezzo di forme e metodi di apostolato appropriati alle circostanze dei nostri giorni (*CD* 38, §1).

Non è facile capire perché la nozione di *coetus*, usata in vari testi conciliari come equivalente di *ordo*, *corpus*, e talvolta di *collegium*, sia indebolita con il '*veluti*', sebbene poi le disposizioni successive suppongano la conferenza come *coetus* in senso proprio[69]. Nelle discussioni sullo schema «*De Episcopis*» i Padri utilizzavano alternativamente 'conferenze' e 'ceti'[70], intendendo

---

[66] P.C. Noël, «Gli incontri delle conferenze episcopali durante il Concilio. Il "gruppo della Domus Mariae"», in M.T. Fattori – A. Melloni, ed., *L'evento e le decisioni*, 96.

[67] R. Sobanski, «La teologia e lo statuto giuridico delle conferenze episcopali nel Concilio Vaticano II», in Salamanca 1988, 105.

[68] Sono le condizioni del nostro tempo a richiedere uno svolgimento congiunto e coordinato dell'ufficio episcopale: «specialmente ai nostri tempi i Vescovi spesso (*haud raro*) non sono in grado di svolgere in modo adeguato e con frutto il loro mandato senza una cooperazione sempre più stretta e concorde con gli altri Vescovi»: CD 37.

[69] Presumibilmente con il '*veluti*' si è inteso rimarcare la differenza di una conferenza dal *collegium* episcopale in senso proprio.

[70] Lo schema del 1963 dava al capitolo relativo esattamente questo titolo: «*De Nationali Episcoporum Coetu seu Conferentia*».

parlare in modo indistinto di gruppi- riunioni di Vescovi. Nel testo, inoltre, si precisa che si tratta di un *coetus sacrorum antistitum*, vale a dire di presuli preposti a una Chiesa particolare o comunità equiparata[71].

Si capisce, poi, che una conferenza di Vescovi può essere sia nazionale, sia sopranazionale o infranazionale: l'utilizzo di 'territorio' in luogo di 'regione' allontana l'equivoco che si intenda trattare soltanto di conferenze di diverse province[72]. Il rilievo più importante sembra potersi individuare nell'avverbio 'congiuntamente'[73], riferito all'ufficio episcopale, dove peraltro l'aggettivo *pastorale* va inteso in senso largo, visto che le «forme di apostolato» sono state indicate nel testo a modo di esempio[74]. Gli *statuti* sono mezzi tra gli altri finalizzati a questo scopo: al loro interno – è detto – si stabiliscano uffici «quali, ad esempio, il Consiglio permanente dei Vescovi, le commissioni episcopali e il segretario generale» (*CD* 38, §3).

Non è necessario per noi entrare in ulteriori dettagli, ad esempio quelli concernenti i *membri* della conferenza (cfr. *CD* 38, §2), il *suffragio* necessario alle deliberazioni dei presuli, o il *valore giuridico* di tali deliberazioni (cfr. *CD* 38, §4). Come è stato rilevato, tanto sinteticamente quanto efficacemente, il decreto *Christus Dominus* – di cui non va dimenticata la stretta connessione con la Costituzione sulla Chiesa, in merito

---

[71] Quindi non sono *membri* della conferenza, ad esempio, i Vescovi emeriti. Il decreto si sofferma, al successivo paragrafo 2, sui membri della conferenza. Ci limitiamo alla citazione: «Alla Conferenza episcopale appartengono tutti gli Ordinari dei luoghi di ciascun rito – ad eccezione dei Vicari Generali – i Coadiutori, gli Ausiliari e gli altri Vescovi titolari incaricati di uno speciale ministero dalla Sede Apostolica o dalla Conferenza episcopale. Tutti gli altri Vescovi titolari e i Legati del Romano Pontefice – dato il particolare ufficio che esercitano nel territorio – non sono membri di diritto della Conferenza. Agli Ordinari dei luoghi e ai Coadiutori spetta voto deliberativo. Negli statuti della Conferenza sarà deciso se agli Ausiliari e agli altri Vescovi che hanno diritto di intervenire alla Conferenza, spetti voto deliberativo o consultivo»: CD 38, §2. Si noti il riferimento al carattere inter-rituale della Conferenza, sul quale si ritorna al §6 con l'invito ai presuli delle chiese orientali a partecipare, sempre «per il bene comune di tutto il territorio», ad «adunanze interrituali».

[72] Cfr. R. SOBANSKI, «La teologia e lo statuto giuridico delle conferenze episcopali nel Concilio Vaticano II», in Salamanca 1988, 106. Il §5 contempla il caso di conferenze sovra-nazionali, «*Apostolica Sede approbante*» e «se particolari circostanze lo richiedono», e invita anzi a favorire le relazioni tra le conferenze episcopali di diverse nazioni «per incrementare e promuovere un bene maggiore».

[73] Chiaramente '*coniunctim*' non ha lo stesso significato di '*collegialmente*', e dai testi affiora tutta la difficoltà di un dibattito dottrinale tuttora in corso, come vedremo più oltre.

[74] Cfr. R. SOBANSKI, «La teologia e lo statuto giuridico delle conferenze episcopali nel Concilio Vaticano II», in Salamanca 1988, 107.

soprattutto alla sacramentalità dell'episcopato e alla collegialità –
trasforma le conferenze episcopali da semplici incontri periodici e
non ufficiali dei Vescovi in istanze inquadrate nel diritto della
Chiesa per l'esercizio *congiunto* del ministero episcopale, da
assemblee volontarie in *coeti* obbligatori quanto a istituzione e
partecipazione, da organismi dotati esclusivamente di autorità
morale a istituti capaci di assumere deliberazioni giuridicamente
vincolanti, sia pure limitatamente a materie specifiche e a
condizioni quanto mai rigorose[75].

2.2 *«La comunione assurge a collegialità»*

Il Concilio, dunque, codifica l'istituzione delle conferenze
episcopali rimandando agli anni successivi ulteriori e più
approfonditi dibattiti. Peraltro si è visto che la riflessione
teologica e canonica – in questo caso, come per diverse altre
istituzioni ecclesiastiche – è successiva e non precedente
l'esperienza ecclesiale pratica. Le conferenze, in altre parole,
"funzionano" prima di essere teorizzate e normalizzate
giuridicamente e dogmaticamente.
    Ciononostante la realtà delle conferenze dei Vescovi pone non
pochi problemi a una riflessione teologica che si proponga di
individuarne il *fondamento* ecclesiologico e teologico[76].
    Un punto di riferimento tematico e bibliografico importante
all'interno di questa ricerca ci è offerto dal *Colloquio
internazionale di Salamanca* su "Natura e futuro delle Conferenze
Episcopali", svoltosi con la collaborazione di sei università
cattoliche dal 3 all'8 gennaio 1988[77].

---

[75] Cfr. G. FELICIANI, «Le conferenze episcopali dal Vaticano II al Codice del 1983», in
Salamanca 1988, 32. Vi sono altri documenti del Concilio in cui si fa riferimento alle
conferenze episcopali: SC 22; 36; 39; 40; 44; 54; 63; 107; 119; 120; 128; LG 23; 29; UR
8; OT 1; 22; GE «Proemio»; PC 23; AG 18; 20; 31; 32; 38; PO 91. In diverse altre occasioni
il magistero interverrà in questa materia dopo la conclusione del Concilio (soprattutto i
Sinodi episcopali straordinari del 1969 e del 1985, e il *motu proprio* di Giovanni Paolo II
Apostolos Suos, del 21 maggio 1998), e la materia sarà recepita in modo specifico nella
stessa normativa canonica: cfr. *CIC* 447-459.
    [76] Cfr. G. FELICIANI, *Le conferenze episcopali*, 15.
    [77] Dei suoi *Atti* (cfr. Salamanca 1988) è stato scritto che sono «la raccolta più organica
e relativamente più completa di quanto oggi risulta allo studioso sulle conferenze
episcopali». Lo scrive il canonista Agostino Montan, condividendo il parere espresso da
molti altri, e aggiungendo che il colloquio «offre un servizio di informazione e di riflessione
unico nel suo genere»: A. MONTAN, «Comunione, collegialità, primato, conferenze
episcopali», 475. Per ciò che concerne la ricerca sullo *status* teologico ci riferiamo anche

Il quesito che ci poniamo è in sostanza questo: qual è lo *status* teologico delle conferenze episcopali? Non è convincente, teologicamente parlando, dirimere la questione semplicemente o soltanto escludendo che si tratti di strutture *iuris divini*: si potrebbe obiettare, infatti, che neanche i concili lo sono[78].

L'ultimo concilio ha mostrato come l'universalità dei fedeli, il collegio dei Vescovi, e il successore di Pietro siano e debbano essere collocati in un reciproco e strutturato rapporto di comunione. La composizione plurima di molti soggetti, i Vescovi, e la loro coesione attorno a un unico capo, il Papa, sono elementi ugualmente essenziali alla vita della Chiesa. Mentre quest'ultimo fonda ed esprime la *indivisibile unità* del popolo di Dio, il *collegio episcopale* ne dispiega la varietà e l'universalità. «Per questo da alcuni viene anche chiamato "sacramento della *communio Ecclesiarum*" (Tillard) o segno ministeriale della comunione delle Chiese»[79]. Sussiste per ciascun pastore, primo fra tutti il Papa, una *sollicitudo pro universa Ecclesia*: il Concilio insegna che i Vescovi «sono stati consacrati non soltanto per una diocesi, ma per la salvezza di tutto il mondo [...]. Da qui deriva quella comunione e cooperazione delle Chiese, che oggi è così necessaria per continuare l'opera di evangelizzazione» (*AG* 38; cfr. *LG* 23). La *communio Episcoporum* e la *communio Ecclesiarum* si esprimono, dunque, e si costruiscono in una reciproca inclusione.

Soprattutto in occidente, però, l'ecclesiologia ha sostanzialmente privilegiato un altro aspetto della Chiesa, quello

qui alle riflessioni del *Colloquio*: soprattutto la *Parte terza*, «Riflessione teologica» (Salamanca 1988, 201-296).

[78] «Fondandosi sui dati della fede e sotto la guida dello Spirito, nel corso della sua storia la Chiesa è andata creando strutture che, pur essendo di per sé *iuris ecclesiastici*, sono necessarie perché le strutture *iuris divini* diventino operanti, e di conseguenza sono in un certo modo imprescindibili nella vita della Chiesa»: A. ANTÓN, «Lo statuto teologico delle conferenze episcopali», in Salamanca 1988, 204-205. Congar arriva al punto di affermare che «quella solidarietà che è la collegialità si è espressa lungo tutta la storia della Chiesa in sinodi e in concili nazionali, e oggi si manifesta nelle conferenze episcopali»: *Collège, Primauté... Conférences épiscopales: quelques notes*, in *Esprit et Vie* 96 (1986) 388, cit. in *ivi*, 205. Antón fa notare come un altro importante teologo, K. Rahner, avesse anticipato in certo modo il Vaticano II, sviluppando una profonda riflessione sulle conferenze episcopali, le quali pur appartenendo in senso stretto al *diritto umano*, scaturiscono dalla natura stessa della Chiesa. Esse appartengono «a quell'elemento essenziale della Chiesa [...] che consiste nel diritto e nel dovere della *cura pastoralis* che il vescovo ha nei confronti di tutta la Chiesa e dei membri che gli sono vicini»: K. RAHNER, «Über die Bischofskonferenzen», in *Schriften zur Theologie*, VI, Einsiedeln-Zürich-Köln 1965, 441, cit. in *ibidem*.

[79] M. SEMERARO, *Mistero, comunione e missione*, 185.

della *universalità*, a scapito spesso di questa pluriformità delle realtà particolari, cara invece alla tradizione orientale. Non che questo modello sia assente nell'eredità ecclesiologica del Vaticano II[80], ma sembra abbastanza evidente che il "punto di partenza" di *Lumen gentium* e *Christus Dominus* sia, appunto, la nozione di Chiesa universale con la sua autorità suprema, il che imposta la questione delle conferenze dei Vescovi in una precisa direzione.

All'interno della prospettiva universale A. Antón ritiene di poter distinguere due schemi ecclesiologici, dove sono posti da una parte la strutturazione del popolo di Dio e dall'altra quella della gerarchia ecclesiastica. Dal versante della gerarchia, se non esiste altra autorità tra quella suprema e universale del Papa e quella del vescovo diocesano, allora le conferenze episcopali risultano semplici "raggruppamenti di chiese particolari", una sorta di "somma" che funge solo da strumento di sostegno e di collaborazione. Questo accade – ed è lo schema più diffuso nell'ecclesiologia latina – quando per *Chiesa particolare* si intende soltanto la Chiesa diocesana, in una forzata analogia con realtà tanto differenti espresse dal Concilio[81].

Lo schema, invece, che risponderebbe più fedelmente all'ecclesiologia di *Lumen gentium*, è costituito da tre membri: al di sopra è posta sempre l'autorità suprema della *Chiesa universale* (Papa e Concilio); al di sotto vi è la *Chiesa diocesana* (Vescovo e Sinodo diocesano), ma nel mezzo, a modo di *istanza intermedia*, si colloca la *Chiesa particolare*, con i sinodi provinciali, patriarcali, e quindi le conferenze episcopali. Questa impostazione del *fondamento* deve passare inevitabilmente, come

---

[80] In alcuni passi ci ha trasmesso delle affermazioni che costituiscono la base teologica delle conferenze episcopali nei loro rapporti con il Papa e con il vescovo nella sua Chiesa particolare. «Nella comunione ecclesiastica, vi sono legittimamente delle Chiese particolari»: LG 13; «La Chiesa santa e cattolica [...] si compone di fedeli [...] che unendosi in vari gruppi, congiunti dalla gerarchia, costituiscono le Chiese particolari o riti»: OE 2; AG 20 parla a più riprese distintamente di «chiese particolari» e di «diocesi» poste in relazione con le conferenze episcopali. In LG 23 per *Chiese particolari* si intendono le diocesi, «formate a immagine della Chiesa universale, nelle quali e a partire dalle quali (*in quibus et ex quibus*) esiste la sola e unica Chiesa cattolica»: cfr. Salamanca 1988, 210, nota 20.

[81] Si parla di «Chiesa diocesana» (LG 23), di «Chiese patriarcali» (LG 23), di «Chiese orientali» in genere (OE 2). Implicitamente sono presenti «raggruppamenti di Chiese» nel territorio di una conferenza episcopale (LG 23; CD 36-38).

ricorda il P. Antón, per l'accettazione del modello ecclesiologico della *communio Ecclesiarum*[82].

Il Vaticano II non ha voluto parlare espressamente di *collegialità* episcopale come fondamento teologico delle conferenze, ma è abbastanza evidente la volontà di indicare proprio attraverso di essa «un modo antico ma nuovissimo di governare le singole Chiese, abbandonando ogni tentativo di egoismo e individualismo»[83], e trascendendo, attraverso la riscoperta della *communio*, un mero anelito di democrazia nella Chiesa.

Quello della *collegialità* è stato tra i temi più discussi dopo il Concilio: se ne è scritto che aveva costituito il «centro di gravità del Vaticano II» e addirittura la «spina dorsale del Concilio»[84]. Per capire bene l'importanza di questo concetto bisognerebbe risalire al Concilio Vaticano I: dietro alla discussione stava soprattutto il ruolo del pontefice e il suo rapporto con i Vescovi o, meglio, la definizione del ruolo e del potere del vescovo, e della natura dell'episcopato in sé[85].

---

[82] «Riteniamo che l'accettazione del modello della *communio Ecclesiarum*, con tutte le sue conseguenze permetta di sostenere la tesi secondo cui la conferenza episcopale è soggetto di potestà *ordinaria* (non delegata) e *propria* (non vicaria)»: A. ANTÓN, «Lo statuto teologico delle conferenze episcopali», in Salamanca 1988, 214; cfr. ID., *Le conferenze episcopali. Istanze intermedie?*, Cinisello Balsamo (MI) 1992; cfr. U. BETTI, «Lo "status" teologico delle Conferenze Episcopali», 83-88.

[83] S.T. STANCATI, *Ecclesiologia*, 259.

[84] P. CHENAUX, «Il dibattito sulla collegialità», 395. Vale la pena di ricordare che l'unanimità mirabile cui è giunta la votazione al «*De Ecclesia*» (2099 voti a favore e 46 contro), è da ricondursi alla felice iniziativa di Paolo VI di farlo precedere dalla votazione alla «*Nota explicativa praevia*» sul concetto di *collegialità*, emessa tramite la Commissione Teologica. Pare avesse avuto diverse versioni: quella a noi nota riflette le idee del gesuita della Gregoriana P.W. Bertrams e di mons. Colombo, teologo personale del Papa. Bertrams pubblica un articolo sullo stesso argomento in *Civiltà Cattolica* nel gennaio 1964.

[85] Il tema non trova una vera risposta neanche nella *Mystici Corporis*, che parlò di «eminente dignità» dell'episcopato, limitandosi a riaffermare l'essenziale dipendenza dei Vescovi dal Papa. Anche i *consilia et vota* del Vaticano II mostrarono la necessità di una migliore definizione del ruolo del vescovo. «Si trattava semplicemente di precisare e di estendere le prerogative del vescovo per farne una sorta di Papa nella sua diocesi? Oppure bisognava andare fino a un ripensamento e ad una rivalutazione del suo ruolo sul piano teologico attraverso il riconoscimento della sacramentalità dell'episcopato e la promozione della collegialità episcopale?»: P. CHENAUX, «Il dibattito sulla collegialità», 396. «La *Nota praevia* [...] non diminuiva la dottrina della collegialità episcopale, ma cercava piuttosto di prevenire alcune interpretazioni di essa che tendevano a voler fare del collegio un soggetto di potere in sé, potenzialmente contrapposto a quello del Papa»: *ivi*, 406.

Alcuni studiosi del Nuovo Testamento hanno sollevato dubbi addirittura sul fatto che la comunione degli apostoli fra di loro sia espressa adeguatamente dalla parola «collegio»[86], ma «la collegialità episcopale, in ultima analisi, non è altro che la comunione ecclesiale a livello dei Vescovi»[87]. Comunione – lo abbiamo visto nella celebrazione del Concilio –, che non annulla le differenze delle posizioni, ma le esige, che non si pone in contrasto con il primato pontificio, ma lo riconosce e lo accoglie come garante dell'unità[88].

Paolo VI ha espresso bene il significato della *communio Episcoporum* a partire dalla natura della Chiesa come *Corpo* e come *comunione*:

> ripeteremo col Concilio che la Chiesa è un popolo, il Popolo di Dio (*LG* 9; ecc.); definizione che dev'essere integrata (Congar, *L'Eglise que j'aime*, pag. 37) con quella di Corpo mistico di Cristo, cioè di società vivente per virtù d'un medesimo principio unificante e animatore, ma società organica, nella quale differenti sono i carismi, differenti le funzioni, differenti le responsabilità (cfr. 1Cor 12,4ss.). Di qui la comunione assurge a collegialità nel ceto episcopale[89].

Ancor più specificamente possiamo dire che c'è un fondamento *dogmatico* della collegialità (cfr. *LG* 21-23), e un fondamento *ontologico-sacramentale*: realtà interna e spirituale, questa, che rende possibile l'articolazione esterna, sociale e gerarchica, secondo il diritto divino rivelato (cfr. *LG* 19). La legittima consacrazione episcopale, in sostanza, unisce il vescovo

---

[86] Cfr. L. VISCHER, «La ricezione del dibattito sulla collegialità», in G. ALBERIGO – J.-P. JOSSUA, ed., *Il Vaticano II e la Chiesa*, 310-311.

[87] A. ANTÓN, «Lo statuto teologico delle conferenze episcopali», in Salamanca 1988, 216.

[88] Così come abbiamo riportato le parole di L.M. Carli – dicevamo: la «voce ufficiosa della minoranza» – riteniamo illuminante collocare qui un passaggio del card. Lercaro, da tutti riconosciuto come il leader italiano della cosiddetta maggioranza. Le due posizioni contrastanti – scriveva in un articolo – «si contemperano a vicenda, portando nella comune decisione, il necessario equilibrio, assicurando purezza e integrità della dottrina e continuità della tradizione pur nella esigenza, inderogabile per la Chiesa, di comunicare efficacemente al mondo l'unica parola di salvezza che è il Vangelo di Cristo». Con uno sguardo, poi, alla I sessione da poco conclusa aggiungeva: «Costantemente ognuno richiamò a se stesso l'aurea regola di s. Agostino: "*In necessariis unitas, in dubiis libertas, in omnibus caritas*". Più bello ancora è poter rilevare come proprio dall'incontro delle diverse tendenze risultò [...] l'opportunità, l'utilità di un Maestro supremo: la necessità anzi [...]. Il primato pontificio apparve così nella concreta realtà del Concilio, la garanzia dell'unità nella Chiesa»: G. LERCARO, «Il Card. Lercaro fa un bilancio», 2-3.

[89] PAOLO VI, Udienza *L'autorità al servizio dei fratelli*, 12 novembre 1969, 1113.

agli altri Vescovi con legami di natura ontologico-sacramentale, donando la partecipazione più alta al sacerdozio di Cristo. Ma li unisce anche attraverso legami di natura sociale, cosicché ogni vescovo guida sempre la sua Chiesa in costante coordinazione con le altre Chiese[90].

Per diversi motivi non privi di fondamento alcuni tendono a ridurre le conferenze episcopali a semplici strutture di diritto ecclesiastico, la cui autorità deriva unicamente da norme giuridiche positive. Costoro ne attenuano la portata teologica, in particolare rigettando la tesi che il fondamento si trovi nella collegialità. Queste posizioni «derivano da una concezione troppo rigida del principio della collegialità dei Vescovi, definita come qualcosa di indivisibile, che esiste in forma piena, oppure non esiste»[91]. Il soggetto di ogni attività veramente collegiale sarebbe l'intero collegio dei Vescovi, secondo una logica del «tutto o niente».

Senza ombra di dubbio le realtà ecclesiologiche della *communio* e della *collegialitas* sono espresse e vissute eminentemente nel concilio ecumenico. Uno strumento di collegialità – va detto – si ha anche nel Sinodo dei Vescovi, germogliato nel fertile terreno del Concilio Vaticano II per volontà di Paolo VI, e come rappresentanza di tutto l'Episcopato cattolico[92].

Se sono vere le valutazioni fatte fin qui, e se rileggiamo *LG* 23 nel passo in cui fonda l'unione tra i Vescovi nella comunione delle Chiese locali, affermando che «le conferenze episcopali

---

[90] Cfr. A. ANTÓN, «Lo statuto teologico delle conferenze episcopali», in Salamanca 1988, 216-218.

[91] A. ANTÓN, «Lo statuto teologico delle conferenze episcopali», in Salamanca 1988, 220.

[92] Cfr. PAOLO VI, Lettera Apostolica *Apostolica sollicitudo*, 15 settembre 1965, 776. Paolo VI annunciò la costituzione del Sinodo nella allocuzione iniziale dell'ultima sessione. «I Vescovi nel Sinodo rappresentano l'Episcopato cattolico del mondo in maniera morale e manifestativa e il loro voto è per sé consultivo, potendo diventare deliberativo soltanto per delega del Romano Pontefice»: J. TOMKO, «Aspetti teologici del Sinodo dei Vescovi. Dottrina e dinamismo», in N. ETEROVIĆ, ed., *Il Sinodo dei Vescovi*, 35. «Il Sinodo dei Vescovi ha avuto il grande merito di sviluppare la dimensione sinodale del *corpus episcoporum*, di fomentare la collegialità episcopale tra i Vescovi e con il Santo Padre, Vescovo di Roma e Capo del Collegio stesso, in un ambiente di profonda comunione ecclesiale. Nelle Assemblee sinodali si sperimenta la vera collegialità episcopale, anche se in modo diverso che nei concili ecumenici»: N. ETEROVIĆ, «Introduzione. Sinodo dei Vescovi: espressione privilegiata della comunione episcopale», in *ivi*, 24; cfr. CD 5; AG 29.

possono oggi dare un contributo molteplice e fecondo, perché lo spirito (*affectus*) collegiale, passi a concrete applicazioni», è più che mai chiara l'ammissibilità della tesi che l'attività di una conferenza è un'*attuazione* della collegialità episcopale[93], «forma concreta di applicazione dello spirito collegiale»[94].

Nessuno potrà parlare di «atti del collegio» in senso stretto, ma esiste per mezzo di essa un esercizio della collegialità episcopale «*più o meno parziale*, che viene comunemente chiamato *affectus collegialis*»[95]. Distinguendola in questo modo dalla collegialità "effettiva" dell'intero collegio dei Vescovi, la collegialità "affettiva" – o spirito collegiale –, ben diversa da un semplice sentimento di solidarietà, è come l'*anima* della collaborazione dei Vescovi in ambito territoriale, regionale, nazionale e internazionale[96].

Di fronte alla gravità dei problemi imposti dalla vastità del gregge, e dal continuo mutare dei contesti socio-culturali, il vescovo è sempre più conscio dei suoi limiti. Da qui quell'istinto immediato e sincero a ricercare chi condivide le sue preoccupazioni pastorali, per trovare appoggio e conforto, «ma

---

[93] Cfr. M. Semeraro, *Mistero, comunione e missione*, 184.

[94] Giovanni Paolo II, Motu proprio *Apostolos Suos*, 21 maggio 1998, n. 14, 648. Uno studio interessante è quello di G. Feliciani, «Le conferenze episcopali nel magistero di Giovanni Paolo II», 141-154. Per il *motu proprio* in particolare cfr. G. Ghirlanda, «Il M.P. "Apostolos suos"», 609-657. «Dal punto di vista teologico-ecclesiologico, non offre novità di rilievo circa il suo [della conferenza] *status* teologico»: A. Antón, «Le conferenze episcopali», 344.

[95] A. Antón, «Lo statuto teologico delle conferenze episcopali», in Salamanca 1988, 222. «Non riesco tuttavia a capire come mai la CTI si sia limitata ad affermare che le conferenze episcopali derivano dall'"organizzazione" o dalla "forma" concreta della Chiesa [...]. Considero infine errata l'osservazione conclusiva della CTI, che ci dissuade dal chiamare "collegiale" l'attività della conferenza episcopale, affermando che ciò significherebbe usare una terminologia "teologicamente impropria". A mio avviso sarebbe più esatto parlare di un'attività *veramente* collegiale, sebbene in senso *parziale*»: ivi, 225-226. Per un approfondimento sul tema della collegialità cfr. G. Mazzoni, *La collegialità episcopale*, Bologna 1986. L'autore espone le posizioni più significative e ricorrenti studiando gli scritti di J. Ratzinger, Y.M.-J. Congar, D. Staffa, A. Gutierrez, U. Lattanzi, W. Bertrams.

[96] L'espressione è stata utilizzata in Assemblea generale straordinaria del 1985, Relazione finale *Ecclesia sub Verbo Dei*, 7 dicembre 1985, n. 4 (*EV* 9, 1803). Al n. 5 si puntualizza che le conferenze «sono autenticamente segno e strumento dello spirito collegiale». Riferendosi esplicitamente a LG 21-23, Giovanni Paolo II riprenderà questa distinzione nella esortazione postsinodale *Pastores Gregis* del 16 ottobre 2003 (*EV* 22, 665-963). Insieme alla «collegialità effettiva», vi è una «collegialità affettiva», «che si attua in vari modi, quali sono, ad esempio, il Sinodo dei Vescovi, i Concili particolari, le Conferenze dei Vescovi, la Curia Romana, le visite *ad limina*, la collaborazione missionaria, ecc.»: ivi, n. 8, 833-836 (*EV* 22, 686-691). Cfr. il libro-intervista al card. J. Ratzinger di V. Messori, *Rapporto sulla fede*, Roma 1985.

soprattutto per mettere in comune intelligenza e volontà nella definizione di una proficua pastorale d'insieme»[97].

Paolo VI non mancò di esortare i Vescovi italiani alla lettura di *Lumen gentium* e di *Christus Dominus*: «ne risulterà per noi – diceva – una più viva coscienza della natura e della missione della Chiesa, e un più stimolante concetto del ministero pastorale [...], altresì per la spiritualità che lo deve animare»[98]. Difatti la questione delle conferenze episcopali e i vari interrogativi che la concernono hanno il loro «principio di soluzione» nella missione di evangelizzare, che «deve essere intesa come intrinseca e costitutiva», «unica per se stessa e quindi comune a tutte le Chiese particolari e insieme propria di ciascuna»[99].

2.3 *La nuova CEI come "frutto" del Concilio*

La Conferenza episcopale italiana, divenuta in un certo senso "nuova" durante il Concilio, si può dire che lo abbia *recepito* quanto – almeno – alla *comunione* e allo *spirito collegiale*? Gli elementi in nostro possesso permettono un primo parziale "bilancio di recezione"?

L'indagine sul mutamento della CEI «prima maniera» nel corso degli anni '60, e l'accelerazione verso la sua nuova fisionomia in sede di Concilio, ci fa rispondere positivamente. Infatti, mentre ci accingiamo a concludere questo *I volume*, in attesa di studiare,

[97] Sempre fatta salva la libertà e l'autonomia che conserva nella sua diocesi in forza del proprio ministero. Cfr. G. CESTARI, «Le Conferenze episcopali», 5. Un discorso a parte richiederebbe la questione del *potere normativo* delle conferenze: cfr. G. FELICIANI, «Il potere normativo delle conferenze episcopali», 87-93. La posizione dell'autore è nota: al fine di perseguire l'obiettivo di un «corpus organico e completo di norme di diritto particolare quale può essere richiesto dal bene della Chiesa in un determinato paese, le conferenze episcopali non appaiono lo strumento più idoneo [...]. La via da percorrere è decisamente un'altra e si trova già chiaramente indicata nel decreto conciliare "*Christus Dominus*" (n. 36/b) dove, come è noto, si auspica che i concili particolari riprendano nuovo vigore», *ivi*, 92.

[98] PAOLO VI, Discorso *Agli Arcivescovi*, 6 dicembre 1965, 706-707. Il pontefice richiamerà in più occasioni il tema della collegialità: «Come incide, ad esempio, nella spiritualità interiore e nell'atteggiamento pratico del Vescovo la collegialità, che la costituzione dogmatica *Lumen gentium* ha messo in così luminoso rilievo? Come il decreto sull'ufficio pastorale dei Vescovi *Christus Dominus*? Come la costituzione pastorale *Gaudium et spes*? Come, in modo speciale, la costituzione sulla Sacra Liturgia *Sacrosanctum Concilium*?»: PAOLO VI, Discorso di saluto a conclusione della Assemblea generale della CEI, 19 aprile 1969, 222.

[99] G. COLOMBO, «Risposta alla relazione di R. Sobanski», in Salamanca 1988, 119.

nel successivo, i documenti dei Vescovi d'Italia come Conferenza, riteniamo non si possa trascurare, nell'analisi del processo di recezione, la «"chiave sinodale" di lettura del medesimo Concilio»[100].

Il progressivo recepire lo spirito del Concilio e le sue dinamiche collegiali aveva prodotto come "frutto" immediato la conoscenza personale e la collaborazione tra i Vescovi italiani. Una solidarietà che nel *corpus episcoporum* non poteva che favorire proprio la *communio*. Vari storici hanno parlato di «handicap culturale» della Chiesa italiana, di «forte provincialismo», di «mancata identità collegiale», «ma nel contempo hanno registrato uno scarto tra la situazione precedente al Concilio e l'atteggiamento tenuto dall'Episcopato durante e successivamente all'evento»[101]. Si può riconoscere che «un vescovo non è più, dopo il Concilio, esattamente ciò che era prima»[102].

In quanto «strumento privilegiato della *collegialitas*», la nuova CEI sarebbe diventata di lì a poco non solo il segno e il punto di arrivo della *communio Episcoporum*, ma molto di più la sua fonte, e punto di partenza verso un cammino collegiale[103] che si sarebbe tradotto in una più viva comunione anche a livello delle Chiese locali del territorio[104].

---

[100] «Gli orientamenti del Concilio devono essere studiati, meditati, riletti ed attuati: non soltanto seguendo gli specifici Documenti conciliari, già in se stessi così ricchi di indicazioni e di suggerimenti pastorali, ma anche con l'aiuto di quella che possiamo chiamare la "chiave sinodale" di lettura del medesimo Concilio»: Giovanni Paolo II, Incontro con i Vescovi d'Italia, 12 marzo 1982, n. 7, 827.

[101] M.T. Fattori, «Per una ricostruzione della partecipazione italiana», 103. «Il Concilio fu sicuramente una causa che costrinse la Chiesa italiana, non solamente l'Episcopato dunque ma tutti coloro che a vario titolo erano presenti ed operanti in Concilio, ad uscire dall'isolamento e a confrontarsi con esperienze ed idee innovative e sprovincializzanti»: *ivi*, 104. Per approfondimenti sul cammino delle Chiese italiane cfr. A. Riccardi, «La Conferenza Episcopale Italiana negli anni Cinquanta e Sessanta», in G. Alberigo, ed., *Chiese italiane e Concilio*, soprattutto 35-59.

[102] J. Joncheray, «Gli agenti della recezione sotto l'angolazione sociologica», in Salamanca 1996, 379.

[103] Si è visto sopra che la "funzione" della conferenza episcopale, non può circoscriversi nei soli limiti della pratica necessità imposti dall'urgenza di problemi pastorali. In realtà essa *manifesta* e *incrementa* il sentimento collegiale. «Sviluppa nei suoi membri la consapevolezza della collegialità come tale, assecondando quella loro inclinazione all'universalità della Chiesa, che è poi parte costitutiva del dinamismo del sacramento dell'episcopato»: B. Sorge, «Conferenze episcopali e corresponsabilità dei Vescovi», 420; cfr. F. Sportelli, «I Vescovi italiani al Vaticano II», 37.

[104] Mons. J.D. Bellido interviene in Concilio sulle conferenze episcopali affermando che esse «*essentialiter sunt "communio Ecclesiarum localium"*» nell'ambito di una nazione o di un territorio: cfr. *AS* II/5, 84.

Almeno questo era l'obiettivo, ed anche la percezione che se ne aveva quando iniziava la lunga serie delle *Assemblee generali plenarie*, il 21 giugno 1966, a norma del nuovo Statuto. «In tutti i suoi documenti – affermava nella sua *Prolusione* il card. Urbani – il Concilio espressamente o implicitamente ci indica compiti, funzioni, servizi, che domandano tutte le nostre energie spirituali e fisiche».

Il Presidente della CEI era conscio che «in questa missione non siamo soli», poiché la collegialità episcopale «stringe con vincoli saldissimi» i Vescovi tra di loro e con Cristo per mezzo del Papa. Poi aggiungeva:

> le deliberazioni conciliari saranno realizzate nella misura con la quale noi, posti dallo Spirito santo a reggere la santa Chiesa di Dio (At 20,28), sapremo suscitare nel clero e nei fedeli l'ardente volontà di rinnovamento degli animi e delle strutture, affrontare con saggezza e ardimento nuove esperienze pastorali in corrispondenza alle reali esigenze dei tempi, guidare nel rispetto delle opinioni, nella fiducia alle persone, nella chiarezza degli indirizzi [...], le anime e le comunità a noi affidate[105].

Le osservazioni in seno al concetto di collegialità, valido nel fondare teologicamente la Conferenza quando lo si intenda in senso ampio di *affectus collegialis*, ci spinge a considerare analogamente il *coetus* Episcopato italiano come un soggetto "vivo" di recezione, e in quanto tale interprete e "traduttore" del Vaticano II.

Per spiegare il "funzionamento" della recezione su un piano – diciamo – sociologico, è stato richiamato più volte l'esempio di una assemblea liturgica. Prima ancora di essere *canale* del

---

[105] G. URBANI, *Prolusione* alla I Assemblea generale, 21 giugno 1966, nn. 4-5 (*ECEI* 1, 665-667). Alla I Assemblea generale sono presenti 6 cardinali e 273 Vescovi, «che per la prima volta, dopo il Concilio, e col nuovo Statuto della Conferenza, si trovano insieme per discutere i maggiori problemi della vita religiosa del popolo italiano»: PAOLO VI, Discorso pronunciato prima della recita dell'*Angelus* domenicale, 19 giugno 1966, 953. Gettando ancora oltre lo sguardo, vediamo un episcopato italiano impegnato attivamente e collegialmente anche negli incontri internazionali: come a Rotterdam, per il Simposio Episcopale Europeo (11-13 luglio 1967) e a Roma, per la I Assemblea generale ordinaria del Sinodo dei Vescovi (29 settembre-29 ottobre 1967). «Per la rappresentanza italiana la novità al dibattito sinodale è costituita dal timbro collegiale degli interventi. In Concilio era stato impossibile intervenire a nome dell'Episcopato italiano, al sinodo i rappresentanti della CEI parlano *a nome di tutti*»: F. SPORTELLI, «Da campanili a Chiesa d'Italia», 28.

cambiamento operato con il Vaticano II, essa è stata il luogo in cui la novità conciliare ha trovato applicazione anche visibile, e quindi un suo *frutto*: nuovi messali, nuovi lezionari, nuovo stile di presidenza e di celebrazione. Ciò non sarebbe stato possibile se l'assemblea, a sua volta, non avesse ricevuto come *soggetto* vivo le trasformazioni conciliari, in quanto parte attiva del popolo di Dio[106].

Analoghe considerazioni valgono per la Conferenza dei Vescovi: evidentemente "frutto" nello Statuto, nell'unione collegiale, nell'assemblea non più rappresentativa ma plenaria; nell'essere Vescovi rinnovati nell'autorità, nel «senso di responsabilità» e «di servizio» che la caratterizza, e nel «carattere di comunione» della vita ecclesiastica, come propone il Concilio[107]. E poi di qui continuamente *soggetto* e *canale* di recezione, strumento attraverso il quale il Concilio viene consegnato-*tradotto* all'Italia[108].

---

[106] Cfr. J. JONCHERAY, «Gli agenti della recezione sotto l'angolazione sociologica», in Salamanca 1996, 378-379.

[107] Cfr. PAOLO VI, Discorso *Agli Arcivescovi*, 6 dicembre 1965, 705-711. In un altro intervento, parlando dei tre tempi del Concilio (dopo quelli dell'entusiasmo iniziale e dello svolgimento), Paolo VI aveva detto che ora viene il terzo momento «quello in cui la discussione finisce; comincia la comprensione. All'aratura sovvertitrice del campo succede la coltivazione ordinata e positiva. [...] aggiornamento vorrà dire d'ora innanzi per noi penetrazione sapiente dello spirito del celebrato Concilio e applicazione fedele delle sue norme, felicemente e santamente emanate»: PAOLO VI, Discorso nella ottava sessione del Concilio, 18 novembre 1965, 981-983 (*EV* 1, 440*-441*). Appare riduttiva la chiosa di Alberigo, quando commenta: «Non rimane nessuna idea di conciliarità o di sinodalità»: G. ALBERIGO, *Storia del Concilio*, V, 368. Alberigo cita anche G. Routhier (*La réception d'un concile*, 87): «La recezione *kerygmatica* definisce l'insieme degli sforzi messi in atto dai pastori sia per far conoscere le decisioni di un concilio sia per promuoverle efficacemente». Ciò non sembra affermare, e non lo può, che si tratti di una mera applicazione a senso unico che escluda cammini "sinodali" nel senso teologico dell'espressione. Particolare interesse rivestono quei casi segnalati durante lo svolgimento del Concilio ecumenico, in cui sacerdoti e laici si riuniscono come in un «piccolo concilio» in diocesi, per condividere problemi e suggerimenti, stabilire priorità, alla luce delle acquisizioni dei Vescovi riuniti a Roma. È il caso della diocesi di *S.te Marie* del Nord Ontario, che fin dal 1962 aveva organizzato "in concilio" 600 persone, con tanto di commissioni: cfr. l'intervista A. CARTER, «Un modo di applicare il Vaticano II», 114-116.

[108] La CEI è chiamata a questo servizio da subito, non già avocando a sé l'intero processo di *recezione*-attuazione – nella complessa articolazione di norme, documenti e dinamiche –, bensì riconoscendosi responsabilmente come suo strumento-*soggetto* privilegiato, sempre in reciprocità di comunione con le altre realtà presenti sul territorio peninsulare. Non è il caso di indugiare qui nell'alveo delle difficoltà terminologiche che comporta l'uso, per la Chiesa italiana in particolare, di espressioni come Chiesa-locale o Chiesa-regionale in ordine alla recezione. Con riferimento in particolare a LG 23 A. Antón rileva «l'imprecisione in cui il Vaticano II lasciò la questione della consistenza teologica e giuridica dell'unità territoriale dei *coetus Ecclesiarum*». E conclude: «la difficoltà terminologica, tuttavia, perde d'importanza quando esistono criteri teologici validi per individuare la realtà di questi *coetus Ecclesiarum/episcoporum*. Attraverso questi vengono

3. Per "tradurre" il Concilio in italiano

3.1 *Il contesto italiano e la CEI*

All'ordine del giorno delle assemblee plenarie alla *Domus Mariae* l'attenzione sugli schemi e sui dibattiti conciliari domina fino alla terza sessione del Vaticano II. Ma dall'ottobre del '64 si ha già il segno di ciò che sarà la CEI per il Paese, almeno stando ai temi affrontati nelle riunioni: «l'Europa unita e il problema delle migrazioni italiane»; «le nuove responsabilità dell'Episcopato italiano»; «l'emigrazione interna»; i «problemi pastorali del Sud e Nord d'Italia»[109]; problemi di natura pastorale sull'agricoltura italiana, sull'assistenza agli studenti Medi e Universitari[110]; e poi ancora il turismo e lo sport[111].

Nell'immediato post-Concilio la CEI "seconda maniera" si trova a prendere in considerazione argomenti che fino ad allora le erano rimasti estranei, almeno direttamente: i pronunciamenti sull'aborto per la difesa della vita[112], e i temi affrontati in documenti come *I cristiani e la vita pubblica* (16 gennaio 1968)[113]; *Matrimonio e famiglia oggi in Italia* (15 novembre 1969)[114] e la

---

espresse le due proprietà essenziali, e fra loro complementari, della Chiesa: la sua *unità* e la sua *cattolicità* nel loro più profondo significato teologico»: A. ANTÓN, «Chiesa locale/regionale: riflessione sistematica», in Salamanca 1991, 586-587. In ogni caso è evidente che il decreto *Christus Dominus* manifesti una preferenza per le conferenze episcopali nazionali, dal momento che le menziona ripetutamente: cfr. G. FELICIANI, «Le conferenze episcopali dal Vaticano II al Codice del 1983», in Salamanca 1988, 37.

[109] Riunione di giovedì 22 ottobre 1964, ore 17: per questa carrellata di ordini del giorno cfr. F. SPORTELLI, «I Vescovi italiani al Vaticano II», 56-62 («Appendice I»). Eppure già prima della sesta riunione della Conferenza episcopale "prima maniera", il neo eletto Presidente, Giuseppe Siri, aveva richiamato l'attenzione del Comitato Direttivo all'accresciuta responsabilità della CEI: cfr. Verbale della Riunione del Comitato Direttivo, Roma, *Domus Mariae*, 13-15 ottobre 1959, in ARCHIVIO STORICO DELLA CONFERENZA EPISCOPALE ITALIANA, Comitato Direttivo. 1957-58-59. Assemblea 1957-58-59, Faldone 4, cit. in M. VALENTE, «La Conferenza Episcopale Italiana», 107. Nella rispettiva riunione dell'Assemblea dei Vescovi venivano approvate «cinque Commissioni per lo studio di questioni specifiche e per l'attuazione delle risoluzioni dell'Assemblea» (cfr. CONFERENZA EPISCOPALE ITALIANA, *Comunicato finale*, 15 ottobre 1959 [*ECEI* 1, 156]), e cioè le Commissioni per le attività pastorale, catechetica, culturale, assistenziale e sociale, ricreativa.

[110] Riunione del 19 novembre 1964, ore 17.

[111] Riunione del 2 dicembre 1965, ore 16.30.

[112] Cfr. *ECEI* 1, 128 e 192.

[113] *ECEI* 1, 1516-1546. A conclusione della III Assemblea generale sul tema del laicato viene pubblicata, inoltre, la dichiarazione finale *Il laicato nella Chiesa*: cfr. *ECEI* 1, 1602-1634.

[114] *ECEI* 1, 2109-2217.

Dichiarazione circa il divorzio (15 novembre 1969)[115]; *Vivere la fede oggi* (4 aprile 1971)[116]; *L'impegno morale del cristiano* (11 marzo 1972)[117].

Queste nuove tematiche riflettono tutta una serie di «trasformazioni sociali e culturali che presto porranno problemi nuovi non solo al cattolicesimo italiano, ma all'intero paese»[118]. La Chiesa italiana non poteva disinteressarsi dei problemi che quotidianamente coinvolgevano cattolici e non cattolici, e che si mescolavano e crescevano insieme con il tessuto ecclesiale: «la CEI diventava così l'organo che più poteva rispondere a simili esigenze»[119].

Il *Comunicato finale* della I Assemblea generale rivela l'intento di rendere operante l'impegno pastorale della CEI, «facendo in modo che lo studio dei problemi e il coordinamento dei piani di azione siano un fatto permanente, progressivo e rispondente ai bisogni reali», descrivendo una situazione piena di luci e di ombre. In particolare viene reso esplicito un «fermo proposito fondamentale: quello dell'aggiornamento e del rinnovamento secondo i precetti, le direttive e le indicazioni conciliari», riconoscendo questo proposito come la «principale ragione di essere» della stessa Assemblea generale[120]. Anche gli Statuti «hanno segnato il momento di formalizzazione di una esperienza in atto e sempre causa o effetto di avvenimenti di rilievo storico»[121].

---

[115] *ECEI* 1, 2218-2235.

[116] *ECEI* 1, 3627-3700.

[117] *ECEI* 1, 4083-4114.

[118] F. Sportelli, *La conferenza Episcopale Italiana* (1952-1972), 239.

[119] A. Blasi – S. Baldi, «Evoluzione della struttura della Conferenza Episcopale Italiana», 239.

[120] Cfr. Conferenza Episcopale Italiana, *Comunicato finale* della I Assemblea generale, 23 giugno 1966 (*ECEI* 1, 753-762, qui in particolare 754-755). Nello stesso comunicato: «per questo l'Assemblea generale ha trovato necessari organi di continuità quali il consiglio di presidenza, le commissioni, la segreteria generale con i rispettivi uffici». Ai rispettivi responsabili «si affiancheranno gruppi di esperti ecclesiastici e laici»: in *ivi*, 755.

[121] «Lo Statuto del 1959 anticipa il Concilio, quello del 1965 nasce come frutto conciliare; lo Statuto successivo del 1977 cade nel pieno di grandi trasformazioni nella vita socio-politica italiana e lo Statuto del 1985 nasce come adeguamento alla normativa del nuovo *Codex Iuris Canonici* (1983) e dei nuovi Accordi di Villa Madama del 1984»: A. Blasi – S. Baldi, «Evoluzione della struttura della Conferenza Episcopale Italiana», 248. In questa serie viene tralasciato quello entrato in vigore il 10 giugno 1971 e approvato nel corso della VII Assemblea generale (9-14 novembre 1970): cfr. *ECEI* 1, 3712-3759. Tra le altre novità veniva formalizzata la possibilità di ammettere alle assemblee generali anche preti, religiosi/e e laici. È importante notare la novità del capitolo II: «Competenza e attività della conferenza», tra le quali l'art. 9, punto g), individua in particolare quella di «emanare dichiarazioni pubbliche e documenti dottrinali a nome dei Vescovi d'Italia».

Del resto la Nazione italiana aveva a modo suo atteso alla preparazione del Concilio. L'allora Capo del Governo, Amintore Fanfani, parlò diffusamente dei «problemi dell'unità cristiana» al Congresso napoletano della Democrazia Cristiana (1962): «ad essi – sosteneva – non può ritenersi estranea l'Italia, per la fede dei suoi cittadini»[122].

Da più parti erano auspicati grandi benefici per l'intero popolo italiano dal buon successo del Concilio: in questa linea si era collocato, ancor prima della conclusione dell'Assise, il Presidente della Repubblica Antonio Segni. A questo miravano anche le Associazioni cattoliche italiane, che promossero conferenze e incontri di preghiera.

Un sondaggio sull'opinione pubblica italiana aveva collocato il Concilio tra i «grandi avvenimenti e problemi di questo periodo»: precisamente il 22,4 % dei 1000 intervistati, secondo soltanto al tema del disarmo, con il 35,7 %[123]. Nonostante le difficoltà e le discussioni, il rapporto instauratosi attraverso la stampa fra Vescovi della CEI e opinione pubblica, non verrà interrotto nelle stagioni successive, ed è annoverato tra le novità italiane del dopo Concilio[124].

Ai Vescovi italiani riuniti a Collevalenza per l'Assemblea generale il 23 ottobre 1993, Giovanni Paolo II ribadirà la grande

---

L'ultimo, attualmente in vigore, è stato approvato dalla XLVII Assemblea generale (22-26 maggio 2000) e promulgato con decreto del Presidente della CEI in data 1° settembre 2000 (Statuto 2000 [ECEI 6, 3052-3271]). La CEI – si legge nel Preambolo – «è segno autentico e autorevole di comunione delle chiese particolari che sono in Italia; costituisce una rappresentanza legittima e qualificata del popolo di Dio che vive nel paese; promuove l'azione concorde dell'Episcopato italiano, in speciale sintonia con il successore di Pietro, vescovo di Roma e primate d'Italia»: Statuto 2000, Preambolo, n. 3 (ECEI 6, 3056).

[122] Cfr. G. CAPRILE, Il Concilio Vaticano II, I, 2, 305. Per il contesto remoto e prossimo al Vaticano II cfr. G. ALBERIGO, Il cristianesimo in Italia, Roma-Bari 1997. Andrebbe approfondito il ruolo di "animazione" di molti cristiani cattolici nella stesura della Carta costituzionale repubblicana, soprattutto nei suoi principi fondamentali, il ruolo del partito della Democrazia Cristiana, come pure quello di Azione Cattolica in tutto il Novecento italiano.

[123] Cfr. G. CAPRILE, Il Concilio Vaticano II, II, 485.

[124] Cfr. F. SPORTELLI, «I Vescovi italiani al Vaticano II», 48. «Svolse un ruolo decisivo il quotidiano cattolico bolognese "L'Avvenire d'Italia", diretto da Raniero La Valle, fiancheggiato dalla rivista bolognese "Il Regno", nell'informare e orientare l'opinione pubblica, alimentando un interesse di proporzioni inconsuete»: G. ALBERIGO, Il cristianesimo in Italia, 123. Mentre la Chiesa italiana andava vitalizzandosi, ad esempio con l'istituzione della Caritas italiana nel 1971, doveva fare i conti con i fermenti sociali del Sessantotto e con episodi di aspra contestazione ecclesiale, la cui pietra di scandalo fu proprio il Concilio, il suo spirito e le sue riforme. Cfr. anche G. SANSOTTA, La C.E.I. nella storia d'Italia, Roma 1988.

importanza dell'azione della Conferenza episcopale italiana in questo contesto, con i suoi interventi ripetutamente espressi «in modo chiaro e coraggioso, in spirito di servizio e con forte senso di responsabilità. Sono linee e indirizzi che testimoniano l'opportuno impegno dei Vescovi per il vero bene del Paese»[125].

3.2 Paolo VI per una «coscienza postconciliare»

È certo che l'arcivescovo Giovanni Battista Montini fu uno dei più coraggiosi sostenitori del Concilio Vaticano II. Ma papa Paolo VI «è stato anche il grande sostenitore e accompagnatore del post-Concilio»[126], periodo al quale egli «guardava con speciale attenzione»[127].

«Un posto di speciale ed affettuosa considerazione» era naturale e doveroso fosse occupato dal «gruppo eletto e cospicuo dei Vescovi Italiani»: così si espresse il pontefice nella già menzionata Assemblea plenaria CEI del 14 aprile 1964, in preparazione alla terza sessione del Vaticano II. In quella occasione papa Montini riconobbe la buona e saggia efficienza della Conferenza nazionale, «che va assumendo coscienza – disse – della sua funzione importantissima e ormai acquisita al programma della vita ecclesiastica in Italia»[128]. Per affrontare i problemi dinanzi ai quali si trovava l'Episcopato italiano – tra i primi sono enumerati il laicismo e il comunismo, poi ancora le vocazioni e i Seminari, l'assetto sociale e l'istruzione religiosa, la stampa, la cultura e la scuola – egli prospettava la necessità di «un forte e rinnovato spirito di unità»[129].

---

[125] GIOVANNI PAOLO II, Lettera *Ai Vescovi italiani*, 23 ottobre 1993, n. 3, 1106.

[126] P. MACCHI, «Paolo VI e il Concilio», 17.

[127] G. ALBERIGO, *Storia del Concilio*, IV, 668. «Paolo VI ha seguito il sorgere della C.E.I. fin dai suoi primi passi come Sostituto della Segreteria di Stato e poi come Pro-Segretario di Stato per gli affari ordinari della Chiesa (1952-1954); è stato membro molto attivo della Conferenza nel periodo in cui fu Arcivescovo di Milano (1954-1963). Durante i quindici anni del suo Pontificato ha mostrato particolare condivisione e attenzione verso l'Episcopato italiano»: L. BIANCO, *La Conferenza Episcopale Italiana*, 102.

[128] Cfr. PAOLO VI, Discorso *All'Assemblea plenaria*, 14 aprile 1964, 243-244.

[129] Più diffusamente si intrattiene su «quattro punti dolenti»: la vita religiosa, la cui animazione deve trovare fonte nel primato della grazia come ce ne dà occasione la riforma liturgica («la quale richiama alla visione teologica delle sorti umane, al primato dell'azione della grazia, e perciò della vita sacramentale e della preghiera»); la moralità pubblica e privata; i rapporti tra i singoli Vescovi e il proprio clero (i presuli «stiano vicini materialmente e spiritualmente ai loro sacerdoti, specialmente a quelli giovani»); la

La volontà di Paolo VI di «indirizzare l'Episcopato»[130] italiano nell'avvio del periodo postconciliare traspare con maggior chiarezza nel suo discorso ai Vescovi del 6 dicembre 1965, prima che lascino Roma a Concilio ormai concluso. Giunti ormai al termine di questo grande avvenimento di grazia, «rinunciamo ai commenti – disse – [...]. Rinunciamo anche alla sintesi dei fatti, delle impressioni e dei giudizi sull'avvenimento storico». La prima cosa importante da predicare e da vivere è, invece, la «coscienza postconciliare»[131].

> Finito il Concilio, tutto ritorna come prima? Le apparenze e le abitudini risponderanno che sì. Lo spirito del Concilio risponderà che no. Qualche cosa, e non piccola, dovrà essere anche per noi – per noi anzi soprattutto – nuova [...]. Alludiamo al nostro modo di considerare la Chiesa; modo, che il Concilio ha così caricato di pensieri, di temi teologici, spirituali e pratici, di doveri e di conforti [...]. Non è un periodo di ordinaria amministrazione quello che segue il Concilio, né tanto meno di riposo o di facile ministero; ma un periodo di più intenso lavoro[132].

Le indicazioni del Papa sullo «stile nuovo», e sullo spirito necessario per attuare il Concilio sono assolutamente chiare, e richiamano a noi quella *recezione* personale e comunitaria dei Vescovi, necessaria perché al dono del Concilio possano accedere e aderire clero e fedeli:

> L'efficacia pastorale d'un Concilio non dipende soltanto dalla saggezza e dall'autorità delle sue leggi [...]. E a questo proposito ricordiamo che dall'accettazione nostra, ormai umile e leale, senza postumo senno e senza tacite o palesi riserve, delle norme conciliari, dipenderà l'accettazione del Clero e dei fedeli. [...] Dobbiamo noi per primi aderire docilmente a ciò che il Concilio ha stabilito, e modellare mente ed azione alla sua ispirata e indiscutibile autorità[133].

Diverse le vie concrete proposte da Paolo VI, sulle quali è chiamata a camminare la Chiesa italiana nella direzione impressa dal Concilio: tra di esse viene annoverata come

stampa cattolica («ancora tanto necessaria»): cfr. PAOLO VI, Discorso *All'Assemblea plenaria*, 14 aprile 1964, 243-252.

[130] F. SPORTELLI, *La conferenza Episcopale Italiana* (1952-1972), 224.

[131] Questo discorso è pronunciato ai Vescovi presenti in udienza, alle ore 18: cfr. *OR* 8 dicembre 1965, 5. Due giorni dopo si conclude solennemente il Concilio con la messa celebrata sul sagrato della Basilica di san Pietro.

[132] PAOLO VI, Discorso *Agli Arcivescovi*, 6 dicembre 1965, 706-707.

[133] PAOLO VI, Discorso *Agli Arcivescovi*, 6 dicembre 1965, 707.

«principale» la «formazione propriamente religiosa del clero e dei fedeli», che passa anche attraverso la riforma liturgica[134].

«Alla "nuova" CEI tocca il compito quotidiano e complesso di lavorare per la recezione del Concilio in Italia, fra problemi delicati e in anni carichi di fermenti innovatori in campo ecclesiale e civile»[135], anni nei quali la Chiesa sente «il bisogno di conoscere, di avvicinare, di comprendere, di penetrare, di servire, di evangelizzare la società circostante, quasi rincorrerla nel suo rapido e continuo mutamento»[136].

---

[134] È molto interessante vedere che su alcuni punti il Papa indugi più degli altri. Anche qui, come nel discorso del '64, ritorna sulla necessaria cura verso il clero giovane; poi di nuovo sulla «formazione propriamente religiosa del clero e dei fedeli», indicata come il punto «principale», e sul suo intimo legame con la «magnifica e ricchissima costituzione sulla sacra Liturgia». Costituiscono un permanente esame di coscienza per tutti le sue parole: «ricordiamo solo una cosa: essa [la Liturgia] non mira soltanto alla riforma dei riti sacri; essa mira a condurre all'essenziale la nostra educazione e la nostra espressione religiosa: alla parola divina, al dogma, al sacramento, al corpo mistico, alla preghiera compresa ed espressa da tutta la comunità, a Cristo, a Dio, alla SS.ma Trinità»: PAOLO VI, Discorso *Agli Arcivescovi*, 6 dicembre 1965, 709-710. Notiamo pure che il primo organo postconciliare, presieduto da uno dei moderatori del Concilio, G. Lercaro, fu il *Consilium ad exsequendam constitutionem de sacra Liturgia*. Sulle riforme istituzionali per progettare il postconcilio cfr. PAOLO VI, Discorso nella ottava sessione del Concilio, 18 novembre 1965, 978-984; cfr. G. ALBERIGO, *Storia del Concilio*, V, 367ss. Un precedente di rilievo, in merito agli indirizzi del Papa per la recezione, è costituito anche dall'*Archivio* del Concilio Vaticano II: «per volontà di Paolo VI venne infatti separato dagli altri archivi vaticani e sottratto ai limiti di consultazione di questi ultimi; inoltre venne statuita la pubblicazione degli atti e la collaborazione con gli studiosi per favorire una giusta conoscenza, interpretazione e recezione del Concilio»: M.T. FATTORI, «Per una ricostruzione della partecipazione italiana», 110. L'autrice riporta un'indagine interessante – effettuata contattando direttamente persone e archivi –, confermando la presenza di numerosissime fonti personali dei Vescovi, anche fondi relativi al Vaticano II, non sempre accessibili. L'articolo offre un dettagliato elenco di Padri e periti conciliari dei quali si conoscono carte, *vota* e archivi. «Un caso a parte sono da considerarsi le lettere pastorali e gli interventi sui Bollettini diocesani per il loro carattere dichiaratamente rivolto all'esterno del Concilio»: *ivi*, 122. Della sollecitudine dimostrata dalla stragrande maggioranza dei Vescovi per la recezione a livello locale, diocesano soprattutto, e già durante il corso del Concilio, abbiamo un indizio anche dagli «Indici» delle cronache di G. Caprile (*Il Concilio Vaticano II*), I-V, soprattutto nella II parte di ciascun volume («Attività dei Padri conciliari»). Le attività relative all'Episcopato in genere sono raccolte per nazionalità. Per l'Italia: vol. I, 1, «futuri Padri» (425-426); vol. I, 2 (748-749; anche «L'Italia e Roma si preparano al Concilio»: 768); vol. II (618-619); vol. III (657-658); vol. IV (569); vol. V (730-731). Naturalmente la consultazione di questi volumi può essere preliminare e propedeutica all'accesso agli *Acta Synodalia*.

[135] F. SPORTELLI, *La Conferenza Episcopale Italiana* (1952-1972), 224.

[136] PAOLO VI, Omelia *Hodie Concilium*, 7 dicembre 1965, 54 (*EV* 1, 454*).

3.3 Il primato dell'evangelizzazione e i piani pastorali

Il costante cammino di ricerca della CEI verso una presenza nuova della Chiesa in Italia, rintracciabile negli *Atti* delle prime Assemblee generali e nei vari documenti pubblicati a partire dalla seconda metà degli anni Sessanta, rivela che «la maturazione voluta da Paolo VI si va concretizzando»[137]. Il *Comunicato* del Consiglio permanente, emanato a conclusione della sua riunione a Roma dal 9 all'11 novembre 1971, contiene indicazioni preziose su quella che sarà considerata come una "svolta" per la CEI: per l'occasione della IX Assemblea generale – si legge – «è stato deciso di elaborare, dopo le opportune consultazioni, una programmazione pastorale triennale»[138].

Tutte le Conferenze regionali accolsero con favore la proposta di un programma pluriennale, e il tema dell'*evangelizzazione* sembrava essere il più sentito. Decisivo da questo punto di vista fu proprio l'anno 1972: la proposta di un programma che riflettesse la "nuova" identità della Chiesa verso la dimensione dell'evangelizzazione nel mondo contemporaneo, era stato individuato nel binomio "Evangelizzazione e sacramenti" dal Consiglio permanente della CEI, riunito nella sessione del 22-24 febbraio[139].

Nella IX Assemblea generale (12-17 giugno 1972), dopo la relazione introduttiva del cardinale Presidente Antonio Poma, il progetto di un piano pastorale nazionale veniva finalmente approvato, guadagnando così il plauso e l'incoraggiamento del Papa per un impegno che da tempo stava maturando i suoi frutti: tra questi la nuova traduzione italiana della Bibbia[140], la pubblicazione del documento di base su *Il rinnovamento della catechesi* (2 febbraio 1970)[141], la divulgazione e l'approfondimento dei temi dell'ultimo Sinodo[142]. «Ma vogliamo

---

[137] F. SPORTELLI, *La Conferenza Episcopale Italiana* (1952-1972), 292.

[138] Cfr. CONSIGLIO PERMANENTE DELLA CEI, *Comunicato*, 11 novembre 1971, 274-275 (*ECEI* 1, 3931).

[139] Cfr. CONSIGLIO PERMANENTE DELLA CEI, *Comunicato* al termine della sessione del 22-24 febbraio, 29 febbraio 1972, 29-31 (*ECEI* 1, 4070-4082)

[140] Cfr. *ECEI* 1, 4008-4023.

[141] *ECEI* 1, 2362-2973. Si tratta del documento teologico-pastorale più importante pubblicato fino ad allora dall'Episcopato italiano, ed è espressione autorevole del magistero episcopale in tema di pastorale catechetica.

[142] Si riferiva al Terzo Sinodo dei Vescovi, celebrato dal 30 settembre al 6 novembre 1971 sui temi del sacerdozio ministeriale e della giustizia nel mondo.

altresì esprimere la nostra compiacenza – disse per l'appunto Paolo VI – per il programma prestabilito per il nuovo triennio [...] imperniato sul tema generale "Evangelizzazione e sacramenti"»[143].

A delineare il senso e la portata della scelta di un piano nazionale pluriennale sarà il nuovo segretario generale, Enrico Bartoletti, che succederà a mons. Pangrazio il 4 settembre 1972: «si tratta di un inizio e di una svolta davvero decisiva, oltre che opportuna, per l'impegno della Chiesa in questo nostro tempo, anche oltre il prossimo triennio»[144].

Bartoletti aveva evidentemente ragione, considerando che a partire dagli anni Ottanta la scelta dei "piani" pastorali – successivamente "orientamenti" – non solo sarà confermata e cadenzata con ritmo decennale, ma «le scelte di Chiesa in essi delineate costituirà «uno dei canali fondamentali per la recezione del Concilio in Italia»[145].

Prima di gettare il ponte verso lo studio analitico dei testi (2° volume), una precisazione va fatta su quale sia la *natura* di questi documenti. Sui piani pastorali decennali, infatti, può sorgere il dubbio se attraverso di essi la Conferenza nazionale ponga, o meno, degli atti di magistero autentico.

Se è vero che le conferenze episcopali devono promuovere il maggior bene pastorale che la Chiesa offre agli uomini dentro il

---

[143] Cfr. PAOLO VI, Udienza *Ai partecipanti alla IX Assemblea generale della CEI*, 17 giugno 1972, soprattutto 648-649.

[144] Il testo è tratto da un incontro con i membri della CEI del 2 ottobre 1972 e citato in F. SPORTELLI, *La Conferenza Episcopale Italiana* (1952-1972), 297. Lo stesso Bartoletti, figura di primo piano per l'alto spessore teologico e pastorale, ricorda in una lezione tenuta a Firenze che si tratta di un «tema di grandiosa importanza, assunto non soltanto dalla Chiesa in Italia, ma dalla Chiesa tutta. Infatti a sceglierlo non è stata solo la C.E.I. per il prossimo triennio: la Chiesa intera, rappresentata dal Sinodo e con l'approvazione del S. Padre, ha scelto come tema di riflessione per il prossimo anno "Evangelizzazione del mondo contemporaneo"»: E. BARTOLETTI, «Evangelizzazione e sacramenti», in P. GIANNESCHI, ed., *Enrico Bartoletti*, 204. «Il nuovo segretario della CEI non tradisce il lavoro di programmazione avviato da Poma e da Pangrazio, ma aggiunge a questo il contributo originale della propria lettura della situazione del cattolicesimo italiano in una società in trasformazione»: F. SPORTELLI, *Op. cit.*, 301.

[145] S. NOCETI, «I piani pastorali», 49. «Attraverso i piani pastorali è possibile accostarsi al complesso processo di recezione della visione ecclesiologica conciliare, intendendo con "recezione" – secondo la prospettiva sviluppata da Y.M.-J.. Congar, J.M.R. Tillard e G. Routhier – quel processo collettivo, lento e complesso, mediante il quale le Chiese locali (e la *universa ecclesia*) accolgono e assimilano decisioni e prospettive definite da un concilio, riconoscendovi la Tradizione apostolica e una particolare ricchezza in ordine alle necessità storiche del momento»: *ivi*, 48.

loro territorio (*CD* 38), «è inevitabile che la loro sollecitudine si estenda anche all'orientamento dottrinale dei fedeli»[146].

Sulla *potestà* di magistero delle Conferenze episcopali si è espresso il Codice di Diritto Canonico del 1983[147], e soprattutto il successivo motu proprio *Apostolos suos* del 21 maggio 1998, laddove si riconosce che nelle Conferenze episcopali «l'esercizio congiunto del ministero episcopale concerne pure la funzione dottrinale»[148].

Ora, per quanto ci consta, nessuna conferenza episcopale ha emesso in senso stretto dichiarazioni dottrinali. Nel caso dei documenti pastorali della CEI, essi rientrano tra le «altre deliberazioni» dell'Assemblea generale[149], «approvate a maggioranza assoluta dei presenti votanti e, di regola, con suffragio scritto»; si possono annoverare tra le «istruzioni, dichiarazioni e documenti espressivi degli indirizzi dell'Episcopato italiano»[150].

Non dichiarazioni dottrinali, dunque, non deliberazioni giuridicamente vincolanti, ma «programmi pastorali»[151] che assumono evidentemente un posto di rilievo nella vita della Chiesa italiana, e costituiscono una espressione autorevole del *munus docendi* dei Vescovi, attuato nella Conferenza episcopale[152].

---

[146] J. MANZANARES, «Autorità dottrinale delle conferenze episcopali», in Salamanca 1988, 253.

[147] *CIC* can. 753: «I Vescovi che sono in comunione con il capo del collegio e con i membri, sia singolarmente sia riuniti nelle conferenze episcopali o nei concili particolari, anche se non godono dell'infallibilità nell'insegnamento, sono autentici dottori e maestri della fede per i fedeli affidati alla loro cura; al quale magistero autentico dei propri Vescovi i fedeli sono tenuti ad aderire con religioso ossequio dell'animo».

[148] «Esercitando fedelmente la loro funzione dottrinale, i Vescovi servono la Parola di Dio, alla quale è sottomesso il loro insegnamento, la ascoltano piamente, santamente la custodiscono e fedelmente la espongono in modo che i loro fedeli la ricevano nel miglior modo possibile. E poiché la dottrina della fede è un bene comune di tutta la Chiesa e vincolo della sua comunione, i Vescovi, riuniti nella Conferenza episcopale, curano soprattutto di seguire il magistero della Chiesa universale e di farlo opportunamente giungere al popolo loro affidato»: GIOVANNI PAOLO II, Motu proprio *Apostolos suos*, n. 21, 655 (*EV* 17, 841). Per la CEI, in particolare, la materia delle «Dichiarazioni dottrinali» è affrontata nell'art. 17 dello Statuto del 2000 (*ECEI* 6, 3093).

[149] Statuto 2000, art. 18 (*ECEI* 6, 3094). Cfr. CONGREGAZIONE PER I VESCOVI, Direttorio per il ministero pastorale dei Vescovi *Apostolorum successores,* 22 febbraio 2004, n. 31 (*EV* 22, 1644-1647).

[150] Statuto 2000, art. 15, lett. a (*ECEI* 6, 3089).

[151] Statuto 2000, art. 15, lett. b (*ECEI* 6, 3089).

[152] «I documenti pastorali si possono considerare in base al contenuto e allo scopo che si prefiggono. Alcuni ripropongono la dottrina del magistero della Chiesa; altri applicano

Di essi ci occuperemo nel secondo volume di quest'opera, focalizzando lo studio su quelli che possiedono un esplicito carattere pluriennale, non potendo esimerci dal porli in relazione con i Convegni ecclesiali nazionali, i quali del resto, a cominciare da quello celebrato a Roma nel 1976, originavano con la precisa intenzione di «tradurre il Concilio in italiano»[153].

Proponiamo di seguito lo schema dei decenni e dei relativi documenti e Convegni.

Anni '70:
- Piano pastorale *Evangelizzazione e sacramenti* (12 luglio 1973)[154];
- 1° Convegno ecclesiale nazionale sul tema "Evangelizzazione e promozione umana" (Roma, 1976).

Anni '80:
- Piano pastorale *Comunione e comunità* (1º ottobre 1981)[155];
- 2° Convegno ecclesiale nazionale sul tema "Riconciliazione cristiana e comunità degli uomini" (Loreto, 1985).

Anni '90:
- Orientamenti pastorali *Evangelizzazione e testimonianza della carità* (8 dicembre 1990);

---

principi dottrinali e morali a situazioni concrete ed a problemi particolari; altri sono esortazioni; in diversi casi comprendono due o tutti e tre gli elementi indicati»: L. Bianco, *La Conferenza Episcopale Italiana*, 200. «La conferenza episcopale ha un *munus docendi*? Io ritengo di sì [...]. Io vedo molte possibilità per le conferenze soprattutto in materia di insegnamento, se si vuol cercare di aiutare il popolo a riflettere sulla situazione contemporanea della Chiesa e del mondo»: G. Morrisey, «Risposta alla relazione di G. Feliciani», in Salamanca 1988, 45 e 48; cfr. G. Mucci, «Le conferenze episcopali», 327-337.

[153] Lo ricorderà il cardinal Dionigi Tettamanzi nella sua *Prolusione* al Convegno di Verona (2006): D. Tettamanzi, «Il Signore doni alla Chiesa italiana umili e coraggiosi testimoni di Gesù risorto, speranza del mondo», in Conv. di Verona, 124.

[154] Il primo piano ha durata inizialmente triennale e sarà "integrato" con *Evangelizzazione e sacramenti della penitenza e dell'unzione degli infermi* per il biennio 1974-1975; *Evangelizzazione e sacramento del matrimonio* per il biennio 1975-1976; *Evangelizzazione e ministeri* per l'anno 1977.

[155] Con questo titolo si intende solitamente il testo *Comunione e comunità: I. Introduzione al piano pastorale*, che sarà seguito da *Comunione e comunità: II. Comunione e comunità nella Chiesa domestica*. Il secondo, tuttavia, costituirà lo sviluppo e l'approfondimento del primo – che va considerato come *il* piano pastorale di riferimento – nell'ambito specifico della coppia e della famiglia cristiana.

- 3° Convegno ecclesiale nazionale sul tema "Il vangelo della carità per una nuova società in Italia" (Palermo, 1995).

1° decennio 2000:
- Orientamenti pastorali *Comunicare il Vangelo in un mondo che cambia* (29 giugno 2001);
- 4° Convegno ecclesiale nazionale sul tema "Testimoni di Gesù risorto, speranza del mondo" (Verona, 2006).

Decennio 2010-2020:
- Orientamenti pastorali *Educare alla vita buona del Vangelo* (4 ottobre 2010);
- 5° Convegno ecclesiale nazionale previsto a Firenze per l'anno 2015.

CONCLUSIONE

Vaticano II, Episcopato italiano, recezione: tre realtà ecclesiali che hanno costituito il punto di avvio per altrettanti temi ecclesiologici sviluppati in questo volume. Obiettivo del nostro studio non era tanto quello di esaurirne l'esposizione e la comprensione, bensì cogliere, nei diversi livelli e con i dovuti distinguo, lo stretto nesso di reciprocità che li tiene insieme. Ciascuna di esse, e la visione unitaria sulle mutue relazioni di carattere storico-teologico, possiede quindi una propria autonomia anche rispetto allo sviluppo teologico-sistematico intorno agli Orientamenti pastorali e ai Convegni ecclesiali nazionali che affidiamo al 2° volume: testo per il quale, comunque, questo itinerario è stato concepito, al quale fa da sfondo e presupposto ermeneutico, e verso il quale naturalmente tende.

A conclusione di questa prima parte può giovare uno sguardo panoramico e sintetico sul percorso segnato fin qui. Una prima semplificazione, funzionale tanto all'approccio dei contenuti del I capitolo, tanto alla comprensione della *ratio* che ha guidato lo sviluppo della ricerca, può essere così formulata: se nel I capitolo abbiamo studiato *La recezione* in quanto tale, specialmente nella teologia e *nella Chiesa*, con il II capitolo siamo entrati nel vivo dell'*oggetto* di questa recezione, o se vogliamo del suo *contenuto* in quanto intesa come recezione conciliare, inquadrando meglio il "dato", il "dono", il "bene spirituale" *Concilio Vaticano II*. Nel III capitolo abbiamo voluto porre, quindi, la questione della *soggettività*, del "Chi" riceve il Concilio, di questo *coetus Episcoporum* particolare che è l'Assemblea generale dei Vescovi italiani, e ciò prima ancora di dedicarci allo studio dei documenti e dei Convegni. Quel percorso, tra l'altro, non dovrà farci perdere di vista l'eccedenza della recezione rispetto alle sue attestazioni, della vita, cioè, rispetto ai documenti e alle teorie.

Proprio in virtù di questo principio, tre considerazioni hanno attirato maggiormente la nostra attenzione quanto al tema della *receptio* nella Chiesa, e ci pare opportuno sintetizzarle e rilanciarle in questa conclusione.

La prima. Analogamente alla precedenza della *realtà*-Chiesa, del *fatto*-Chiesa, rispetto all'ecclesiologia, rispetto, cioè, alla *riflessione* teologica della Chiesa su se stessa, si è potuto affermare, a partire dai dati delle Scritture, che la recezione è una *realtà da sempre presente nella Chiesa*, a prescindere da quale sviluppo teologico il concetto dopo tutto moderno di recezione abbia conosciuto.

La Chiesa, che perciò può dirsi *comunità di recezione*, è il luogo di accoglienza o di recezione anzitutto della visita di Dio[1], il luogo dell'accoglienza tra fratello e fratello, e, perché no, tra Chiesa e Chiesa.

La seconda considerazione discende direttamente dalla prima, e riguarda quello che abbiamo chiamato *oggetto* o *contenuto* della recezione. Ora, nel caso di specie di questo lavoro, si può parlare di "recezione conciliare". Tuttavia, da quanto detto poco fa, la prima cosa da considerare non è tanto, o soltanto, la verifica di questo o quell'asserto dottrinale e/o pastorale, ma il dato della *fede* implicato nei processi vitali della Chiesa. D'altronde questo insegnano i Padri conciliari, che «la Chiesa, nella sua dottrina, nella sua vita e nel suo culto, perpetua e trasmette tutto ciò che essa è, tutto ciò che essa crede» (*DV* 8). La recente enciclica di papa Francesco *Lumen fidei*, non a caso si spinge a dire che «il Vaticano II è stato un Concilio sulla fede», quella fede – prosegue citando Paolo VI – «che ha per sorgente Cristo e per canale il magistero della Chiesa» (*LF* 6). Se la fede è essenzialmente un atto di recezione-accoglimento di ciò che è rivelato-trasmesso, allora la Chiesa stessa si costituisce vitalmente in questo atto di scambio (cfr. 1Cor 15,1ss.), che va ben oltre la semplice *paràdosis* di verità di fede, come insegna la costituzione *Dei Verbum*. Nella dinamica del dare-ricevere vi è, pertanto, una correlazione vitale fra la recezione e la *Traditio viva* della Chiesa di Cristo, sebbene risulti essenziale mantenere il primato della seconda sulla prima.

---

[1] Cfr. G. Routhier, «La recezione nell'attuale dibattito teologico», in Salamanca 1996, 43.

Rispetto al *depositum fidei* – e veniamo così alla terza ed ultima considerazione –, tutto il popolo di Dio è *soggetto* portatore della fede. In virtù del battesimo, come abbiamo mostrato, siamo tutti «non sudditi ma soggetti attivi»[2]. Ferma restando la funzione di interprete autentico assolta dal *ministero* episcopale, il Concilio spinge a considerare l'intima e necessaria reciprocità fra Magistero e *sensus fidelium*, come la «duplice forma» nella quale «l'esposizione e l'attestazione della verità cristiana esiste»[3]. In questa prospettiva si è capito che la recezione «diventa problema solamente se vista sotto la falsa alternativa: ufficio contro credenti, docenti contro uditori»[4]. Senza andare troppo lontano, e limitandoci alle attestazioni di recezione del Concilio per l'Italia, si tratterà, nel 2° volume, di verificare in quale misura il *depositum fidei* ri-espresso dal Vaticano II, sia stato accolto-recepito dai Vescovi, e particolarmente quali nomi, quali metafore, quali immagini di Chiesa hanno tratto da esso e tradotto per noi. E quali, invece, no!

A proposito, ancora, di recezione, è stato necessario evidenziare come il Sinodo straordinario nel 1985 abbia aperto la strada, fra le altre, alla distinzione «tra recezione *materiale* di enunciati conciliari e recezione dello stesso dinamismo conciliare»[5]. Senza sottrarci alla complessa questione dell'ermeneutica del Vaticano II, specie in relazione all'immagine di Chiesa che ne emerge o, meglio, delle prospettive ecclesiologiche presenti nei suoi insegnamenti, abbiamo insistito, non a caso, sulla distinzione e la reciproca interazione fra decisioni-documenti ed evento-celebrazione.

Questo fatto ci aiuta ora a comprendere il III capitolo del nostro lavoro («L'Episcopato italiano e il Concilio») come il cardine fra il 1° e il 2° volume, fra il *Concilio* e i *documenti CEI*, proprio perché la stessa CEI – nella sua veste di Assemblea plenaria di tutti i Vescovi italiani – "nasce" al Concilio e a motivo del Concilio, in un progressivo scambio, reciproco e fecondo, fra questa e l'Assise ecumenica nell'Aula Vaticana, verso quella trasformazione che ha condotto i Vescovi dai confini delle proprie

---

[2] S. PIÉ-NINOT, *Ecclesiologia*, 546.

[3] D. VITALI, *Sensus fidelium*, 372.

[4] F. WOLFINGER, «Concilio ecumenico e ricezione», 1151.

[5] G. ROUTHIER, «La recezione nell'attuale dibattito teologico», in Salamanca 1996, 33.

Diocesi alla nuova fisionomia di una Assemblea realmente rappresentativa delle comunità dell'intera Nazione. In questo modo si rende evidente la focalizzazione, in prima battuta, sulla recezione delle *dinamiche* conciliari a *livello* dei Vescovi della Nazione.

La Conferenza dei Vescovi si è mostrata a noi, ed evidentemente, come un frutto del Concilio, una vera e propria recezione dell'*affectus collegialis* e del dinamismo collegiale-sinodale attraverso il quale questo si esprime e si rafforza. Un legame ben più forte di un mero sentimento.

Ma la fraterna comunione vissuta tra Vescovi suscitava e rinvigoriva come non mai la *communio Ecclesiarum*, conducendo progressivamente la CEI post-conciliare a prendere coscienza sempre di più, e ad assumerla, della responsabilità che le competeva di guidare e orientare la recezione in Italia. Documenti decennali e Convegni ecclesiali nazionali, assurgevano in tal modo a strumenti – i primi – e occasioni – i secondi –, per «tradurre il Concilio in italiano».

SIGLE E ABBREVIAZIONI

1. Le abbreviazioni delle riviste e collane sono secondo S.H. SCHWERTNER, *International Glossary of Abbreviations for Theology and Related Subjects. Periodicals, Series, Encyclopedia, Sources with Bibliographical Notes*, Berlin - New York 1992. Per le riviste non contemplate nel glossario l'abbreviazione è nostra.

a./art./artt.	articolo/articoli
AA	*Apostolicam actuositatem,* Decreto del Concilio Ecumenico Vaticano II sull'apostolato dei laici, 18 novembre 1965
AAS	*Acta Apostolicae Sedis*, Città del Vaticano, 1909 ss.
AC/ACI	Azione Cattolica/Azione Cattolica Italiana
ADCOV	*Acta et Documenta Concilio Oecumenico Vaticano II apparando.* Typis Polyglottis Vaticanis 1960-1961
AG	*Ad Gentes*, Decreto del Concilio Ecumenico Vaticano II sull'attività missionaria della Chiesa, 7 dicembre 1965
AgSoc	*Aggiornamenti sociali*
Apoll.	*Apollinaris*
AS	*Acta Synodalia Sacrosancti Concilii Oecumenici Vaticani Secundi, Typis Polyglottis Vaticanis 1970-1978*
Asp.	*Asprenas*
ATI	Associazione teologica italiana
can./cann.	canone/canoni
cap./capp.	*caput*/capitolo/capitoli
card./cardd.	cardinale/cardinali
Cath(M)	*Catholica (Münster)*
CCC	*Catechismo della Chiesa Cattolica*, Città del Vaticano 1992

CD	*Christus Dominus*, Decreto del Concilio Ecumenico Vaticano II sull'ufficio pastorale dei Vescovi nella Chiesa, 28 ottobre 1965
CEI	Conferenza episcopale italiana
CELAM	Consiglio episcopale latino-americano
cfr.	*confer(endum)*
CIC	*Codex Iuris Canonici*, Roma 1917
cit.	citato/citati/citazione
CivCatt	*La Civiltà Cattolica*
Conc(I)	*Concilium*, edizione italiana
Conv. di Verona	*Testimoni di Gesù risorto, speranza del mondo. Atti del 4° Convegno Ecclesiale Nazionale. Verona, 16-20 ottobre 2006*, della Conferenza episcopale italiana, Bologna 2008
Cost. ap.	Costituzione apostolica
CrSt	*Cristianesimo nella storia*
CTI	Commissione Teologica Internazionale
CVII	*Centro Vaticano II. Ricerche e Documenti*
DC	*La Documentation catholique*
Dei Agricultura	*Dei Agricultura Dei aedificatio*, circolare riservata della Segreteria Generale della CEI, Roma 1960-1966
DH	*Dignitatis humanae*, Dichiarazione del Concilio Ecumenico Vaticano II sulla libertà religiosa, 7 dicembre 1965
DS	Denzinger – Schönmetzer, *Enchirydion symbolorum, definitionum et declarationum de rebus fidei et morum*, Herder 1963
DV	*Dei Verbum*, Costituzione dogmatica del Concilio Ecumenico Vaticano II sulla divina Rivelazione, 18 novembre 1965
ecc.	*et caetera*
ECEI	*Enchiridion della Conferenza episcopale italiana. Decreti dichiarazioni documenti pastorali per la Chiesa italiana*, I-VIII, Bologna 1985-2011
ed.	a cura di/editore/editori
EdE	*Ecclesia de Eucharistia*, Lettera enciclica del Santo Padre Giovanni Paolo II, 17 aprile 2003
EPI	*Edizioni pastorali italiane*
Esort. apost.	Esortazione apostolica
EV	*Enchiridion Vaticanum. Documenti ufficiali della Santa Sede*, I ss., Bologna 1966 ss.
fasc.	fascicolo/fascicoli
GE	*Gravissimum educationis*, Dichiarazione del Concilio Ecumenico Vaticano II sull'educazione cristiana, 28 ottobre 1965

Gr.	Gregorianum
GS	Gaudium et spes, Costituzione pastorale del Concilio Ecumenico Vaticano II sulla Chiesa nel mondo contemporaneo, 7 dicembre 1965
Ibidem	medesimi autore e opera (nella stessa nota)
id./idem	il medesimo
IM	Inter mirifica, Decreto del Concilio Ecumenico Vaticano II sui mezzi di comunicazione sociale, 4 dicembre 1963
Insegn. B-XVI	Insegnamenti di Benedetto XVI
Insegn. G-PII	Insegnamenti di Giovanni Paolo II
Insegn. P-VI	Insegnamenti di Paolo VI
Irén.	Irénikon
Ivi	medesimi autore e opera, pagine differenti (nella stessa nota)
Lat.	Lateranum
Lett.	Lettera
Lett. enc.	Lettera enciclica
LF	Lumen fidei, Lettera enciclica del Santo Padre Francesco ai Vescovi, ai presbiteri e ai diaconi, alle persone consacrate e a tutti i fedeli laici sulla fede, 29 giugno 2013
LG	Lumen gentium, Costituzione dogmatica del Concilio Ecumenico Vaticano II sulla Chiesa, 21 novembre 1964
lib.	liber
ME	Monitor Ecclesiasticus
mons./monss.	monsignore/monsignori
n./nn.	numero/numeri
NAe	Nostra aetate, Dichiarazione del Concilio Ecumenico Vaticano II sulle relazioni della Chiesa con le religioni non cristiane, 28 ottobre 1965
NCEI	Notiziario della Conferenza episcopale italiana, a cura della Segreteria Generale, Roma 1966 ss.
OE	Orientalium Ecclesiarum, Decreto del Concilio Ecumenico Vaticano II sulle Chiese Orientali cattoliche, 21 novembre 1964.
OiC	One in Christ
Op. cit.	Opera citata (nella medesima nota)
OR	L'Osservatore Romano
OrPast	Orientamenti pastorali
OT	Optatam totius, Decreto del Concilio Ecumenico Vaticano II sulla formazione sacerdotale, 28 ottobre 1965
P./p.	padre

P.M.	*Pontificis Maximi*
pag./pp.	pagina/pagine
par./parr.	paragrafo/paragrafi
PC	*Perfectae caritatis*, Decreto del Concilio Ecumenico Vaticano II sul rinnovamento della vita religiosa, 28 ottobre 1965
PL	Patrologia latina
PO	*Presbyterorum Ordinis*, Decreto del Concilio Ecumenico Vaticano II sul ministero e la vita dei Presbiteri, 7 dicembre 1965
PRCan.	*Periodica de re canonica*
prot.	protocollo
PSV	*Parola Spirito e vita*
q.	*quaestio*/questione
QCl.	*Quaderni del Clero*
Quest.	*Questitalia*
RCI	*Rivista del Clero italiano*
RdT	*Rassegna di Teologia*
Regno-att.	*Il Regno-attualità*
Regno-doc.	*Il Regno-documenti*
Regno-VatII-SS	*Il Regno. Vaticano II – Servizio speciale*
Renov(I)	*Renovatio*
RH	*Redemptor hominis*, Lettera enciclica del Santo Padre Giovanni Paolo II, 4 marzo 1979
RHDF	*Revue historique de droit français et étranger*
RivSR	*Rivista di Scienze Religiose*
RSCI	*Rivista di Storia della Chiesa in Italia*
Salamanca 1988	*Natura e futuro delle conferenze episcopali. Atti del Colloquio internazionale di Salamanca (3-8 gennaio 1988)*, a cura di H. Legrand – J. Manzanares – A. Garcìa y Garcìa
Salamanca 1991	*Chiese locali e cattolicità. Atti del Colloquio internazionale di Salamanca (2-7 aprile 1991)*, a cura di H. Legrand – J. Manzanares – A. Garcìa y Garcìa
Salamanca 1996	*Recezione e comunione tra le Chiese, Atti del Colloquio internazionale di Salamanca (8-14 aprile 1996)*, a cura di H. Legrand – J. Manzanares – A. Garcìa y Garcìa
SC	*Sacrosanctum Concilium*, Costituzione del Concilio Ecumenico Vaticano II sulla Sacra Liturgia, 4 dicembre 1963
ss.	seguenti
Statuto 1954	*Statuto della Conferenza episcopale italiana*, Sacra Congregazione Concistoriale, Roma, 1° agosto 1954

Statuto 1959	*Nuovo Statuto della Conferenza episcopale italiana*, Sacra Congregazione Concistoriale, Roma, 30 settembre 1959
Statuto 1965	*Statuto della Conferenza episcopale italiana*, Sacra Congregazione Concistoriale, Roma, 16 dicembre 1965
Statuto 1971	*Nuovo Statuto della Conferenza episcopale italiana*, Sacra Congregazione dei Vescovi, Roma, 8 maggio 1971
Statuto 1977	*Statuto della Conferenza episcopale italiana*, Conferenza episcopale italiana, Roma, 19 novembre 1977
Statuto 1985	*Statuto della Conferenza episcopale italiana*, Conferenza episcopale italiana, Roma, 18 aprile 1985
Statuto 2000	*Statuto della Conferenza episcopale italiana*, Conferenza episcopale italiana, Roma, 1° settembre 2000
StIta	*Storia d'Italia. Annali*
suppl.	supplemento
supra	sopra (testo del medesimo volume)
ThPh	*Theologie und Philosophie*
TMA	*Tertio millennio adveniente*, Lettera apostolica del Santo Padre Giovanni Paolo II, 10 novembre 1994
trad.	traduzione
UR	*Unitatis redintegratio*, Decreto del Concilio Ecumenico Vaticano II sull'ecumenismo, 21 novembre 1964
VP	*Vita Pastorale*

BIBLIOGRAFIA

1. I riferimenti bibliografici relativi alla Conferenza episcopale italiana e ai suoi organismi sono citati rispettando fedelmente le voci del *Notiziario CEI*, riportate a loro volta nell'*Enchiridion CEI*, anche quando lo stesso Autore viene riportato con una nomenclatura diversa. A seconda delle occasioni si può trovare, per esempio, «Assemblea generale della CEI», «Conferenza episcopale italiana», «Episcopato italiano» ed anche «I Vescovi d'Italia». Vi è totale corrispondenza tra questi e la metodologia adottata nelle note bibliografiche. Lo stesso metodo viene utilizzato per tutti gli altri Soggetti-Autori qualora la loro denominazione abbia subito delle modificazioni nel tempo, come avviene ad esempio per le Congregazioni e le Commissioni.

1. Fonti

1.1 *Concilii Ecumenici*

CONCILIO ECUMENICO VATICANO II, Costituzione *Sacrosanctum Concilium* sulla S. Liturgia, 4 dicembre 1963, in *AAS* 56 (1964) 97-138 = *EV* 1, 1-244.

——, Decreto *Inter mirifica* sui mezzi di comunicazione sociale, 4 dicembre 1963, in *AAS* 56 (1964) 145-157 = *EV* 1, 245-283.

——, Costituzione dogmatica *Lumen gentium* sulla Chiesa, 21 novembre 1964, in *AAS* 54 (1965) 5-75 = *EV* 1, 284-456.

——, Decreto *Orientalium Ecclesiarum* sulle Chiese Orientali Cattoliche, 21 novembre 1964, in *AAS* 57 (1965) 76-85 = *EV* 1, 457-493.

——, Decreto *Unitatis redintegratio* sull'ecumenismo, 21 novembre 1964, in *AAS* 58 (1966) 673-696 = *EV* 1, 495-572.

——, Decreto *Christus Dominus* sull'ufficio pastorale dei Vescovi nella Chiesa, 28 ottobre 1965, in *AAS* 58 (1966) 673-696 = *EV* 1, 573-701.

——, Decreto *Perfectae caritatis* sul rinnovamento della vita religiosa, 28 ottobre 1965, in *AAS* 58 (1966) 702-712 = *EV* 1, 702-770.

——, Decreto *Optatam totius* sulla formazione sacerdotale, 28 ottobre 1965, in *AAS* 58 (1966) 713-727 = *EV* 1, 771-818.

——, Decreto *Apostolicam actuositatem* sull'apostolato dei laici, 18 novembre 1965, in *AAS* 58 (1966) 837-864 = *EV* 1, 912-1041.

——, Decreto *Ad Gentes* sull'attività missionaria della Chiesa, 7 dicembre 1965, in *AAS* 58 (1966) 947-990 = *EV* 1, 1087-1242.

Concilio Ecumenico Vaticano II, Decreto *Presbyterorum Ordinis* sul ministero e la vita dei presbiteri, 7 dicembre 1965, in *AAS* 58 (1966) 991-1024 = *EV* 1, 1243-1318.

———, Messaggi *L'heure du départ* ad alcune categorie di persone, 8 dicembre 1965, in *AAS* 58 (1966) 8-18 = *EV* 1, 476-531.

1.2 *Sommi Pontefici*

Benedetto XVI, Discorso *Expergiscere, homo* alla Curia romana in occasione della presentazione degli auguri natalizi, 22 dicembre 2005, in Insegn. B-XVI, I (2005) 1018-1032.

———, Lettera enciclica *Deus caritas est* sull'amore cristiano, 25 dicembre 2005, in *AAS* 98 (2006) 217-252 = *EV* 23, 1538-1605.

Francesco, Lettera enciclica *Lumen fidei* ai Vescovi, ai presbiteri e ai diaconi, alle persone consacrate e a tutti i fedeli laici sulla fede, 29 giugno 2013, in *AAS* 105 (2013) 555-596.

Giovanni Paolo II, Udienza generale, 2 maggio 1979, in Insegn. GP-II, II, 1 (1979) 1033-1038.

———, Lettera *Dominicae Cenae* a tutti i Vescovi sul mistero e culto dell'eucarestia, 24 febbraio 1980, in *AAS* 72 (1980) 113-148 = *EV* 7, 151-232.

———, Incontro con i Vescovi d'Italia ad Assisi, 12 marzo 1982, in Insegn. GP-II, V, 1 (1982) 821-832.

———, Costituzione apostolica *Sacrae disciplinae leges*, in *AAS* 75 (1983) pars. II, VII-XIV.

———, Udienza generale su "La Chiesa popolo di Dio", 6 novembre 1991, in Insegn. GP-II, XIV, 2 (1991) 1075-1078.

———, Lettera *Ai Vescovi italiani riuniti a Collevalenza per l'Assemblea generale*, 23 ottobre 1993, in Insegn. GP-II, XVI, 2 (1993) 1104-1108.

———, Lettera apostolica motu proprio *Apostolos suos* sulla natura teologica e giuridica delle Conferenze Episcopali, 21 maggio 1998, in *AAS* 90 (1998) 641-658 = *EV* 17, 808-850.

———, Discorso *Ai partecipanti al convegno internazionale sull'attuazione del Concilio Ecumenico Vaticano II*, 27 febbraio 2000, in Insegn. GP-II, XXIII, 1 (2000) 272-278.

———, Lettera enciclica *Ecclesia de Eucharistia*, 17 aprile 2003, in *AAS* 95 (2003) 433-475 = *EV* 22, 213-325.

———, *Pastores gregis* sul Vescovo servitore del Vangelo di Gesù Cristo per la speranza del mondo, 16 ottobre 2003, Città del Vaticano 2003.

Giovanni XXIII, Allocuzione *Questa festiva ricorrenza*, 25 gennaio 1959, in *AAS* 51 (1959) 65-69.

GIOVANNI XXIII, *Esortazione all'Episcopato e al Clero delle Venezie raccolti intorno alle Spoglie di S. Pio X*, 21 aprile 1959, in *Discorsi messaggi colloqui del Santo Padre Giovanni XXIII*, I (28 ottobre 1958 - 28 ottobre 1959) 897-905.

——, Lettera enciclica *Mater et Magistra*, 15 maggio 1961, in *AAS* 53 (1961) 401-464.

——, Costituzione apostolica *Humanae salutis* di indizione del SS. Concilio Ecumenico Vaticano II, 25 dicembre 1961, in *AAS* 54 (1962) 5-13 = *EV* 1, 1*-23*.

——, Esortazione Apostolica *Sacrae Laudis*, 6 gennaio 1962, in *AAS* 54 (1962) 66-75.

——, Allocuzione *Gaudet Mater Ecclesia*, 11 ottobre 1962, in *AAS* 54 (1962) 786-796 = *EV* 1, 32*-54*.

PAOLO VI, Discorso *Salvete fratres* in apertura del secondo periodo del Concilio, 29 settembre 1963, in *AAS* 55 (1963) 841-859 = *EV* 1, 133*-201*.

——, Discorso *Tempus iam advenit* a chiusura del secondo periodo del Concilio (Sessione III), 4 dicembre 1963, in *AAS* 56 (1964) 31-40 = *EV* 1, 202*-234*.

——, Discorso *All'Assemblea plenaria dell'Episcopato italiano*, Roma, 14 aprile 1964, in Insegn. P-VI, II (1964) 243-252.

——, Lettera apostolica *Apostolica sollicitudo*, 15 settembre 1965, in *AAS* 57 (2/1965) 775-780.

——, Discorso nella ottava sessione del Concilio, 18 novembre 1965, in *AAS* 57 (1965) 978-984 = *EV* 1, 427*-447*.

——, Discorso *Agli Arcivescovi e Vescovi d'Italia*, in Insegn. P-VI, III (1965) 705-711.

——, Omelia *Hodie Concilium* nella 9ª sessione pubblica, 7 dicembre 1965, in *AAS* 58 (1966) 51-59 = *EV* 1, 448*-465*.

——, Discorso pronunciato prima della recita dell'*Angelus* domenicale, Roma, 19 giugno 1966, in Insegn. P-VI, IV (1966) 953.

——, Discorso di saluto a conclusione della Assemblea generale della CEI, 19 aprile 1969, in Insegn. P-VI, VII (1969) 220-223.

——, Udienza *L'autorità al servizio dei fratelli*, 12 novembre 1969, in Insegn. P-VI, VII (1969) 1113-1118.

——, *Udienza ai partecipanti alla IX Assemblea generale della CEI*, Città del Vaticano, 17 giugno 1972, in Insegn. P-VI, X (1972) 645-655.

PIO XII, Lettera enciclica *Mystici Corporis*, Mystici Corporis, 29 giugno 1943, in *AAS* 35 (1943) 193-248.

1.3 *Curia Romana*

Congregazione Concistoriale (Sacra), Lettera Circolare all'Episcopato italiano in esecuzione del decreto «*Pro conciliorum celebratione in regionibus Italiae*» del 15 febbraio 1919, 22 marzo 1919, in *AAS* 11 (1919) 175-177.

——, *Statuto della Conferenza episcopale italiana,* Roma, 1 agosto 1954, pubblicazione a stampa a cura della stessa Sacra Congregazione = *ECEI* 1, 77-117.

——, *Nuovo Statuto della Conferenza episcopale italiana,* Roma, 30 settembre 1959, in *Dei Agricultura,* luglio 1961, 3-11 = *ECEI* 1, 137-154.

——, *Statuto della Conferenza episcopale italiana,* Roma, 16 dicembre 1965, in *Dei Agricultura,* gennaio 1966, 9-18 = *ECEI* 1, 508-545.

Congregazione dei Vescovi (Sacra), *Nuovo Statuto della Conferenza episcopale italiana,* Roma, 8 maggio 1971, in *NCEI* 9/1971, 167-179 = *ECEI* 1, 3712-3759.

Congregazione dei Vescovi e Regolari (Sacra), *Instructio "S. Congregationis Episcoporum et Regolarium negotiis praepositae de collationibus quolibet anno ab Italis episcopis in variis quae designantur regionibus habendis",* Leonis XIII Pontificis Maximi Acta, IX, 184-190.

Congregazione del Concilio (Sacra), Disposizioni *Circa le conferenze episcopali in Italia,* 21 giugno 1932, in *AAS* 24 (1932) 242-243.

Congregazione per la Dottrina della Fede, Lettera *Communionis notio* ai Vescovi della Chiesa Cattolica su alcuni aspetti della Chiesa intesa come Comunione, 28 maggio 1992, in *AAS* 85 (1993) 838-850 = *EV* 13, 1774-1807.

——, Nota *Lo scorso* a un anno dalla pubblicazione della lettera «*Communionis notio*», 23 giugno 1993, *OR* 23 giugno 1993 = *EV* 13, 611-630.

——, Dichiarazione *Dominus Iesus* circa l'unicità e l'universalità salvifica di Gesù Cristo e della Chiesa, 6 agosto 2000, in *AAS* 92 (2000) 742-765 = *EV* 19, 1142-1199.

Congregazione per i Vescovi, Direttorio per il ministero pastorale dei Vescovi *Apostolorum Successores,* 22 febbraio 2004, Città del Vaticano 2004[2] = *EV* 22, 1567-2159.

Commissione Teologica Internazionale, Dichiarazione *Temi scelti di ecclesiologia* in occasione del XX anniversario dalla conclusione del concilio ecumenico Vaticano II, 7 ottobre 1985, Città del Vaticano 1985 = *EV* 9, 1668-1765.

1.4 *Sinodo dei Vescovi*

ASSEMBLEA GENERALE STRAORDINARIA DEL 1985, Messaggio *Nos, episcopi* ai fedeli sul Concilio Vaticano II come dono di Dio per la Chiesa e per il mondo, 7 dicembre 1985, *OR* 8 dicembre 1985, 5 = *EV* 9, 1770-1778.

——, Relazione finale *Ecclesia sub Verbo Dei mysteria Christi celebrans pro salute mundi*, 7 dicembre 1985, Città del Vaticano 1985 = *EV* 9, 1779-1818.

1.5 *Conferenza episcopale italiana*

CARD. GIOVANNI URBANI, *Prolusione* alla I Assemblea generale, Roma, 21 giugno 1966, in *Dei agricultura,* settembre 1966, 22-43 = *ECEI* 1, 662-743.

CARD. GIUSEPPE SIRI, Prolusione all'VIII riunione *La Santa Sede e la Conferenza episcopale italiana,* Roma, 5 novembre 1961, in *Dei agricultura,* gennaio 1962, 4-8 = *ECEI* 1, 289-303.

CONFERENZA EPISCOPALE ITALIANA, *Atti della X Assemblea generale. Roma 11-16 Giugno 1973,* Roma 1973.

——, *Comunicato finale* dopo la VI riunione (13-15 ottobre), Roma, 15 ottobre 1959, *OR* 19-20 ottobre 1959 = *ECEI* 1, 155-162.

——, *Comunicato finale* della I Assemblea generale, Roma, 23 giugno 1966, in *ECEI* 1, 753-762.

——, Documento pastorale *Evangelizzazione e testimonianza della carità.* Orientamenti pastorali dell'Episcopato italiano per gli anni '90, Roma, 8 dicembre 1990, in *NCEI* 12/1990, 321-362 = *ECEI* 4, 2716-2792.

——, *Educare alla vita buona del Vangelo. Orientamenti pastorali dell'Episcopato italiano per il decennio 2010-2020,* Roma, 4 ottobre 2010, in *NCEI* 7/2010, 241-302 = *ECEI* 8, 3690-3900j.

——, *Enchiridion della Conferenza episcopale italiana. Decreti dichiarazioni documenti pastorali per la Chiesa italiana,* I-VIII, Bologna 1985-2011.

——, *Evangelizzazione e promozione umana. Atti del convegno ecclesiale. Roma, 30 ottobre - 4 novembre 1976,* Roma 1977.

——, *Riconciliazione cristiana e comunità degli uomini. Atti del 2° convegno ecclesiale. Loreto, 9-13 aprile 1985,* Roma 1985.

——, *Statuto della Conferenza episcopale italiana,* Roma, 19 novembre 1977, in *NCEI* 10/1977, 195-210 = *ECEI* 2, 2905-2959.

——, *Statuto della Conferenza episcopale italiana,* Roma, 18 aprile 1985, in *NCEI* 3/1985, 63-87 = *ECEI* 3, 2301-2363.

——, *Statuto della Conferenza episcopale italiana,* Roma, 1 settembre 2000, in *NCEI* 8/2000, 255-280 = *ECEI* 6, 3052-3143.

CONFERENZA EPISCOPALE ITALIANA, *Testimoni di Gesù risorto, speranza del mondo. Atti del 4° Convegno Ecclesiale Nazionale. Verona, 16-20 ottobre 2006*, Bologna 2008.

——, *Il Vangelo della carità per una nuova società in Italia. Atti del III Convegno ecclesiale. Palermo, 20-24 novembre 1995*, Roma 1997.

CONSIGLIO PERMANENTE DELLA CEI, *Comunicato*, Roma, 11 novembre 1971, in *NCEI* 15/1971, 274-275 = *ECEI* 1, 3930-3932.

——, *Comunicato* al termine della sessione del 22-24 febbraio, Roma, 29 febbraio 1972, in *NCEI* 3/1972, 29-31 = *ECEI* 1, 4070-4082.

EPISCOPATO ITALIANO, *Comunicare il Vangelo in un mondo che cambia. Orientamenti pastorali dell'Episcopato italiano per il primo decennio del 2000*, Roma, 29 giugno 2001, in *NCEI* 5/2001, 125-178 = *ECEI* 7, 139-265.

——, *Dichiarazione circa il divorzio*, Roma, 15 novembre 1969, in *NCEI* 15/1969, 351-352 = *ECEI* 1, 2218-2235.

——, Documento pastorale *Matrimonio e famiglia oggi in Italia*, Roma, 15 novembre 1969, in *NCEI* 15/1969, 331-350 = *ECEI* 1, 2109-2216.

——, Documento pastorale *Il rinnovamento della catechesi*, Roma, 2 febbraio 1970, *EPI*, Roma 1970 = *ECEI* 1, 2387-2973.

——, Documento pastorale *Vivere la fede oggi*, Roma, 4 aprile 1971, in *NCEI* 6/1971, 111-131 = *ECEI* 1, 3627-3700.

——, Documento pastorale *L'impegno morale del cristiano*, Roma, 11 marzo 1972, in *NCEI* 4/1972, 45-56 = *ECEI* 1, 4083-4114.

——, Documento pastorale *Evangelizzazione e sacramenti*, Roma, 12 luglio 1973, in *NCEI* 5/1973, 77-104 = *ECEI* 385-506.

——, Documento pastorale *Evangelizzazione e sacramenti della penitenza e dell'unzione degli infermi*, Roma, 12 luglio 1974, in *NCEI* 7/1974, 121-167 = *ECEI* 2, 1351-1550.

——, Documento pastorale *Evangelizzazione e sacramento del matrimonio*, Roma, 20 giugno 1975, in *NCEI* 6/1975, 107-142 = *ECEI* 2, 2091-2218.

——, Documento pastorale *Evangelizzazione e ministeri*, Roma, 15 agosto 1977, in *NCEI* 7/1977, 109-152 = *ECEI* 2, 2745-2873.

——, Documento pastorale *Comunione e comunità: I. Introduzione al piano pastorale*, Roma, 1° ottobre 1981, in *NCEI* 6/1981, 126-169 = *ECEI* 3, 633-706.

——, Documento pastorale *Comunione e comunità: II. Comunione e comunità nella Chiesa domestica*, Roma, 1 ottobre 1981, in *NCEI* 7/1981, 173-202 = *ECEI* 3, 707-742.

——, *Lettera al clero sul problema del laicismo*, Roma, 25 marzo 1960, in *Dei agricultura*, 25 marzo 1960, 3-21 = *ECEI* 1, 168-249.

PRESIDENTE DELLA CEI, *Decreto di pubblicazione dello Statuto della Conferenza episcopale italiana*, Roma, 19 ottobre 1998, in *NCEI* 9/1998, 273-278 = *ECEI* 6, 1391-1392.

PRESIDENTI DELLE CONFERENZE EPISCOPALI REGIONALI D'ITALIA, *Lettera collettiva*, Pompei, 2 febbraio 1954, *OR* 1-2 febbraio 1954 = *ECEI* 1, 1-76.

I VESCOVI D'ITALIA, Dichiarazione *I cristiani e la vita pubblica*, Roma, 16 gennaio 1968: pubblicazione a stampa, fuori serie, a cura della CEI = *ECEI* 1, 1516-1546.

1.6 *Altre*

Acta et Documenta Concilio Oecumenico Vaticano II apparando, Typis Polyglottis Vaticanis 1960-1961.

Acta Synodalia Sacrosancti Concilii Oecumenici Vaticani Secundi, Typis Polyglottis Vaticanis 1970-1978.

Catechismo della Chiesa Cattolica, Città del Vaticano 1992.

Codex Iuris Canonici, 25 gennaio 1983, in *AAS* 75 (1983) XXX, 1-317; versione italiana a cura dell'Unione Editori Cattolici Italiani, approvata dalla CEI, 2ª ed. 1984, in *EV* 8, 1-833.

Conciliorum oecumenicorum decreta, 3ª ed., Bologna 1973.

CONFÉRENCE ÉPISCOPALE FRANÇESE, Dossier «*Réponse de la Conférence épiscopale française aux questions du Secrétariat de l'unité des Chrétiens*», *DC* 82 (1985) 867-876.

Didachè. Prima lettera di Clemente ai Corinzi. A Diogneto, Città Nuova, 2008.

Enchiridion Vaticanum. Documenti ufficiali della Santa Sede, 26 voll., Bologna 1966ss.

HÜNERMANN, P., ed., *H. Denzinger. Enchiridion Sybolorum Definitionum et Declarationum de rebus fidei et morum*, editio XXXVII, Bologna 2000[3].

Patrologia Latina

2. **Letteratura**

ACERBI, A., *Due ecclesiologie. Ecclesiologia giuridica ed ecclesiologia di comunione nella "Lumen gentium"*, Bologna 1975.

———, «La recezione del Concilio Vaticano II in un contesto storico mutato», *Conc(I)* 17 (6/1981) 977-989.

ALBERIGO, G., «Il popolo di Dio nell'esperienza di fede», *Conc(I)* 20 (6/1984), 52-70.

———, «Santa Sede e Vescovi nello Stato unitario. Verso un Episcopato italiano (1958-1985)», *StItA* 9 (1986) 855-879.

———, ed., *Chiese italiane e Concilio. Esperienze pastorali nella Chiesa italiana tra Pio XII e Paolo VI*, Genova 1988.

ALBERIGO, G., *Il cristianesimo in Italia*, Roma-Bari 1997.

——, ed., *Storia del Concilio Vaticano II*, I-V, Bologna 1995-2001.

——, *Transizione epocale. Studi sul Concilio Vaticano II*, Bologna 2009.

ALBERIGO, G. – JOSSUA, J.-P., ed., *Il Vaticano II e la Chiesa*, Brescia 1985.

ALBERIGO, G. – MELLONI, A., «Per la storicizzazione del Vaticano II», *CrSt* 13 (1992) 473-658.

ALBERIGO, G. – RUGGIERI, G., ed., *Giuseppe Dossetti. Per una «Chiesa eucaristica». Rilettura della portata dottrinale della costituzione liturgica del Vaticano II. Lezioni del 1965*, Bologna 2002.

ALSZEGHY, Z. – FLICK, M., *Come si fa la teologia. Introduzione allo studio della teologia dogmatica*, Cinisello Balsamo (MI) 1990.

ANTÓN, A., «Fundamentación teológica de las Conferencias Episcopales», *Gr.* 70 (1989) 205-232.

——, *Le conferenze episcopali. Istanze intermedie?*, Cinisello Balsamo (MI) 1992.

——, «La "recepción" en la Iglesia y eclesiología (I)», *Gr.* 77 (1996) 57-96.

——, «La "recepción" en la Iglesia y eclesiología (II)», *Gr.* 77 (1996) 437-469.

——, «Le conferenze episcopali: un aiuto ai Vescovi», *CivCatt* 150 (I/1999) 332-344.

——, «"Recezione" e "Chiesa locale". La connessione di ciascuna delle due realtà dal punto di vista ecclesiale ed ecclesiologico», *RdT* 40 (1999) 165-199.

ANTONELLI, F. – FALSINI, R., ed., *Costituzione conciliare sulla sacra Liturgia*, Monza 1964.

L'avvenire della Chiesa. Il libro del Congresso (12-17 settembre 1970), Brescia 1970.

BAGLIONI, R., *La Chiesa «continua incarnazione» del Verbo. Da J.A Möhler al Concilio Vaticano II*, Napoli 2013.

BALDUCCI, E., «Alle soglie di una nuova epoca», *Regno-VatII-SS* 1 (1962), fasc. 5, 20-24.

BARAÚNA, G., ed., *La Sacra Liturgia rinnovata dal Concilio. Studi e commenti intorno alla Costituzione liturgica del Concilio Ecumenico Vaticano II*, Torino 1964.

——, ed., *La Chiesa del Vaticano II. Studi e commenti intorno alla Costituzione dommatica* Lumen gentium, Firenze 1965.

——, ed., *La Chiesa nel mondo di oggi. Studi e commenti intorno alla Costituzione pastorale* Gaudium et spes, Firenze 1966.

BARBAGLIO, G. – BOF, G. – DIANICH, S., ed., *Teologia*, Cinisello Balsamo (MI) 2002.

BATTOCCHIO, R. – NOCETI, S., ed., *Chiesa e sinodalità. Coscienza, forme, processi*, Milano 2007.

BEKÈS, G.J., *Eucarestia e Chiesa. Ricerca dell'unità nel dialogo ecumenico*, Casale Monferrato (AL) 1985.

BETTI, U., «Lo "status" teologico delle Conferenze Episcopali», *RivSR* 7 (1993) 83-88.

BIANCO, L., *La Conferenza Episcopale Italiana. Profilo storico e giuridico*, Roma 2005.

BLASI, A. – BALDI, S., «Evoluzione della struttura della Conferenza Episcopale Italiana ed esame degli statuti», *ME* 114 (1989) 237-249.

BLONDEL, M., *Storia e dogma, le lacune filosofiche dell'esegesi moderna*, Brescia 1992.

BORI, P.C., *Koinonía. La Koinonía nell'ecclesiologia recente e nel Nuovo Testamento*, Brescia 1972.

BRUNI, G., *Quale ecclesiologia? Cattolicesimo e Ortodossia a confronto. Il dialogo ufficiale*, Milano 1999.

CÂMARA, H., *Roma, due del mattino. Lettere dal Concilio Vaticano II*, Cinisello Balsamo (MI) 2008.

CAMPANINI, G., «Il contesto storico-culturale del Concilio Vaticano II», *RdT* 28 (1987) 230-250.

CANOBBIO, G. – CODA, P., *La Teologia del XX secolo, un bilancio,* II, Roma 2003.

CAPOVILLA, L.F., *Giovanni XXIII. Il giornale dell'anima e altri scritti di pietà*, Cinisello Balsamo (MI) 2003.

CAPRILE, G., «Primi commenti all'annuncio del futuro concilio», in *CivCatt* 110 (II/1959) 292-295.

―――, *Il Concilio Vaticano II*, I-V, Roma 1965-1968.

CARBONE, V., *Il Concilio Vaticano II. Preparazione della Chiesa al Terzo Millennio*, Città del Vaticano 1998, 131.

CARTER, A., «Un modo di applicare il Vaticano II», *Regno-VatII-SS* 4 (1965), fasc. 23, 114-116.

CERETI, G., *Per una ecclesiologia ecumenica*, Bologna 1996.

CERETI, G. – VOICU, S.-J., *Enchiridion Oecumenicorum. Documenti del dialogo teologico interconfessionale. Dialoghi internazionali 1931-1984*, Bologna 1986.

CESTARI, G., «Le Conferenze episcopali: la grande scoperta del Vaticano II», *Regno-VatII-SS* 1 (1962), fasc. 2, 4.

CHENAUX, P., ed., *L'Università del Laterano e la preparazione del Concilio Vaticano II: atti del convegno internazionale di studi* (Città del Vaticano, 27 gennaio 2000), Roma 2001.

―――, «Il dibattito sulla collegialità episcopale nel Concilio Vaticano II», *Lat.* 71 (2005) 395-406.

―――, ed., *L'eredità del magistero di Pio XII*, Città del Vaticano 2010.

CONGAR, Y.M.-J., «Quod omnes tangit, ab omnibus tractari et approbari debet», *RHDF* 36 (1958) 210-259.

―――, «La ricezione come realtà ecclesiologica», *Conc(I)* 8 (1972) 1305-1336.

CONGAR, Y.M.-J., *Un popolo messianico. La Chiesa, sacramento di salvezza. La salvezza e la liberazione*, Brescia 1977[2].

———, «Implicazioni cristologiche e pneumatologiche dell'ecclesiologia del Vaticano II», *CrSt* 2 (1981) 97-110.

———, *La Tradizione e la vita della Chiesa*, Milano 2003[3].

———, *Mon Journal du Concile*, I-II, Paris 2002; trad. italiana, *Diario del Concilio*, I-II, Cinisello Balsamo (MI) 2005.

DE LA SOUJEOLE, B.D., *Il sacramento della comunione. Ecclesiologia fondamentale*, Casale Monferrato (AL) 2000.

DE LUBAC, H., *Corpus Mysticum. Opera omnia*, XV, *L'Eucharestie et l'Eglise au Moyen Age*, Paris 1949.

———, *Meditazione sulla Chiesa*, Milano 1965.

DELPERO, C., *La Chiesa del Concilio. L'ecclesiologia nei documenti del Vaticano II*, Firenze 2004.

DENZLER, G., «Autorità e accoglienza delle deliberazioni conciliari nella cristianità», *Conc(I)* 19 (1983) 1038-1049.

La Deuxième concile du Vatican (1959-1965), Roma 1989.

DIANICH, S. – NOCETI, S., *Trattato sulla Chiesa*, Brescia 2002.

DIANICH, S. – TORCIVIA, C., *Forme del popolo di Dio, tra comunità e fraternità*, Cinisello Balsamo (MI) 2012.

DULLES, A., *Modelli di Chiesa*, Padova 2005.

ETEROVIĆ, N., ed., *Il Sinodo dei Vescovi. 40 anni di storia 1965-2005*, Città del Vaticano 2005.

FARAONI, V.,«Concilio Vaticano II. Epifania della Chiesa», *QCl.* 37 (1962).

FATTORI, M.T., «Per una ricostruzione della partecipazione italiana al Concilio Vaticano II: una mappa delle fonti personali», *RSCI* 49 (1995) 102-125.

FATTORI, M.T. – MELLONI, A., ed., *L'evento e le decisioni. Studi sulle dinamiche del Concilio Vaticano II*, Bologna 1997.

FELICIANI, G., *Le conferenze episcopali*, Bologna 1974.

———, «Le conferenze episcopali nel magistero di Giovanni Paolo II», *AgSoc* 38 (1987) 141-154.

———, «Il potere normativo delle conferenze episcopali nella comunione ecclesiale», *ME* 116 (1991) 87-93.

FERRARO, G., «Giovanni Paolo II ai Vescovi italiani in visita "ad limina"», *CivCatt* 133 (III/1982) 47-57.

FILIPPI, A., «Concilio vent'anni luce», *Regno-att.* 27 (1982) 413-416.

FINI, M., «La risposta ai 'profeti di sventura': 'Gaudet mater Ecclesia'. Giovanni XXIII e l'apertura del Vaticano II», *PSV* 59 (2009) 239-253.

FISICHELLA, R., ed., *Storia della teologia*, III, Bologna 1996.

———, *Il Concilio Vaticano II. Recezione e attualità alla luce del Giubileo*, Cinisello Balsamo (MI) 2000.

FLORIO, M. – GIACCHETTA, F., ed., *Universalità della salvezza e mediazione sacramentale*, Assisi 2010.

FORTE, B., *La Chiesa nell'eucarestia. Per una ecclesiologia eucaristica alla luce del Vaticano II*, Napoli 1975.

——, *La Chiesa della Trinità. Saggio sul mistero della Chiesa comunione e missione*, Cinisello Balsamo (MI) 2003[3].

——, ed., *Fedeltà e rinnovamento. Il Concilio Vaticano II 40 anni dopo*, Cinisello Balsamo (MI) 2005.

FRIES, H. – RAHNER, K., *Unione delle Chiese possibilità reale*, Brescia 1986.

GARUTI, A., *Il mistero della Chiesa: manuale di ecclesiologia*, Roma 2004.

GHEDA, P., «La CEI durante il Concilio nel Diario di mons. Parodi, vescovo di Savona Noli», *CVII* 0 (2000) 9-27.

GHIRLANDA, G., «Il M.P. "Apostolos suos" sulle conferenze dei Vescovi», *PRCan.* 88 (1999) 609-657.

GIANNESCHI, P., ed., *Enrico Bartoletti. Chiesa, evangelizzazione e Sacramenti alla luce del Concilio*, Roma 1980.

GRILLMEIER, A., «Konzil und Rezeption. Methodische Bemerkungen zu einem Thema der ökumenischen Diskussion der Gegenwart», *ThPh* 45 (1970) 321-352.

GRILLMEIER, A. – BACHT, H., *Das Konzil von Chalkedon. Geschichte und Gegenwart*, III, Echter-Verlag Würzburg 1954.

GUARDINI, R., *La realtà della Chiesa*, Brescia 1967.

——, *La fine dell'epoca moderna*, Brescia 1973.

——, *L'essenza del cristianesimo*, Brescia 1981.

HARING, B., *Il Concilio comincia adesso,* Alba 1966.

HENN, W., *One Faith. Biblical and patristic contributions towards understanding unity in faith*, New York/Mahwah 1995.

HERCSIK, D., *Elementi di teologia fondamentale*, Bologna 2006.

JEDIN, H., *La storia della Chiesa è teologia e storia*, Milano 1960.

JOURNET, C., *Il mistero della Chiesa secondo il Concilio Vaticano II*, Brescia 1992[3].

KASPER, W., ed., *Il futuro dalla forza del concilio. Sinodo straordinario dei Vescovi 1985. Documenti e commento*, Brescia 1986.

——, *Teologia e Chiesa*, I-II, Brescia 1989-2001.

KING, G., «Ricezione, consenso e diritto canonico», *Conc(I)* 28 (1992) 765-779.

KOSTER, M.D., *Ekklesiologie im Werden*, Paderborn 1940.

KUNZLER, M., ed., *La liturgia della Chiesa*, Milano 2003[2].

LATOURELLE, R., ed., *Vaticano II. Bilancio e prospettive venticinque anni dopo (1962-1987)*, I-II, Assisi 1987.

LEGRAND, H. – MANZANARES, J. – GARCÌA Y GARCÌA, A., ed., *Natura e futuro delle conferenze episcopali. Atti del Colloquio internazionale di Salamanca (3-8 gennaio 1988),* Bologna 1988.

Legrand, H. – Manzanares, J. – García y García, A., ed., *Chiese locali e cattolicità. Atti del Colloquio internazionale di Salamanca (2-7 aprile 1991)*, Bologna 1994.

————, ed., *Recezione e comunione tra le Chiese. Atti del Colloquio internazionale di Salamanca (8-14 aprile 1996)*, Bologna 1998.

Lercaro, G., «Il Card. Lercaro fa un bilancio della prima Sessione», *Regno-VatII-SS* 1 (1962), fasc. 4, 2-4.

Lorizio, G., *Teologia fondamentale*, II: *Fondamenti*, Roma 2005.

Macchi, P., «Paolo VI e il Concilio», *CVII* 4 (2004) 17-23.

Marangoni, R., *La Chiesa mistero di comunione. Il contributo di Paolo VI nell'elaborazione dell'ecclesiologia di comunione (1963-1978)*, Roma 2001.

Marchetto, A., *Il Concilio ecumenico Vaticano II. Contrappunto per la sua storia*, Città del Vaticano 2005.

————, «Recezione ed ermeneutica. Il Concilio Vaticano II», *Apoll.* 82 (2009) 467-486.

Martuccelli, P., «Forme concrete di collegialità episcopale nel pensiero di J. Ratzinger. Concilio, Sinodo dei Vescovi, Conferenze Episcopali», *RdT* 50 (2009) 7-24.

Mazzoni, G., *La collegialità episcopale. Tra teologia e diritto canonico*, Bologna 1986.

Melloni A. – Ruggieri G., ed., *Chi ha paura del Vaticano II?*, Roma 2009.

Messori, V., *Rapporto sulla fede, a colloquio con il cardinale Joseph Ratzinger*, Roma 1985.

Militello, C., *La Chiesa, «il corpo crismato»*, Bologna 2003.

Möhler, J.A., *Simbolica. Esposizione delle antitesi dogmatiche tra cattolici e protestanti secondo il loro scritti confessionali pubblici*, Milano 1984 (Mainz 1838⁵).

Moltmann, J., *La Chiesa nella forza dello spirito*, Brescia 1976.

Mondin, B., *Storia della teologia*, I-IV, Bologna 1996-1997.

Monsegù, B., «Sacramentalità dell'episcopato e collegialità», *Renov(I)* 7 (1972) 167-184.

Montan, A., «Comunione, collegialità, primato, conferenze episcopali: rassegna bibliografica», *Lat.* 54 (1988) 467-482.

Montini, I., «Ritirato lo schema sulle fonti della Rivelazione», *Regno-VatII-SS* 1 (1962), fasc. 2, 7-9.

Mucci, G., «Le conferenze episcopali e l'autorità di magistero», *CivCatt* 138 (I/1987) 327-337.

Mühlen, H., *Una mystica persona. La Chiesa come il mistero dello Spirito Santo in Cristo e nei cristiani: una persona in molte persone*, Roma 1968.

Nicolas, J.-H., *Sintesi dogmatica*, I-II, Città del Vaticano 1992.

Noceti, S., «I piani pastorali della Conferenza episcopale italiana nella visione dell'ecclesiologia conciliare», *OrPast* 52 (1/2004) 48-56.

PARENTE, P., *Teologia di Cristo. Alfa-omega del mondo e dell'uomo*, I-II, Roma 1970-1971.

PENNA, R., *Il DNA del cristianesimo. L'identità cristiana allo stato nascente*, Cinisello Balsamo (MI) 2004.

PESCH, O.-H., *Il Concilio Vaticano secondo. Preistoria, svolgimento, risultati, storia post-conciliare*, Brescia 1996[4].

PHILIPS, G., *La Chiesa e il suo mistero nel Concilio Vaticano II: storia, testo e commento della Costituzione* Lumen gentium, Milano 1969.

PIÉ-NINOT, S., *Ecclesiologia. La sacramentalità della comunità cristiana*, Brescia 2008[2].

PRINI, P., *Lo scisma sommerso*, Milano 1999.

RAHNER, H., *Simboli della Chiesa. L'ecclesiologia dei Padri*, Cinisello Balsamo (MI) 1995[2].

RAHNER, K., *Chiesa e sacramenti*, Brescia 1965.

——, «Che cos'è un sacramento?», *RdT* 12 (5-suppl./1971) 73-81.

——, *Nuovi saggi*, VIII, Roma 1982.

——, *Corso fondamentale sulla fede. Introduzione al concetto di cristianesimo*, Cinisello Balsamo (MI) 1990[5].

RAHNER, K. – RATZINGER, J., *Episcopato e primato*, Brescia 1966.

RATZINGER, J., *Il nuovo popolo di Dio. Questioni ecclesiologiche*, Brescia 1971.

RICCA, P., «Il concilio ecumenico: assemblea di Vescovi, o di chiese, o di tutta la comunità dei fedeli?», *Conc(I)* 19 (1983) 1153-1162.

RICCARDI, A., «I 'vota' Romani», in M. LAMBERIGTS – C. SOETENS, ed., *À la ville du Concile Vatican II. Vota et réactions en Europe et dans le Catholicisme oriental*, Leuven 1992, 146-168

ROUTHIER, G., «Orientamenti per lo studio del Vaticano II come fatto di ricezione», in M.T. FATTORI – A. MELLONI, ed., *L'evento e le decisioni. Studi sulle dinamiche del Concilio Vaticano II*, Bologna 1997, 465-501.

——, *La réception d'un concile*, Paris 1993.

——, ed., *Réceptions de Vatican II. Le Concile au risque de l'histoire et des espaces humains*, Leuven 2004.

——, *Il Concilio Vaticano II. Recezione ed ermeneutica*, Milano 2007.

RUGGIERI, G., «Per una ermeneutica del Vaticano II», *Conc(I)* 35 (1999) 18-34.

RUINI, C., *Nuovi segni dei tempi. Le sorti della fede nell'età dei mutamenti*, Milano 2005.

SANSOTTA, G., *La C.E.I. nella storia d'Italia*, Roma 1988.

SCANZILLO, C., «La recezione dell'ecclesiologia del Concilio Vaticano II», *Asp.* 44 (1997) 323-344.

SCARDILLI, P.D., *I nuclei ecclesiologici nella costituzione liturgica del Vaticano II*, Roma 2007.

Scheffczyk, L., *La Chiesa, aspetti della crisi postconciliare e corretta interpretazione del Vaticano II*, Milano 1998.

Schillebeeckx, E., *Il mondo e la Chiesa*, Roma 1969.

Segoloni Ruta, S., *Tradurre il Concilio in italiano. L'Associazione Teologica Italiana soggetto di recezione del Vaticano II*, Padova 1991.

Semeraro, M., «Unum presbyterium cum suo episcopo constituunt», in *RivSR* 5 (1991) 29-67.

——, *Mistero, comunione e missione*, Bologna 2001.

Sgarbossa, R., *La Chiesa mistero di comunione nei documenti del dialogo internazionale luterano-cattolico (1967-1984)*, Padova 1994.

Sorge, B., «Conferenze episcopali e corresponsabilità dei Vescovi», *CivCatt* 136 (II/1985) 417-429.

Spiazzi, R., Il Concilio Ecumenico nella vita della Chiesa, Roma 1962.

Spiteris, Y., *Ecclesiologia ortodossa. Temi a confronto tra Oriente e Occidente*, Bologna 2003.

Sportelli, F., *La Conferenza Episcopale Italiana (1952-1972)*, Potenza 1994.

——, «I Vescovi italiani al Vaticano II: il ruolo della Conferenza Episcopale italiana», *RivSR* 23 (1998) 37-90.

——, «Da campanili a Chiesa d'Italia», *VP* 90 (11/2002) 24-28.

Stancati, S.T., *Ecclesiologia. Biblica e dogmatica. Lezioni universitarie*, Napoli 2008.

Suenens, L.-J., «Cinq ans après Vatican II», *DC* 68 (1971) 35-36.

——, *Ricordi e speranze. Il diario sorprendente di un protagonista del Concilio*, Cinisello Balsamo (MI) 1993.

Testaferri, F., «Diari del Concilio: importanza e rischi. Due ermeneutiche a confronto», *Lat.* 74 (2008) 369-382.

Tillard, J.M.R., *Eglise de l'Eglise*, Paris 1987; trad. italiana, *Chiesa di chiese*, Brescia 1989.

——, «Reception-Communion», *OiC* 28 (1992) 307-322.

Tura, E.R., ed., *Luigi Sartori. Per una teologia in Italia. Scritti scelti*, I-III, Padova 1997.

Valente, M., «La Conferenza Episcopale Italiana e il Concilio Vaticano II», *CVII* 0 (2000) 99-151.

——, «Il ruolo della CEI da Giovanni XXIII a Paolo VI», *CVII* 5 (1/2005) 49ss.

Velati, M., «I 'consilia et vota' dei Vescovi italiani», in M. Lamberigts – C. Soetens, ed., *À la veille du Concile Vatican II. Vota et réactions en Europe et dans le Catholicisme oriental*, Leuven 1992, 83-97.

Vergottini, M., ed., *La Chiesa e il Vaticano II. Problemi di ermeneutica e recezione conciliare*, Milano 2005.

Vitali, D., *Sensus fidelium. Una funzione ecclesiale di intelligenza della fede*, Brescia 1993.

——, «"Sensus fidelium" e opinione pubblica nella Chiesa (LG 12)», *Gr.* 82 (2001) 689-717.

VITALI, D., *De Ecclesia Christi. La Chiesa: natura e costituzione*, Roma 2005.

——, «La funzione della Chiesa nell'intelligenza della fede», *RdT* 49 (2008) 13-30.

——, «*Nova et vetera*. Mons. Luigi Maria Carli al Concilio Vaticano II», *Gr.* 91 (2010) 91-123.

——, *Popolo di Dio*, Assisi 2013.

WERBICK, J., *La Chiesa. Un progetto ecclesiologico per lo studio e per la prassi*, Brescia 1998.

WOLFINGER, F., «Die Rezeption theologischer Einsichten und ihre theologische und ökumenische Bedeutung: von der einsicht zur verwirklichung», *Cath(M)* 31 (1977) 202-233.

——, «Concilio ecumenico e ricezione delle sue decisioni», *Conc(I)* 19 (1983) 1143-1152.

ZAMBARBIERI, A., *I Concili del Vaticano*, Cinisello Balsamo (MI) 1995.

ZAMBON, G., *Laicato e tipologie ecclesiali. Ricerca storica sulla «Teologia del laicato» in Italia alla luce del Concilio Vaticano II (1950-1980)*, Roma 1996.

ZIZIOULAS, J., «La "recezione" dei risultati dei dialoghi da parte delle Chiese», *Irén.* 58 (1985) 525-577.

INDICE

www.ingramcontent.com/pod-product-compliance
Lightning Source LLC
Chambersburg PA
CBHW081417090426
42738CB00017B/3392